¡Canta la gracia!

¡Tu importas!

Raul

LA CABAÑA

QUÉ SE HA DICHO SOBRE
LA CABAÑA

Cuando la imaginación de un escritor y la pasión de un teólogo se fecundan entre sí, el resultado es una novela del orden de *La cabaña*. Este libro puede ser para nuestra generación lo que *El viaje del peregrino* fue para la de John Bunyan, su autor. ¡Así de bueno es!

Eugene Peterson, profesor emérito de teología espiritual,
Regent College, Vancouver, C.B.

Mientras leía *La cabaña* me di cuenta de que las preguntas que se despliegan en esta cautivadora novela eran preguntas que yo llevaba muy dentro de mí. Lo maravilloso de este libro no es que ofrezca fáciles respuestas a preguntas abrumadoras, sino que te invite a acercarte a un Dios de misericordia y amor, en el que encontramos esperanza y sanación.

Jim Palmer, autor de *Divine Nobodies* (Nadies divinos)

La cabaña es una invitación única en su género a viajar al corazón de Dios mismo. En medio de mis lágrimas y exclamaciones de júbilo, fui realmente transformado por la amorosa piedad con la que Wm. Paul Young levantó el velo que tan a menudo me separaba de Dios y de mí mismo. Con cada página, los complicados síes y noes que distorsionan una relación hasta convertirla en religión eran arrasados, conforme yo comprendía al Padre, el Hijo y el Espíritu por primera vez en mi vida.

Patrick M. Roddy, ganador del Emmy como productor de ABC News

Envuelta en creativa brillantez, *La cabaña* es espiritualmente profunda, teológicamente iluminadora y vitalmente impactante. La recomiendo al máximo. Por cierto, estamos regalando ejemplares de la novela que es de dar gusto.

Steve Berger, pastor de Grace Chapel Leipers Fork

¡Por fin una novela sobre el encuentro de un hombre con Dios, poseedora de integridad literaria y audacia espiritual! *La cabaña* traspasa los clichés tanto de la religión como de la mala literatura para revelar algo bello y rotundo sobre la danza integral de la vida con lo divino. Esta historia se lee como una plegaria: como el mejor tipo de plegaria, llena de sudor y maravilla y transparencia y sorpresa. Cuando la leí, me sentí en comunión con Dios. Si este año lees una obra de ficción, que sea ésta.

Mike Morrell, zoecarnate.com

Una excepcional pieza literaria que te lleva directamente al corazón y naturaleza de Dios en medio del angustiante sufrimiento humano. Esta increíble historia te retará a considerar la persona y el plan de Dios en términos más amplios de los que soñaste jamás.

David Gregory, autor de *Dinner with a Perfect Stranger* (Cena con un perfecto desconocido)

La cabaña cambiará para siempre tu manera de pensar en Dios.

Kathy Lee Gifford, coanimadora de Today Show (*El programa de Hoy*) de la NBC

Pensé de verdad que este libro era un libro más. Créanme, amigos: ¡no lo es! Cuando aparecen los carros alegóricos, por lo general los dejo ir. Pero en el caso de *La cabaña* no sólo me he subido al carro, sino que además no dejo de pedirle al conductor que se detenga para recoger a todos mis amigos. No recuerdo cuándo fue la última vez que un libro, y mucho menos una obra de ficción, tuvo tal impacto sanador en mi vida.

Drew Marshall, conductor de radio, *The Drew Marshall Show*

Si Dios es todopoderoso y está lleno de amor, ¿por qué no hace algo con el dolor y el mal en nuestro mundo? Este libro responde esa antiquísima pregunta con sorprendente creatividad y asombrosa claridad. Con mucho, uno de los mejores libros que yo haya leído en mi vida.

James Ryle, autor de *Hippo In the Garden* (Hipopótamos en el jardín)

Seductor, con giros que desafían nuestras expectativas mientras nos enseñan eficaces lecciones teológicas sin condescendencia. Yo estaba llorando por la página 100. No podrás leerlo sin involucrar tu corazón.

Gayle E. Erwin, autora de *The Jesus Style* (El estilo de Jesús)

Este libro va más allá de ser la novela bien escrita llena de suspenso que es, y que te obliga a dar vuelta a la página. Desde la muerte de nuestro hijo Jason, el Señor nos ha guiado hasta un reducido número de esos libros que cambian la vida, y éste es el primero de la lista. Cuando llegues a la última página, habrás cambiado.

Dale Lang (rockcanada.org), padre de un estudiante muerto en el tiroteo posterior a Columbine

La cabaña es una hermosa historia de cómo Dios sale a nuestro encuentro en medio de nuestras penas, atrapados por las desilusiones, traicionados por nuestros propios supuestos. Él nunca nos deja donde nos encontró, a menos que insistamos.

Wes Yoder, Ambassador Speakers Bureau

La creatividad e imaginación de *La cabaña* te cautivarán, y antes de darte cuenta estarás experimentando a Dios como nunca. Las intuiciones de Wm. Paul Young no sólo son cautivadoras, sino también bíblicamente ciertas y fieles. No te pierdas esta transformadora historia de gracia.

Greg Albrecht, director de *Plain Truth Magazine* (Revista La Pura Verdad)

¡Su libro es una obra maestra! Hay lágrimas en mis ojos y un nudo en mi garganta. Sólo puedo pensar en quienes deberían leer sus palabras, y estoy convencida de que cada persona que lea este libro también conoce a otras necesitadas de sus palabras.

Doctora Chyril Walker

La cabaña es la obra de ficción más cautivadora que he leído en muchos años. Mi esposa y yo reímos, lloramos y nos arrepentimos de nuestra falta de fe a lo largo del camino. *La cabaña* te dejará anhelando la presencia de Dios. `

Michael W. Smith, músico

Este libro capta en forma elocuente el paso de ser personas sumamente responsables en un sistema religioso a entrar en la intimidad al responder a la fragancia de Cristo en la vida diaria.

Arthur Burk, Sapphire Leadership Group, Inc.

¡No te lo pierdas! Si hay un mejor libro en circulación que capte la seductora naturaleza de Dios y Su capacidad para introducirse poco a poco en nuestra más oscura pesadilla con Su amor, luz y sanación, no lo he visto. Para el más fervoroso creyente o el más reciente buscador espiritual, *La cabaña* es de lectura obligada.

Wayne Jacobsen, autor de *So You Don't Want to Go to Church Anymore* (Así que ya no quieres ir a la iglesia…)

Mi mayor desilusión con los libros cristianos es que casi todos parecen decir lo mismo de la misma manera. ¡Pero *La cabaña* es otra cosa! Se lee como ningún otro libro y cuenta una historia que te aseguro que no has oído jamás. ¡Disfruta la aventura!

Bart Campolo, fundador de Mission Year

¡Mis felicitaciones para los colaboradores de *La cabaña* por haber vendido más de dos millones de ejemplares hasta ahora! ¡Éste es sólo el comienzo! No es común tener la oportunidad de leer un relato tan fascinante de un autor contemporáneo que capte de tal forma el verdadero significado del perdón y la redención.

Rev. Ron Hooker, pastor emérito, Grace United Church of Christ, Columbus, Ohio

LA CABAÑA

WM. PAUL YOUNG

en colaboración con Wayne Jacobsen y Brad Cummings

Título original: *The Shack*
Traducción: Enrique C. Mercado González

Diseño de portada: Motion Picture Artwork © 2016 Summit Entertainment, LLC. Todos los derechos reservados.
Diseño de interiores de la edición original: Dave Aldrich
Fotografías de la película © 2016 Summit Entertainment, LLC.
Derechos reservados

Canción utilizada en el capítulo 1: Larry Norman, "One Way". © 1995 Solid Rock Productions, Inc. Todos los derechos reservados. Reproducida con permiso. Canción utilizada en el capítulo 10: "New World", de David Wilcox. © 1994 Irving Music, Inc., y Midnight Ocean Bonfire Music. Derechos administrados por Irving Music, Inc. Reproducidas con permiso. Todos los derechos reservados.

© 2007, William P. Young
Edición publicada mediante acuerdo con Windblown Media, Inc., c/o Hachette Book Group, Inc., Nueva York, Estados Unidos.

Derechos mundiales reservados en español, con exclusión de Estados Unidos de América

© 2016, William P. Young, por la "Nota del Autor"
© 2016, Hachette Book Group, Inc., por la portada

© 2009, 2017, Editorial Planeta Mexicana, S.A. de C.V.
Bajo el sello editorial DIANA M.R.
Avenida Presidente Masarik núm. 111, Piso 2
Colonia Polanco V Sección
Delegación Miguel Hidalgo
C.P. 11560, Ciudad de México
www.planetadelibros.com.mx

Primera edición: enero de 2009
Primera edición en Booket: octubre de 2014
Primera edición en *trade*: febrero de 2016
Primera edición en esta presentación: enero 2017
ISBN: 978-607-07-3762-6

Este libro es un producto literario. Nombres, personajes, lugares y acontecimientos son producto de la imaginación del autor o son utilizados ficticiamente. Cualquier semejanza con situaciones actuales, lugares o personas —vivas o muertas— es mera coincidencia.

Impreso en los talleres de Litográfica Ingramex, S.A. de C.V.
Centeno núm. 162-1, colonia Granjas Esmeralda, Ciudad de México
Impreso y hecho en México – *Printed and made in Mexico*

CONTENIDO

Nota del autor _____ 1

Prólogo _____ 9

    1. Confluencia de caminos _____ 17

    2. La oscuridad se avecina _____ 28

    3. El punto de inclinación _____ 38

    4. La Gran Tristeza _____ 49

    5. Adivina quién viene a cenar _____ 74

    6. Una pieza de π _____ 96

    7. Dios en el muelle _____ 113

    8. Un desayuno de campeones _____ 125

    9. Hace mucho tiempo, en un jardín muy, muy lejano… ___ 138

    10. Vadeo en el agua _____ 150

    11. Ahí viene el juez _____ 163

    12. En el vientre de las bestias _____ 183

    13. Encuentro de corazones _____ 197

    14. Verbo y otras libertades _____ 208

    15. Fiesta de amigos _____ 224

    16. Una mañana de pesares _____ 233

    17. Decisiones del corazón _____ 247

    18. Ondas expansivas _____ 255

Epílogo _____ 265

Agradecimientos _____ 267

La historia detrás de *La cabaña* _____ 271

Esta historia fue escrita para mis hijos:

Chad, la Suave Profundidad
Nicholas, el Explorador Tierno
Andrew, el Bondadoso Afecto
Amy, la Alegre Conocedora
Alexandra (Lexi), el Poder Radiante
Matthew, la Maravilla Naciente

y está dedicada en primer lugar a

Kim, mi Amada, gracias por salvar mi vida;

y en segundo a

"…los perdidos con fe en el reino del Amor.
Pongámonos de pie para que brille".

NOTA DEL AUTOR

Han transcurrido casi diez años desde que un impresor local envió por mensajería once mil ejemplares de *La cabaña* a una casa en California. Lo que inició con quince copias impresas en Office Depot, que serían un regalo de Navidad para nuestros seis hijos, se convirtió en un fenómeno inesperado que tomó a todos por sorpresa.

Tres hombres: Wayne Jacobsen, Brad Cummings y Bobby Downes, deseaban que con el tiempo esta historia cobrara vida en la pantalla grande, por lo que parecía sensato que primero se publicara. Luego de que veintiséis editoriales ignoraron o rechazaron el borrador inicial completo, Wayne y Brad decidieron crear Windblown Media, su propia editorial cuyo primer título sería *La cabaña*. Cada uno aportó un tercio del costo original del primer tiraje, y un amigo mío prestó el resto.

Nunca tuve intención de convertirme en un autor publicado y atribuyo todo esto al bondadoso sentido del humor de Dios. Mi visión personal era pagar las cuentas, vestir y alimentar a mi familia, y ya tenía tres empleos simultáneos que cubrían ese propósito. Parte del trabajo implicaba una labor física intensa, en tanto que la otra parte se hacía por internet, y aunque todos estos empleos tenían un sueldo muy bajo, proveían lo "suficiente" para pagar la renta y satisfacer las necesidades básicas. Estábamos contentos, lo cual es algo que el dinero nunca puede comprar.

Wayne y Brad encontraron una imprenta cercana a donde vivían, y en mayo del 2007 fueron entregados los primeros ejemplares en la cochera de Brad. Él se propuso como voluntario para hacer gran parte del "trabajo pesado", repartiendo los libros por las noches, ya que en el día trabajaba de casa en casa instalando sistemas de riego automático para jardines. Durante los dos años que dedicamos a reescribir y editar el libro, Wayne, que también es escritor, me ayudó a mejorar la trama, al mismo tiempo que atendía sus propios compromisos como conferencista y autor. Ninguno de nosotros anticipó lo que sucedería después.

Desde luego, yo no. La meta era ésta: Windblown Media vendería la primera remesa en el curso de dos años, hasta llegar a cien mil ejemplares en un plazo de cinco años, momento en el cual los tres socios suponían que Hollywood vendría a tocar a su puerta para ofrecerles la posibilidad de hacer una película.

A veces es cierto que en la ignorancia está la felicidad. En retrospectiva, y después de pasar por un duro proceso de aprendizaje, ahora entiendo que nuestra meta era increíblemente optimista, pero muy poco realista. En aquel entonces no sabía que el libro exitoso promedio sólo vende cerca de tres mil ejemplares en toda su vida, y que una novela con siete mil quinientos ejemplares se considera un éxito de ventas. Teníamos once mil ejemplares guardados en la cochera y una página web, pero no contábamos con ninguna promoción o mercadotecnia reales.

Eso era lo de menos. Yo estaba ocupado levantando cubetas de veintisiete kilogramos con relleno para pavo, para vaciarlas en las tolvas de una planta de procesamiento de alimentos; enviaba puntas para soldadura y limpiaba baños en la bodega de un fabricante de placas de circuitos; también fungía como un glorioso *disk-jockey* por internet, donde ayudaba a algunas empresas con sus conferencias web.

Y entonces todo se volvió una locura total. Lo que se suponía que llevaría dos años, ocurrió en tres meses y medio. La gente encontraba la página web y pedía un libro. Unas cuantas semanas después regresaban para pedir varios ejemplares o hasta cajas. Empecé a recibir correos electrónicos de lectores de todo el mundo con mensajes que eran a la vez desgarradores y maravillosos, hermosos y dolorosos, donde me narraban la manera en que este librito se había cruzado en sus vidas "justo en el momento preciso". Me hablaban de historias conmovedoras y asombrosas sobre el impacto transformador de las preguntas y conversaciones que aparecían en *La cabaña*.

Las editoriales, incluidas algunas de las que habían rechazado publicar el libro, al igual que grandes librerías y distribuidores, empezaron a comunicarse con Brad y Wayne para ayudar con la mercadotecnia, ventas y distribución. Podría describirse como un incendio forestal descontrolado; una anomalía imprevista que enciende en llamas todo el paisaje. En los primeros trece meses, de mayo de 2007 a junio de 2008, Windblown Media gastó menos de trescientos dólares en mercadotecnia y publicidad, y envió casi un millón cien mil ejemplares de *La cabaña*. En junio de 2008, *La cabaña* debutó como el número uno de la lista de libros más vendidos del *New York Times*, donde permaneció durante cuarenta y nueve semanas seguidas.

Esto podría darte risa, pero ciertamente no es un indicativo de nuestra inteligencia o visión. Fue un "asunto de Dios"; una combinación de los misterios del momento oportuno y el grupo de personas que coincidimos, una circunstancia difícil de repetir, y que con toda seguridad frustraría a cualquiera que lo intentara.

En estos años, *La cabaña* se tradujo a cincuenta idiomas y ha vendido al menos diecinueve millones de ejemplares en todo el mundo, con lo que se sitúa (extraoficialmente) entre los principales cien libros de ficción más vendidos de todos los tiempos. ¡Y ahora la película!

Pero son las historias que han surgido alrededor de *La cabaña*, *La encrucijada*, y ahora *Eva*, las que me han conmovido más profundamente. Todo ser humano representa una historia, y cuando compartimos las historias de nuestras vidas estamos hablando de Terreno Sagrado, donde el polvo de la creación se une con el fuego que perfecciona, la actividad de Dios en la maravilla de nuestra humanidad. Creo que por esa razón nacemos descalzos, porque se nos diseñó para pisar Terreno Sagrado. Permítanme narrarles una historia entre las miles que me han enviado o contado.

Buena parte de la película de *La cabaña* se filmó en el sur de la Columbia Británica, la zona más occidental de las provincias de Canadá y hogar de mi familia inmediata. Lionsgate, Gil Netter (el productor) y Stuart Hazeldine (el director), tuvieron la gentileza de invitarme en dos ocasiones diferentes a pasar un día en el set. La primera vez fue cuando inició el rodaje y me preguntaron si elevaría una oración para bendecir al elenco y al equipo de filmación. ¡Qué día tan surrealista! Pude conocer a Mack, a Nan, a los chicos, a Willy y a los cincuenta y tantos integrantes del equipo, así como a otros miembros del reparto, pero Papá, Jesús y Sarayu no estaban ahí, al menos en forma visible.

La segunda invitación llegó casi al final del rodaje. Me preguntaron si quería viajar a la Columbia Británica un miércoles, pasar el jueves en una de las locaciones y tomar el vuelo de regreso el viernes. No sabía a cuál de las diferentes locaciones sería la visita, ni qué se estaría filmando o quiénes estarían ahí. Las películas no se filman en orden secuencial. Eso depende de la disponibilidad del actor y de la locación, así como de otros numerosos pormenores. ¿Pero a quién le importa? ¡Es tan divertido!

Me llevó años, pero ahora estoy convencido de todo corazón que Dios es bueno, todo el tiempo, y que participa en los detalles de nuestras vidas de maneras misteriosas, tanto amorosas como desafiantes, pero al igual que las realidades cuánticas, a menudo están detrás de nuestra percepción, actuando en ese empujoncito, en la corazonada e idea que salta a nuestra conciencia. Creo que todos los seres humanos escuchan a Dios, pero esto ocurre en el lenguaje único de cada persona, de manera tan normal, que con frecuencia lo ignoramos.

Minutos después de llegarme la segunda invitación, saltó a mi mente el pensamiento (ves, ahí está): "Mmmm, he estado tratando de conocer personalmente a Brad Jersak y él vive en el sur de la Columbia Británica… Me pregunto…". Había conocido a Eden, su esposa, pero Brad siempre estaba de viaje. Es un teólogo, orador y escritor, y forma parte del cuerpo académico de un seminario en Inglaterra, así que ni siquiera sabía si en ese momento estaría en el mismo continente. Le envié un correo electrónico para decirle que iría a esa área y me preguntaba si tendría tiempo para una visita. Yo acababa de apoyar la promoción de su último libro y él había leído el manuscrito de *Eva*, de modo que teníamos muchas cosas que conversar.

Diez minutos después respondió mi correo: "¿Podría recogerte en el aeropuerto de Vancouver, CB? Podríamos almorzar, pasar la tarde juntos, cenar con Eden y luego dejarte en tu hotel en el valle".

Verifiqué con la gente encargada de coordinar el transporte y estuvieron encantados de ahorrarse un viaje redondo de cuatro horas, así que envié otro correo a Brad con la buena noticia.

La siguiente respuesta de Brad me dejó boquiabierto. Me envió un correo electrónico, con una fotografía adjunta donde decía: "Al mismo tiempo que nos comunicábamos por correo, caminaba por el bosque en Cultus Lake con Dwight, uno de mis mejores amigos de toda la vida. Es la persona que inicialmente me contó acerca de *La cabaña* y me regaló mi primer ejemplar en 2008. Él y Lorie, su esposa, tienen una casa de verano y estamos de visita con ellos, apenas hace unos instantes Dwight y yo nos topamos con esto…". La foto era una *selfie* de Brad y Dwight en el bosque, junto a un anuncio de una palabra y una flecha que señalaba: "Cabaña". A dos cuadras de la casa de Dwight y Lorie estaba una de las locaciones de la película y ni siquiera lo sabían.

"Por cierto", continuó Brad, "*La cabaña* ha tenido un impacto enorme en Dwight y Lorie, y me preguntaba si mientras estés aquí, habría tiempo para que pases unos minutos con ellos. Necesitas saber que hace tres años, la menor de sus cinco hijos, que tenía dieciséis años, atravesaba por una etapa difícil y se quitó la vida. Aunque Lorie es directora de formaciones espirituales, está 'atrapada' dentro de esa Gran Tristeza, desanimada, en un profundo duelo y a veces furiosa con Dios. Lo mismo sucede con Dwight, pero él cree que si pudiera leer de nuevo *La cabaña*, eso ayudaría a sanar su corazón. No ha podido pasar del primer capítulo".

"Encontraremos la manera de lograrlo", le respondí. "No sé cuál será la locación el día de mi visita, o si acaso estarán filmando, pero encontraremos el tiempo". De manera imprevista, tropecé de nuevo con Terreno Sagrado, lleno de angustia y profundo sufrimiento. La pérdida entre un padre y un hijo es el lugar más profundo de dolor en el cosmos y es donde Dios comparte con nosotros. De inmediato, y con autorización, envié una cadena de mensajes de correo electrónico a Gil y a Stuart con la siguiente nota: "Éste es el tipo de historia que sucede alrededor de este libro y me gustaría que vieran esto. La película que están haciendo es importante y tiene el potencial de tocar espacios preciosos del alma humana y expresar las pérdidas que todos compartimos".

Al siguiente miércoles, Brad me recogió en el aeropuerto y pasamos juntos ese día, luego cenamos con Eden antes de que me dejara en mi hotel en Chilliwack. Casi era media noche cuando recibí la "hoja de llamado" para el rodaje del jueves: Cultus Lake, a dos cuadras de la casa de Dwight y Lorie.

Cuando llegamos al set al día siguiente, me encontré con Gil, Lani (la esposa de Gil, que es una ferviente promotora de *La cabaña*) y Stuart.

—¿Recuerdan ese correo que envié? ¿Habría posibilidad de que mis amigos vinieran al set?

Sin dudarlo, la respuesta fue "sí". Envié un mensaje de texto a Brad y veinte minutos después, él, Eden, Dwight y Lorie llegaron a las orillas del lago, y el elenco y demás personal de la película los envolvieron por completo entre sus brazos, aunque la mayoría de ellos aún no tenían idea de su historia. Eran amigos y eso bastaba. Luego me enteré de que John, el terapeuta de Lorie, se había sentido "empujado" a alentarla para que pasara un tiempo conmigo y se "abriera", porque "las cosas suceden en un abrir y cerrar de ojos".

Fue en esa locación donde había una construcción completa de la cabaña, una de las tres que se construyeron y derribaron, dependiendo de la parte del libro que se estuviera filmando. Todavía no sabía qué escena se rodaría, pero sería en esta cabaña renovada y bellamente construida. Nos llevaron a los cinco a una carpa donde el productor, el director y Lani tenían las emblemáticas sillas de director, desde las que podían observar en grandes pantallas las tomas de cámaras y escuchar los diálogos por medio de audífonos, mientras los actores representaban a sus personajes. Había cinco sillas con audífonos para nosotros y nos acomodamos para observar.

Es posible que no lo sepas, pero cada escena de una película se rueda muchas veces, con diferentes ángulos de cámara, iluminación, énfasis en las palabras o acciones de los actores, y así sucesivamente. Después, todas esas tomas se unen en lo que algún día verá el público, lo cual hace que el corte y edición que se realizan al final sean una parte esencial y crítica del proceso creativo.

Durante la siguiente hora y media, vimos cómo filmaban una y otra vez esta escena: Mackenzie ha pasado una noche difícil y llena de pesadillas en la cabaña, y en la mañana sale al cobertizo con un aspecto desaliñado y desorientado. Papá lo espera con el desayuno listo y, en silencio, Mack se sienta a la mesa pero no prueba bocado.

Papá, quien con ternura lo acepta y continúa hablando, finalmente se detiene y le dice:

—Sabes, Mackenzie, parte de tu problema es que no crees que yo sea bueno, y hasta que creas que soy bueno, confiarás en mí.

Es uno de "esos" momentos, y puedes ver el esfuerzo y la furia controlada que se asoman en el rostro de Mackenzie. Finalmente le reclama:

—¿Por qué debería siempre confiar en ti? ¡Mi hija está muerta!

Nos quedamos anonadados. De todas las escenas, era ésta. Miré a Dwight y a Lorie, y las lágrimas rodaban por sus rostros. Todos llorábamos y ellos siguieron sentados ahí, mientras veíamos una y otra vez la misma escena.

Sucedieron muchas más cosas ese día. Todos tuvimos la oportunidad de conocer a Papá (Octavia Spencer), a Jesús (Aviv Alush —quién iba a pensar que un actor judío israelí representaría a Jesús—) y Sarayu (Sumire), pero más allá de los abrazos estaba el Afecto Incansable de un Dios que es Bueno todo el tiempo y que participa en los detalles de nuestras vidas.

Ese día nos cambió a todos, en especial a Lorie y a Dwight. En cierto sentido, todo el día fue para los dos, con el susurro de Dios diciéndoles que ellos conocieron el dolor y la sensación de abandono, pero nunca los ha dejado y "les tiene un cariño especial".

Considera los elementos que tuvieron que entrelazarse: el lugar donde se rodaba la película, que me invitaran ese día en particular, que Brad estuviera en la Columbia Británica, que él y Dwight hubieran caminado por el bosque y que fuera esa escena la que se filmara; y, además de todo eso, la sincronización de cada elemento en el momento preciso. Si me dices que se trató de una mera coincidencia, te diré que la coincidencia tiene un Nombre.

Al momento de escribir esto, recibí un correo electrónico de Lorie en el que me dice:

Acabo de despertar con el recuerdo de Octavia mientras camina-
ba por el área cercana al lago, tan concentrada en sus líneas y
poniendo tanto esfuerzo en representar su conmovedor papel; lue-
go recordé haberle contado de mi dolor y reconciliación cuando me
habló sobre una pérdida que ella misma sufrió. Recuerdo cuando
Sam Worthington se te acercó en la carpa del director para buscar
humildemente tu contacto e inspiración, y luego cómo gritó a los
cielos nocturnos en la escena del muelle, casi en agonía, como si
quisiera expresar el mensaje de sus líneas para que esa persona en-
tre diez "entendiera" el concepto que tanto deseaba transmitir. Se
me llenan los ojos de lágrimas al recordar el interminable esfuerzo
y la sincera energía que se vertieron ese día para que yo (junto
con millones de personas) podamos "entender". De verdad espe-
ro que miles de millones de corazones reciban de esta película la
Asombrosa Gracia tan costosa, aunque gratuita, de esta poderosa
historia de reconciliación que resuena en cada uno de nosotros en
el Gran Abrazo.

Un día le pregunté a mi hijo, que está terminando los cinco años de su doctorado en Estadística, sobre las historias como ésta, donde los sucesos y el momento oportuno se entrelazan de un modo que está más allá de la explicación.

—Oye Chad, ¿cuáles son las probabilidades de que estas cosas sucedan?

—Papá, son del cien por ciento —respondió con una sonrisa.

—Por supuesto —reí al entender la profunda sencillez de lo que me decía—. Por supuesto.

PRÓLOGO

¿Quién no sería escéptico cuando un hombre asegura haber pasado un fin de semana entero con Dios, nada menos que en una cabaña? Y luego en *esa* cabaña...

Conozco a Mack desde hace poco más de veinte años, el día en que ambos nos presentamos en casa de un vecino para ayudarle a embalar un campo de heno a fin de acomodar a su par de vacas. Desde entonces andamos juntos, como dicen hoy los muchachos, compartiendo un café, o para mí, un té chai, extra caliente y con soya. Nuestras conversaciones brindan un hondo placer, salpicadas siempre de abundantes risas y, de vez en cuando, de una lágrima o dos. Francamente, entre más envejecemos, más juntos andamos... si entiendes lo que quiero decir.

Su nombre completo es Mackenzie Allen Phillips, aunque la mayoría de la gente le dice Allen. Es una tradición de familia: todos los hombres tienen el mismo nombre propio, pero se les conoce por lo común por su apellido intermedio, para evitar, se supone, la ostentación del I, II y III o Júnior y Sénior. Esto también es útil para identificar a los vendedores por teléfono, en especial a los que llaman como si fueran tu mejor amigo. Así que él, su abuelo, su padre y ahora su hijo mayor se llaman Mackenzie, pero por lo general se hace referencia a ellos con su apellido intermedio. Sólo Nan, su esposa, y sus amigos íntimos le decimos Mack (aunque he oído a perfectos desconocidos gritarle: "¡Oye, Mack!, ¿dónde aprendiste a manejar?").

Mack nació en algún lugar del Medio Oeste, chico de granja de una familia irlandesa-estadounidense comprometida, con las manos encallecidas y las reglas rigurosas. Aunque exteriormente religioso, su muy devoto y estricto padre era un bebedor de clóset, en especial cuando las lluvias no llegaban, o cuando llegaban demasiado pronto, aunque también, casi siempre, en el periodo entre una y otra cosa. Mack nunca habla mucho de él, pero cuando lo hace, su cara pierde emoción, como ola en retirada, y muestra unos ojos oscuros y sin vida. Por lo poco que me ha contado, sé que su papá no era un alcohólico de los que caen felizmente dormidos, sino un vil y perverso borracho que golpeaba a su mujer para después pedir perdón a Dios.

Todo se decidió cuando, a los trece años de edad, Mackenzie desnudó con renuencia su alma a un líder religioso durante un retiro juvenil. Sobrecogido por la convicción del momento, confesó llorando que no había hecho nada por ayudar a su mamá al ver, en más de una ocasión, que su papá borracho la golpeaba hasta dejarla inconsciente. Lo que Mack no consideró fue que su confesor trabajaba y convivía en la iglesia con su padre, así que cuando llegó a casa su papá lo estaba esperando en el portal, en notoria ausencia de su mamá y sus hermanas. Más tarde se enteró de que habían sido enviadas con su tía May, a fin de conceder a su padre cierta libertad para enseñar a su rebelde hijo una lección sobre el respeto. Durante casi dos días, atado al enorme roble de atrás de la casa y entre versículos bíblicos, era golpeado con cinturón cada vez que su papá despertaba de su estupor y dejaba la botella.

Dos semanas después, cuando por fin pudo volver a poner un pie frente a otro, Mack se paró y se fue de su casa. Pero antes de marcharse, puso veneno de zorro en cada botella de licor que encontró en la granja. Luego desenterró, junto al escusado fuera de la casa, la pequeña caja de hojalata que guardaba todos sus tesoros terrenales: una fotografía de la familia en la que todos aparecían con los ojos entrecerrados por mirar al sol (su papá apartado a un lado), una rústica tarjeta de beisbol de Luke Easter de 1950, un frasquito con alrededor de una onza de Ma Griffe (el único perfume que su mamá se haya puesto jamás), un carrete de hilo y un par de agujas, un pequeño avión troquelado de plata F-86 de la Fuerza Aérea de Estados Unidos, y los ahorros de toda su vida: 15.13 dólares. Se escurrió de nuevo dentro de la casa y deslizó una nota bajo la almohada de su mamá, mientras su padre tendido roncaba otra borrachera. La nota decía simplemente: "Espero que algún día puedas perdonarme". Juró nunca mirar atrás, y así lo hizo por mucho tiempo.

Trece es una edad demasiado joven para ser un adulto, pero Mack casi no tenía otra opción y se adaptó rápidamente. No habla mucho de los años que siguieron. Pasó la mayor parte de ellos en ultramar, abriéndose trabajoso camino alrededor del mundo, enviando dinero a sus abuelos, quienes se lo mandaban a su mamá. En uno de esos distantes países creo que incluso empuñó un arma en un terrible conflicto; odia la guerra con oscura pasión desde que lo conozco. Como sea, a los veintitantos fue a dar finalmente a un seminario en Australia. Cuando se hartó de teología y filosofía, regresó a Estados Unidos, hizo las paces con su mamá y sus hermanas y se mudó a Oregon, donde conoció a Nannette A. Samuelson, con quien se casó.

En un mundo de habladores, Mack es un pensador y un hacedor. No dice mucho, a menos que le preguntes directamente, lo que la mayoría de la gente ha aprendido a no hacer. Cuando habla, uno se pregunta si no es una especie de extraterrestre que ve el panorama de las ideas y experiencias humanas en forma diferente a todos los demás.

El asunto es que por lo común da incómodo sentido a un mundo donde la mayoría de la gente más bien se contenta con oír lo que ya está acostumbrada a oír, lo cual no suele ser gran cosa acerca de nada. Quienes lo conocen, por lo general lo quieren bien, en tanto guarde sus ideas mayormente para sí. Y cuando habla, no es que dejen de quererlo, hace más bien que no se sientan muy satisfechos consigo mismos.

Mack me contó una vez que en sus años de juventud solía decir más libremente lo que pensaba, pero admitió que la mayor parte de esas palabras eran un mecanismo de sobrevivencia para cubrir sus heridas; a menudo terminaba vomitando su pena en quienes lo rodeaban. Dice que acostumbraba humillar y señalar los defectos de la gente mientras preservaba su sensación de falso poder y control. No suena muy atractivo.

Mientras escribo estas palabras, reflexiono en el Mack que desde siempre he conocido: muy ordinario, sin duda nadie especial en particular, salvo para quienes lo conocemos de verdad. Está por cumplir los cincuenta y seis, y es un sujeto poco notable, ligeramente obeso, calvo, bajo y blanco, lo que describe a muchos hombres de estos rumbos. Probablemente no se le distinguiría entre una multitud, o uno se sentiría incómodo sentándose junto a él cabeceando en el MAX (Metro) durante su viaje de una vez a la semana a la ciudad para una reunión de ventas. Hace la mayor parte de su trabajo en el pequeño despacho de su casa, en Wildcat Road. Vende algo de alta tecnología y artefactos que no pretendo entender: artilugios tecnológicos que por alguna razón hacen que todo marche con mayor rapidez, como si la vida no lo hiciera ya lo suficiente.

Uno no se da cuenta de lo listo que es Mack a menos que lo oiga dialogar con un experto. Yo he estado ahí, cuando de pronto el idioma que se habla apenas si parece inglés, y me descubro haciendo un esfuerzo por entender conceptos que se vierten como un retumbante río de piedras preciosas. Él puede hablar inteligentemente de casi todo; y aunque se siente que tiene firmes convicciones, posee la gentileza de permitirle a uno mantener las propias.

Sus temas favoritos son Dios y la creación, y por qué la gente cree lo que cree. Sus ojos se iluminan entonces, y adopta una sonrisa que hace ondear las comisuras de sus labios; y de repente, como en un niño, el cansancio se evapora y él se vuelve joven y es casi incapaz de contenerse. Pero, al mismo tiempo, Mack no es muy religioso. Parece tener una relación de amor/odio con la religión, y quizá incluso con un Dios al que supone caviloso, distante y reservado. Pequeños sarcasmos se cuelan a veces en las grietas de su reticencia como penetrantes dardos inmersos en el veneno de un hondo pozo interior. Aunque en ocasiones ambos aparecemos los domingos en la misma iglesia bíblica local de púlpito y bancas (la Quincuagésima Quinta Comunidad Independiente de San Juan Bautista, como nos gusta llamarla), podría asegurarse que él no se siente muy cómodo ahí.

Mack lleva más de treinta y tres años (casi todos felices) casado con Nan. Dice que ella le salvó la vida, y que pagó un alto precio por eso. Por alguna razón más allá de lo comprensible, ella parece amarlo ahora más que nunca, aunque tengo la impresión de que él la hirió cruelmente en sus primeros años. Supongo que así como la mayoría de nuestras heridas proceden de nuestras relaciones, lo mismo sucede con nuestra curación, y sé que la gracia rara vez tiene sentido para quienes miran desde afuera.

Como sea, Mack encajó. Nan es la argamasa que mantiene unidos los mosaicos de su familia. Mientras que él ha batallado en un mundo con muchos matices de gris, el de ella es más blanco y negro. El sentido común se hace presente en Nan con tanta naturalidad que ni siquiera se da cuenta del don que es. Formar una familia le impidió cumplir su sueño de ser doctora, pero como enfermera ha destacado y obtenido considerable reconocimiento por su trabajo preferido con pacientes de oncología en etapa terminal. Mientras que la relación de Mack con Dios es amplia, la de Nan es profunda.

Los miembros de esta pareja curiosamente acoplada son padres de cinco chicos inusualmente bellos. A Mack le gusta decir que sacaron de él su buen aspecto, "porque Nan aún conserva el suyo". Dos de los tres muchachos ya no viven en casa: Jon, recién casado, trabaja en ventas en una compañía local, y

Tyler, recién egresado de la universidad, sigue en la escuela, estudiando una maestría. Josh y una de las dos mujeres, Katherine (Kate), aún viven en casa, y asisten a la universidad de la comunidad local. Y luego está la última en llegar, Melissa, o Missy, como nos gustaba decirle. Ella... Bueno, en estas páginas conocerás mejor a algunas de estas personas.

Los últimos años han sido... cómo decirlo... muy peculiares. Mack ha cambiado; ahora es aún más especial y diferente que antes. En todo el tiempo que llevo de conocerlo, ha sido un alma muy gentil y bondadosa; pero desde su estancia en el hospital hace tres años, es... bueno, todavía más amable. Se ha convertido en una de esas raras personas en absoluta paz con la vida. Y con él me siento en paz como con ningún otro. Cuando nos despedimos, siento como si acabara de tener la mejor conversación de mi existencia; aun si, como de costumbre, corrió principalmente por mi cuenta. Y respecto a Dios, Mack ya no sólo es amplio; ha llegado muy hondo. Pero la zambullida le costó caro.

Estos días son muy diferentes a los de hace siete años, cuando la *Gran Tristeza* entró a su vida y él casi dejó de hablar por completo. Entonces, y durante casi dos años, dejamos de andar juntos, como por mudo y mutuo acuerdo. Yo lo veía apenas ocasionalmente en la tienda local de comestibles, o más rara vez aun, en la iglesia; y aunque por lo general intercambiábamos un cortés abrazo, no hablábamos de casi nada importante. A él le costaba trabajo incluso mirarme a los ojos; tal vez no quería empezar una conversación que pudiera volver a abrir la herida de su lastimado corazón.

Pero todo cambió después de un terrible accidente con... ¡Ahí voy de nuevo!, adelantándome. Llegaremos a todo eso a su debido tiempo. Baste decir que estos últimos años parecen haberle devuelto la vida a Mack, y le quitaron la carga de la *Gran Tristeza*. Lo que sucedió hace tres años cambió totalmente la melodía de su vida, y es una canción que ardo en deseos de tocar para ti.

Aunque es bastante bueno para la comunicación verbal, a Mack no le satisface su habilidad para escribir, algo que sabe me apasiona. Así que él me preguntó si yo escribiría en su nombre esta historia, su historia, "para los chicos y para Nan". Quería una narración que no sólo le ayudara a manifestarles la profundidad de su amor, sino que también les ayudara a ellos a entender lo que había ocurrido en el mundo interior de él. Conoces ese lugar: es donde estás tú solo, y tal vez Dios, si crees en él. Claro que Dios podría estar ahí aun si *no* crees en él. Esto no sería nada raro. No por nada se le ha llamado el Gran Entrometido.

Lo que estás a punto de leer es algo que ponerlo en palabras nos llevó muchos meses a Mack y a mí. Tiene algo... bueno, no... tiene *mucho* de fantasía. Si algunas partes son ciertas o no, no soy quién para juzgarlo. Baste decir que aunque algunas cosas podrían no ser científicamente comprobables, pueden ser ciertas de todas maneras. Te diré con honestidad que formar parte de esta historia me ha afectado muy en lo profundo, en lugares donde nunca había estado ni sabía que existían; te lo confieso: nada me gustaría más que el hecho de que todo lo que Mack me contó sea cierto. Casi siempre concuerdo con él; pero otras veces –cuando el mundo visible del concreto y las computadoras parece ser el mundo real– pierdo contacto y tengo mis dudas.

Un par de advertencias finales: Mack quisiera que sepas que si esta historia cae en tus manos y te desagrada, él te diría: "Lo siento... pero no fue escrita principalmente para ti". Aunque podría ser que sí... Lo que estás por leer es lo que Mack pudo recordar mejor de lo que pasó. Es *su historia*, no la mía; así que en las pocas ocasiones en que aparezco, hablaré de mí en tercera persona, desde el punto de vista de Mack.

La memoria es engañosa a veces, en especial con un accidente, de modo que no me sorprendería mucho que, pese a nuestro concertado esfuerzo de veracidad, algunos errores de hechos y recuerdos imperfectos se reflejaran en estas páginas.

No son intencionales. Te aseguro que conversaciones y sucesos se han registrado aquí tan verídicamente como Mack los recuerda, así que, por favor, deja pasar algunas cosas. Como verás, éstas no son cosas de las que sea nada fácil hablar.

–Willie

1

CONFLUENCIA DE CAMINOS

"Se abrieron dos caminos en mi vida",
oí decir a un hombre sabio;
"opté por el que menos se transita,
y eso significó la diferencia a diario."
–Larry Norman (*con disculpas para Robert Frost*)

Marzo desató lluvias torrenciales tras un invierno anormalmente seco. Luego, de Canadá descendió un frente frío, prolongado por vientos turbulentos que rugieron Barranca abajo desde el este de Oregon. Aunque era indudable que la primavera estaba a la vuelta de la esquina, el dios del invierno no querría renunciar sin pelear a su dominio arduamente conquistado. Un manto de nieve fresca cubría las Cascadas y la lluvia se congelaba al chocar con el suelo gélido fuera de la casa, razón suficiente para que Mack se hubiera acurrucado con un libro y una sidra caliente, envuelto en el calor de una hoguera crepitante.

Por el contrario, pasó casi toda la mañana teletransportándose desde su computadora central. Cómodamente sentado en el despacho de su casa, vestido con el pantalón de pijama y una camiseta, hizo sus llamadas de ventas, la mayoría a la Costa Este. Con frecuencia hacía pausas para escuchar la lluvia cristalina tintinear en su ventana y ver engrosarse afuera, sobre todas las cosas, la lenta pero constante acumulación de nieve. Para su deleite, estaba a punto de quedar inexorablemente atrapado en casa, prisionero del hielo.

Hay algo jubiloso en las tormentas que interrumpen la rutina diaria. La nieve o la lluvia glacial te liberan de pronto de expectativas, exigencias de rendimiento y la tiranía de las citas y la agenda. Y a diferencia de la enfermedad, es una experiencia más colectiva que individual. Casi puede oírse un unificado suspiro emerger de la ciudad cercana y el campo circundante, donde la Naturaleza ha intervenido para dar respiro a los fatigados seres humanos que se afanan dentro de sus confines. Todos los así afectados están unidos por una mutua excusa, y el corazón se siente súbita e inesperadamente mareado. No harán falta disculpas por no haberse presentado en un compromiso u otro. Todos entienden y comparten esta justificación singular, y el repentino alivio de la presión para producir llena de dicha el corazón.

Claro que también es cierto que las tormentas interrumpen los negocios, y aunque unas cuantas compañías ganan un extra, otras pierden dinero, lo cual quiere decir que hay a quienes no les hace gracia que todo cierre temporalmente. Pero no pueden culpar a nadie de su pérdida de producción, o de no llegar a tiempo a la oficina. Y aun si esto difícilmente dura más de uno o dos días, cada individuo se siente de algún modo amo de su mundo, por el simple hecho de que esas gotitas de agua se congelan al tocar el suelo.

Aun las actividades comunes se vuelven extraordinarias. Las decisiones de rutina se convierten en aventuras, y suelen experimentarse con una sensación de acentuada claridad. Ya avanzada la tarde, Mack se arropó y se encaminó afuera, para recorrer con gran esfuerzo los noventa metros de la larga entrada hasta el buzón. El hielo había transformado mágicamente esa simple tarea cotidiana en una correría contra los elementos: el levantamiento de su puño en oposición a la fuerza bruta de la naturaleza, y en un acto de desafío, una carcajada en su cara. El hecho de que nadie fuera a notarlo o a interesarse importaba poco para él; la sola idea de ese acto lo hizo sonreír por dentro.

Las bolitas de lluvia helada herían sus mejillas y sus manos mientras se abría cuidadoso paso por las leves ondulaciones de la entrada del auto; parecía, supuso, un marinero borracho en cautelosa dirección al siguiente tugurio. De cara a la fuerza de una tormenta de hielo, no avanzas precisamente con osadía, en demostración de una desaforada seguridad en ti mismo. Te golpeará una ráfaga violenta. Mack tuvo que pararse dos veces sosteniéndose en sus rodillas antes de poder abrazarse por fin al buzón, como a un amigo perdido hace mucho tiempo.

Hizo una pausa para contemplar la belleza de un mundo sumergido en cristal. Todo reflejaba luz, y contribuía a la intensa brillantez de las últimas horas de la tarde. Los árboles del jardín del vecino se habían puesto mantos traslúcidos, y cada cual parecía único, aunque uniformado en su presentación. Aquel era un mundo glorioso, y por un breve instante su luciente esplendor casi quitó, así fuese apenas unos segundos, la *Gran Tristeza* de los hombros de Mack.

Se necesitó casi un minuto completo para desprender el hielo que ya sellaba la puerta del buzón. El premio a los esfuerzos de Mack fue un sobre con sólo su nombre propio mecanografiado en el exterior, sin estampilla ni matasellos ni dirección del remitente. Mack arrancó, curioso, una de las orillas del sobre, lo cual no fue tarea fácil, con dedos que empezaban a entumirse por el frío. Tras volver la espalda al viento impetuoso, al fin logró sacar de su nido el pequeño rectángulo de papel sin doblar. El mecanografiado mensaje decía simplemente:

> Mackenzie:
>
> Ya ha pasado un tiempo. Te he extrañado.
>
> Estaré en la cabaña el próximo fin de semana si quieres que nos reunamos.
>
> —Papá

Mack se entiesó, invadido por la náusea, mudada con igual rapidez en enojo. Con toda intención pensaba en la cabaña lo menos posible, y cuando lo hacía, sus pensamientos no eran gratos ni buenos. Si ésta era la idea de alguien de una broma pesada, se había pasado de la raya. Y firmar "Papá" sólo hacía todo más horripilante.

"¡Idiota!", gruñó Mack, pensando en Tony, el cartero, un italiano muy amable, con gran corazón pero poco tacto. ¿Por qué se había tomado la libertad de dejar ahí un sobre tan ridículo? Ni siquiera tenía estampilla. Molesto, Mack se metió el sobre y la nota en el bolsillo del abrigo y se volvió para emprender el deslizamiento de regreso, en dirección a la casa. Las ráfagas abofeteantes que inicialmente habían retardado su paso redujeron esta vez el tiempo necesario para atravesar el miniglaciar que se engrosaba bajo sus pies.

Todo iba muy bien, gracias, hasta que Mack llegó al sitio donde la entrada se inclinaba un poco hacia abajo y a la izquierda. Sin esfuerzo ni intención, empezó a cobrar velocidad, resbalando en zapatos de suelas con casi tanta tracción como un pato en un lago congelado. Agitando alocadamente los brazos con la esperanza de mantener de algún modo el equilibrio, Mack se descubrió deslizándose directo contra el único árbol de sustancial tamaño que bordeaba la entrada, aquel cuyas ramas bajas él había cortado meses antes. Ahora el árbol tenía impaciencia por abrazarlo, semidesnudo y aparentemente ansioso de un pequeño pero justo castigo. En una fracción de una idea, Mack optó por la vía cobarde e intentó desplomarse, permitiendo que sus pies resbalaran bajo su peso, que es lo que naturalmente habrían querido hacer de todas formas. Más vale un trasero adolorido que arrancar astillas de la cara.

Pero pasó del susto a la sobrecompensación, y en cámara lenta vio sus pies alzarse frente a sí como tirados bruscamente por una trampa en la selva. Se golpeó fuerte, primero en la parte trasera de la cabeza, y patinó hasta un bulto en la base del fulgente árbol, que parecía erguirse sobre él con una mirada de altanería combinada con asco y no poca decepción.

El mundo se apagó un momento, o al menos así pareció. Ahí tendido, atontado y mirando al cielo, Mack entrecerró los ojos, pues la precipitación helada rápido enfriaba su cara enrojecida. Durante una pausa fugaz, todo pareció extrañamente cálido y pacífico, su ira un instante noqueada por el impacto. "¿Quién es ahora el idiota?", susurró para sí, con la esperanza de que nadie lo hubiera visto.

El frío se colaba aprisa por su abrigo y su suéter; supo que la lluvia glacial que al mismo tiempo se le derretía y congelaba debajo sería pronto una grave molestia. Quejándose y sintiéndose mucho más viejo, rodó sobre sus manos y rodillas. Vio entonces la brillante marca roja de su derrape, que señalaba su trayecto desde el punto de impacto hasta su destino final. Como nacido de la súbita conciencia de su lesión, un sordo golpeteo empezó a arrastrarse por la parte trasera de su cabeza. Instintivamente acercó la mano a la fuente del tamborileo, de donde la retiró llena de sangre.

Mientras el hielo tosco y los afilados guijarros mellaban sus manos y rodillas, Mack medio se arrastró y medio se deslizó hasta llegar a una parte plana de la entrada. Con no poco esfuerzo, por fin pudo pararse y avanzar con lentitud hacia la casa, humillado por las fuerzas del hielo y la gravedad.

Una vez adentro, se quitó tan metódicamente como pudo sus varias capas de ropa, algo ante lo que sus semicongelados dedos respondieron con casi tanta destreza como si hubiesen sido garrotes gigantes en las puntas de sus brazos. Decidió dejar el amasijo salpicado de sangre justo donde se lo había quitado en el vestíbulo, y se retiró penosamente al baño a examinar sus heridas. No cabía la menor duda de que la glacial entrada del auto había ganado. La cortada en la parte trasera de su cabeza supuraba en torno a algunas piedrecillas aún incrustadas en el cuero cabelludo. Como temía, se había formado ya una significativa hinchazón, que emergía como una ballena jorobada que saltara sobre las salvajes olas de su rala cabellera.

Mack descubrió que sería difícil remendarse tratando de ver el revés de su cabeza con un espejito que reflejaba una imagen inversa del espejo del baño. Tras una breve frustración se rindió, sin lograr que sus manos siguieran la dirección correcta ni saber cuál de los dos espejos le mentía. Tanteando cautelosamente la pastosa cortada, logró sacar las piedrecillas más grandes, hasta que le dolió demasiado para continuar. Después de tomar un ungüento de primeros auxilios y taponar la herida lo mejor que pudo, prendió un paño a la parte posterior de su cabeza con un poco de gasa que halló en un cajón del baño. Al mirarse al espejo, pensó que parecía un marinero rudo de *Moby Dick*. Esto le causó risa, y luego un gesto de dolor.

Tendría que esperar a que Nan llegara a casa para recibir atención médica de verdad, uno de los muchos beneficios de estar casado con una enfermera titulada. De todas formas, supo que entre peor luciera la herida, más compasión despertaría. Bien visto el asunto, suele haber compensación en toda prueba. Tragó un par de analgésicos para calmar las punzadas y renqueó en dirección al vestíbulo.

No había olvidado un instante la nota. Tras examinar la pila de ropa húmeda y ensangrentada, la encontró por fin en el bolsillo de su abrigo, le lanzó una mirada y se encaminó a su despacho. Localizó el número de la oficina de correos y marcó. Como era de esperar, Annie, la venerable jefa de la oficina y guardiana de los secretos de todos, contestó el teléfono.

—Hola, ¿de casualidad está Tony?

—Ay, Mack, ¿eres tú?... Te reconocí por la voz. —Por supuesto que lo había hecho—. Lo siento, pero aún no regresa. *Da hecha*, acabo de hablar con él por radio y apenas va a la mitad de Wildcat, así que todavía no llega a *ta* casa. ¿Quieres que le diga que *ta* llame o prefieres dejarle un recado?

—¡Ah!, hola. ¿Eres tú, Annie? —No pudo evitarlo, pese a que ese acento del Medio Oeste no dejaba lugar a dudas—. Perdón, me distraje un segundo por acá. No oí una sola palabra de lo que dijiste.

Annie se rió.

—Sé que oíste todo, Mack. No *ta* quieras pasar de listo conmigo, ¿eh? No nací ayer, ¿sabes? ¿Qué quieres que *la* diga si regresa vivo?

—En realidad ya respondiste mi pregunta.

Hubo una pausa en el otro extremo de la línea.

—No recuerdo que hayas preguntado nada. ¿Qué te pasa, Mack? ¿Sigues fumando demasiada hierba, o sólo lo haces los domingos en la mañana para aguantar la ceremonia de la iglesia?

No pudo contener la risa, como sorprendida por el brillo de su sentido del humor.

—Annie, bien sabes que no fumo hierba, nunca lo hice y jamás me gustará.

Desde luego que Annie no sabía tal cosa, pero Mack no iba a exponerse a la forma en que ella pudiera recordar esa conversación uno o dos días después. No sería la primera vez que su sentido del humor distorsionara una historia hasta convertirla pronto en un "hecho". Mack casi podía ver que añadían su nombre a la cadena de oraciones de la iglesia.

—Está bien, ya buscaré a Tony en otra ocasión, no es nada importante.

—Bueno, pero quédate en casa, en lugar seguro. ¿No sabes que un viejo como tú con los años puede perder el sentido del equilibrio? No me gustaría nada que te resbalaras y lastimaras tu orgullo. Para como va esto, tal vez Tony ni siquiera llegue a tu casa. Nosotros podemos contra nieve, aguanieve y la oscuridad de la noche, pero esta lluvia congelada es todo un reto, la verdad.

—Gracias, Annie. Trataré de recordar tu consejo. Luego te hablo. Adiós.

La cabeza de Mack golpeteaba ahora más que antes, como martillitos que aporrearan al ritmo de su corazón. "¡Qué raro!", pensó, "¿quién se habrá atrevido a meter algo como eso a *nuestro* buzón?" Aunque los analgésicos no hacían todavía pleno efecto, estaban lo bastante presentes para limar el filo de preocupación que él empezaba a sentir, y de repente se sintió muy cansado. Tras dejar caer la cabeza en el escritorio, pensó que acababa de dormirse cuando el teléfono lo despertó de un susto.

–Eh... ¿bueno?

–Hola, amor. ¿Estabas durmiendo?

Era Nan, al parecer inusualmente animada, aunque él creyó oír en su voz la tristeza de fondo que acechaba justo bajo la superficie de cada una de sus conversaciones. A ella le encantaba este tipo de clima, tanto como a él en general. Mack encendió la lámpara del escritorio y miró el reloj, asombrándose de haber estado fuera de circulación un par de horas.

–Ah, perdón. Creo que me adormecí un rato.

–Suenas un poco atarantado. ¿Está todo bien?

–Sip.

Aunque casi había oscurecido afuera, Mack se percató de que la tormenta no cesaba. Incluso, había depositado cinco centímetros más de hielo. Las ramas de los árboles lucían vencidas, y él supo que algunas acabarían rompiéndose por el peso, sobre todo si el viento arreciaba.

–Tuve un altercado con la entrada cuando fui por las cartas, pero más allá de eso todo está bien. ¿Dónde estás?

–Todavía en casa de Arlene, y creo que los chicos y yo pasaremos la noche aquí. Siempre es bueno para Kate estar con la familia... parece recuperar un poco de su equilibrio. –Arlene era la hermana de Nan que vivía al otro lado del río, en Washington–. De todas formas, todo está demasiado resbaloso para salir. Ojalá haya parado en la mañana. Debí irme a casa antes de que el tiempo se pusiera tan mal, pero bueno... –hizo una pausa–. ¿Cómo está el clima por allá?

–Absoluta e increíblemente bello, aunque créeme: siempre vale más ver llover que mojarse. Así que, claro, prefiero que no vengas en medio de este caos. Todo está muerto acá. Creo que Tony ni siquiera podrá traernos el correo.

—¿No me dijiste que ya habías recogido las cartas? —inquirió ella.

—Nop, no recogí ninguna. Pensé que Tony ya había venido y salí por ellas. Pero —Mack vaciló, mirando la nota sobre el escritorio, donde la dejó— no había nada. Le llamé a Annie y me dijo que Tony tal vez no podría subir la colina, y no voy a volver a salir para ver si lo hizo. Pero bueno —cambió rápidamente de tema para evitar más preguntas—, ¿cómo le va a Kate por allá?

Hubo una pausa, y luego un largo suspiro. Cuando Nan habló, su voz se redujo a un murmullo, y Mack habría podido asegurar que se había cubierto la boca.

—Ojalá lo supiera, Mack. Hablar con Kate es como hablar con una piedra; haga lo que haga, no puedo entenderme con ella. Cuando estamos con la familia, parece salir un poco de su caparazón, pero luego desaparece en él otra vez. Ya no sé qué hacer. Por más que le pido a Papá que nos ayude a encontrar una forma de comunicarnos con ella —hizo una pausa de nuevo—, parece que él no me escucha.

Eso era. Papá era el nombre favorito de Nan para Dios, que expresaba su deleite en la íntima amistad que tenía con él.

—Cariño, estoy seguro de que Dios sabe lo que hace. Todo saldrá bien.

Estas palabras no le dieron consuelo ni a él mismo, pero esperaba que aliviaran la preocupación en la voz de ella.

—Ya lo sé —suspiró Nan—. Pero quisiera que se apurara.

—Yo también —fue lo único que se le ocurrió decir a Mack—. Bueno, cuídense; saluda a Arlene y a Jimmy y dales las gracias de mi parte. Espero que nos veamos mañana.

—Está bien, amor. Me voy a ayudar por acá. Todos están buscando velas por si se va la luz. Tú deberías hacer lo mismo. Hay unas encima de la pileta del sótano, y hay un poco de pasta rellena en el refri que puedes poner a calentar. ¿Estás seguro de que estás bien?

—Sí, lo único que no está bien es mi orgullo.

—Bueno, tómalo con calma. Espero que nos veamos en la mañana.

—Muy bien, cariño. Cuídate y llámame si necesitas algo. Adiós.

"Fue una tontería haber dicho eso", pensó mientras colgaba el teléfono. Una tontería masculina, como si él pudiera ayudarles si necesitaban algo.

Mack se quedó sentado, mirando fijamente la nota. Era desconcertante y doloroso tratar de poner orden en la turbulenta cacofonía de inquietantes emociones e imágenes oscuras que nublaban su mente, un millón de ideas que viajaban a un millón de kilómetros por hora. Al cabo se dio por vencido, dobló la nota, la deslizó en una cajita de hojalata que guardaba en su escritorio y apagó la luz.

Logró hallar algo que calentar en el microondas, y luego tomó un par de cobijas y almohadas y se dirigió a la sala. Un vistazo al reloj le hizo saber que acababa de empezar el programa de Bill Moyer, uno de sus programas favoritos, que intentaba no perderse nunca. Moyer era una de las pocas personas que le habría gustado conocer: un hombre franco y brillante, capaz de expresar una honda compasión tanto por la gente como por la verdad con inusual claridad. Uno de los reportajes de esa noche tenía algo que ver con el petrolero Boone Pickens, quien había comenzado a perforar pozos en busca de agua, nada menos.

Casi sin pensarlo, y sin apartar los ojos de la televisión, Mack se estiró hasta la mesita, tomó un marco con la fotografía de una niña y lo apretó contra su pecho. Con la otra mano, se subió las cobijas hasta la barbilla, y se acurrucó en el sofá.

Pronto el aire se llenó del estruendo de suaves ronquidos, mientras la tele dirigía su atención a una nota sobre un bachiller de Zimbabwe golpeado por protestar contra el gobierno. Pero Mack ya se había ido a lidiar con sus sueños. Tal vez esta noche no habría pesadillas: sólo visiones, quizá, de hielo y árboles y gravedad.

2

LA OSCURIDAD SE AVECINA

Nada nos vuelve tan solitarios como nuestros secretos.
–Paul Tournier

Durante la noche, un inesperado *chinook*, el viento cálido del oeste, sopló en el valle de Willamette, librando al paisaje del helado puño de la tormenta, salvo las cosas que yacían ocultas en las más profundas sombras. Veinticuatro horas después hacía un calor de principios de verano. Mack durmió hasta bien entrada la mañana, uno de esos reposos sin sueño que parecen pasar en un instante.

Cuando finalmente se escurrió del sofá, le enfadó un poco descubrir que el espectáculo del hielo se había desinflado tan pronto, aunque le encantó ver a Nan y a los chicos cuando aparecieron menos de una hora más tarde. Primero llegó el previsto y considerable regaño por no haber llevado su ensangrentado amasijo al cuarto de lavado, seguido por una apropiada y satisfactoria cantidad de exclamaciones que acompañaron al examen por Nan de la herida en su cabeza. Esa atención lo complació mucho, y Nan pronto lo había limpiado, curado y alimentado hasta la saciedad. Aunque nunca estuvo lejos de su mente, la nota no fue mencionada. Él no sabía aún qué pensar, y no quería incluir a Nan en eso si resultaba ser una especie de broma cruel.

Pequeñas distracciones, como la tormenta de hielo, eran un agradable aunque breve respiro de la perturbadora presencia de su constante compañera: la *Gran Tristeza*, como él le decía. Poco después del verano en el que Missy desapareció, la *Gran Tristeza* se había enrollado en sus hombros como una invisible pero casi tangiblemente opresiva colcha. El peso de su presencia volvía opacos los ojos de Mack y encorvaba sus hombros. Aun sus esfuerzos por librarse de ella eran agotadores, como si sus brazos hubieran estado cosidos a los sombríos pliegues de desesperanza de esa tristeza y él de alguna manera se hubiera vuelto parte de ella. Comía, trabajaba, amaba, soñaba y jugaba con ese pesado atuendo encima, que lo abrumaba como si llevara puesta una gravosa bata de baño, atravesando penosamente todos los días el lóbrego abatimiento que le quitaba el color a todo.

A veces sentía que la *Gran Tristeza* apretaba lentamente su pecho y su corazón como la trituante espiral de una boa constrictor, exprimiendo líquido de sus ojos hasta que creía que sus reservas se habían agotado. Otras veces soñaba que sus pies se atascaban en un espeso lodo mientras vislumbraba fugazmente a Missy corriendo por el bosque delante de él, su rojo vestido veraniego de algodón, adornado con flores silvestres, destellando entre los árboles. Ella era ajena por completo a la oscura sombra que la perseguía. Aunque él trataba frenéticamente de gritarle que tuviera cuidado, no salía ningún sonido de su boca, y él siempre estaba muy atrasado y era demasiado impotente para salvarla. Su torturado cuerpo empapado en sudor se erguía de golpe en la cama, mientras la náusea y la culpa y el remordimiento arrasaban con él como en un maremoto irreal.

La historia de la desaparición de Missy no es, desafortunadamente, distinta a otras que se relatan demasiado a menudo. Todo ocurrió durante el fin de semana del Día del Trabajo, el último hurra del verano antes de otro año de escuela y rutinas de otoño. Mack decidió osadamente llevar a sus tres hijos menores a un último campamento al lago Wallowa, en el noreste de Oregon. Nan ya tenía el compromiso de un curso de educación continua en Seattle, y los dos chicos mayores habían vuelto a la universidad o asesoraban un campamento de verano. Pero Mack estaba seguro de poseer la combinación correcta de habilidades maternas y de hombre de campo. Después de todo, Nan lo había educado bien.

La sensación de aventura y la fiebre campista se apoderaron de todos, y la casa se volvió un torbellino de actividad. Si lo hubieran hecho a la manera de Mack, habrían metido simplemente en reversa un camión de mudanzas hasta la casa y trasladado allá la mayor parte del contenido de ésta para el largo fin de semana. En medio de la confusión, Mack decidió de repente que necesitaba un descanso y se tendió en su sillón de papá tras echar de él a Judas, el gato de la familia. Estaba a punto de encender la tele cuando llegó Missy corriendo, cargando su pequeña caja de acrílico.

–¿Puedo llevar mi colección de insectos al campamento? –preguntó.

–¿Quieres llevar tus bichos? –gruñó Mack, sin hacerle mucho caso.

–¡No son bichos, papá! Son insectos. Mira, tengo muchos.

Mack dirigió renuentemente su atención a su hija, quien al verlo concentrado, empezó a explicar el contenido de su caja de tesoros.

–Mira, aquí hay dos grillos. Y ve esa hoja: ahí está mi oruga. Y en alguna parte… ¡ahí está! ¿Ves mi catarina? Y por ahí también tengo una mosca, y unas hormigas.

Mientras ella inventariaba su colección, Mack hacía lo más que podía por mostrarse atento, asintiendo simultáneamente con la cabeza.

–Entonces –terminó Missy–, ¿puedo llevarlos?

–Claro que sí, chiquita. Tal vez podríamos soltarlos en el bosque cuando estemos allá.

–¡No, no puede! –llegó una voz desde la cocina–. Missy, tienes que dejar tu colección en casa, mi cielo. Créeme, aquí estará más segura.

Nan permaneció en el rincón y frunció cariñosamente el ceño a Mack mientras él se alzaba de hombros.

–Hice lo que pude, chiquita –le murmuró él a Missy.

–Grrr –rezongó ella.

Pero sabiendo que la batalla estaba perdida, tomó su caja y se fue.

Para la noche del jueves, la camioneta estaba sobrecargada y el remolque-tienda de campaña enganchado, con las luces y los frenos probados. El viernes muy temprano, luego de una última conferencia de Nan a sus hijos sobre seguridad, obediencia, lavarse los dientes en las mañanas, no recoger gatos con rayas blancas en el lomo y muchas otras cosas, partieron, Nan al norte, por la Interestatal 205 a Washington, y Mack y los tres amigos al este, por la Interestatal 84. El plan era regresar el martes siguiente en la noche, justo antes del primer día de clases.

La barranca del río Columbia vale por sí sola el viaje, con imponentes paisajes dominados por mesetas, cinceladas por ríos, que montan soñolienta guardia bajo el calor de fines del verano. Septiembre y octubre pueden ofrecer algo del mejor clima de Oregon: el Verano indio suele iniciarse alrededor del Día del Trabajo, y prolongarse hasta Halloween, cuando rápidamente se vuelve frío, húmedo y desagradable. Ese año no fue la excepción. El tráfico y el clima cooperaron de maravilla, y la pandilla notó apenas el paso de los kilómetros y el tiempo.

El cuarteto se detuvo en las cascadas Multnomah a comprar un cuaderno para colorear y crayones para Missy, y dos baratas cámaras desechables contra agua para Kate y Josh. Luego, todos decidieron trepar la corta vereda hasta el puente frente a las cascadas. Un camino conducía antes a la poza principal y hasta la poco profunda cueva tras el agua saltarina pero, desafortunadamente, las autoridades del parque lo habían cerrado a causa de la erosión. A Missy le encantó el lugar, y rogó a su papá que les contara la leyenda de la hermosa doncella india, la hija de un jefe de la tribu multnomah. Hubo que insistir, pero Mack finalmente cedió y volvió a contar esa historia mientras todos miraban la neblina que envolvía a la cascada.

El relato giraba en torno a una princesa, único descendiente que le quedaba a su anciano padre. El jefe quería mucho a su hija, y le eligió cuidadosamente un esposo, un joven jefe guerrero de la tribu clatsop, que él sabía que ella amaba. Las dos tribus se congregaron para celebrar la fiesta de la boda, prevista para durar varios días; pero antes de que empezara, una terrible enfermedad comenzó a propagarse entre los hombres, quitando la vida a muchos.

Ancianos y jefes se reunieron para ver qué podían hacer contra la devastadora enfermedad que diezmaba rápidamente a sus guerreros. El curandero más viejo entre ellos habló de cómo su padre, al envejecer y estando próxima su muerte, había predicho una terrible enfermedad que mataría a sus hombres, mal que sólo podría detenerse si la pura e inocente hija de un jefe daba con gusto la vida por su pueblo. A fin de cumplir la profecía, ella debía subir voluntariamente a un risco sobre el río Grande, y saltar desde ahí a su muerte en las rocas del fondo.

Una docena de jóvenes, todas ellas hijas de los diversos jefes, fueron llevadas ante el consejo. Tras considerables debates, los ancianos decidieron que no podían imponer tan precioso sacrificio, sobre todo por una leyenda que no sabían si era cierta.

Pero el mal seguía extendiéndose sin freno entre los hombres, y al cabo el joven jefe guerrero, el esposo en ciernes, cayó presa de la enfermedad. La princesa, que lo amaba, supo en su corazón que debía hacer algo, y luego de calmar su fiebre y besarlo dulcemente en la frente, se escabulló.

Le llevó toda la noche y el día siguiente llegar al lugar mencionado en la leyenda, un altísimo risco que dominaba el río Grande y las tierras más allá. Después de rezar y entregarse al Gran Espíritu, cumplió la profecía saltando sin titubear a su muerte en las rocas del fondo.

A la mañana siguiente en las aldeas, los enfermos se levantaron buenos y sanos. Hubo enorme alegría y celebración hasta que el joven guerrero descubrió que su amada novia no estaba. Cuando la conciencia de lo ocurrido se extendió entre la gente, muchos emprendieron el viaje al lugar donde sabían que encontrarían a la princesa. Reunidos en silencio en torno a su destrozado cuerpo al pie del risco, el desconsolado padre clamó al Gran Espíritu, pidiendo que el sacrificio de su hija se recordara para siempre. En ese momento empezó a caer agua desde el lugar donde ella había saltado, que se convertía en fina niebla al llegar a los pies de la gente, formando poco a poco un bello estanque.

A Missy solía fascinarle este relato, casi tanto como a Mack. Tenía todos los elementos de una genuina historia de redención, semejante a la de Jesús, que ella conocía tan bien. Se centraba en un padre que amaba a su única hija y en un sacrificio predicho por un profeta. La hija daba voluntariamente su vida por amor, y salvaba a su prometido y a las tribus de ambos de una muerte segura.

Pero esta vez Missy no dijo una sola palabra cuando acabó la historia. En cambio, se volvió de inmediato y se dirigió a la camioneta, como diciendo: "Bueno, eso fue todo. Vámonos".

Hicieron una rápida escala para almorzar y una breve pausa en el río Hood, y luego continuaron su camino, llegando a La Grande en las primeras horas de la tarde. Ahí dejaron la I-84 y tomaron la autopista al lago Wallowa, que los llevaría por los últimos ciento quince kilómetros hasta la ciudad de Joseph. El lago y lugar para acampar a los que iban estaban apenas unos kilómetros más allá de Joseph, y luego de hallar su paraje todos ayudaron, dejando dispuestas todas las cosas muy poco después, quizá no exactamente como Nan lo habría preferido, pero en forma práctica de todos modos.

La primera comida fue una tradición de la familia Phillips: espaldilla de res, marinada en la salsa secreta del tío Joe. Como postre comieron los *brownies* que Nan había preparado la noche anterior, cubiertos con el helado de vainilla que habían empacado a toda prisa en hielo seco.

Esa tarde, sentado entre tres chicos risueños y viendo uno de los espectáculos más fabulosos de la naturaleza, el corazón de Mack fue invadido por una inesperada alegría. Un atardecer de brillantes colores y figuras opacó a las escasas nubes que, tras bastidores, esperaban ser las actrices centrales de esa única función. Era un hombre rico, pensó Mack para sí, en todos los sentidos que en verdad importaban.

Al terminar la cena ya había caído la noche. Los venados –rutinarios visitantes de día, y a veces un gran fastidio– se habían ido a dormir, dondequiera que lo hiciesen. Su lugar fue tomado por las calamidades nocturnas: mapaches, ardillas comunes y ardillas rayadas, que ambulaban en bandas buscando cualquier envase a medio abrir. Los excursionistas Phillips lo sabían por experiencia. La primera noche que habían pasado en uno de esos campamentos les había costado cuatro docenas de Rice Krispies Treats, una caja de chocolates y todas sus galletas con crema de cacahuate.

Antes de que se hiciera demasiado tarde, los cuatro dieron un corto paseo lejos de las fogatas y las linternas, a un sitio oscuro y tranquilo donde pudieron tumbarse y contemplar maravillados la Vía Láctea, deslumbrante e intensa sin el velo de contaminación de las luces de la ciudad. Mack podía echarse a admirar esa vastedad horas enteras. Se sentía increíblemente pequeño, pero satisfecho consigo mismo. De todos los lugares en los que sentía la presencia de Dios, ése, rodeado por la naturaleza y bajo las estrellas, era uno de los más tangibles. Casi podía oír el himno de alabanza que aquéllas entonaban a su Creador, y en su renuente corazón se sumó al coro lo mejor que pudo.

Luego fue el regreso al campamento y, tras varios viajes a las instalaciones, Mack arropó por turnos a los tres en la seguridad de sus bolsas de dormir. Rezó brevemente con Josh antes de pasar adonde Kate y Missy esperaban acostadas; pero cuando llegó el turno de rezar de Missy, la pequeña prefirió platicar.

—Papá, ¿por qué ella tuvo que morir?

Mack tardó un momento en saber de quién hablaba, dándose cuenta de pronto de que, sin duda, la princesa multnomah había permanecido en la mente de Missy desde aquella escala del trayecto.

—Ella no *tuvo* que morir, preciosa. *Decidió* morir para salvar a su pueblo. Había muchos enfermos, y ella quiso curarlos.

Hubo un silencio, y Mack sabía que otra pregunta se formaba en la oscuridad.

—¿Es verdad lo que pasó?

Esta vez la interrogante era de Kate, obviamente interesada en la conversación.

—¿Qué de lo que pasó?

—¿La princesa india de veras murió? ¿Es cierta su historia?

Mack pensó antes de contestar.

—No lo sé, Kate. Es una leyenda, y a veces las leyendas son historias que enseñan una lección.

—¿Entonces lo que pasó no es verdad? —preguntó Missy.

—A lo mejor sí, mi vida. A veces las leyendas se basan en historias reales, cosas que sí sucedieron.

De nuevo silencio, y después:

—¿Entonces la muerte de Jesús es una leyenda?

Mack podía oír girar los engranajes de la mente de Kate.

—No, cariño, ésa es una historia verídica. ¿Y sabes qué? Creo que la historia de la princesa india también ha de ser verídica.

Mack esperó a que sus hijas procesaran sus ideas.

Missy fue la siguiente en preguntar:

—¿El Gran Espíritu es uno de los nombres de Dios: ya sabes, el papá de Jesús?

Mack sonrió en la oscuridad. Obviamente, las oraciones nocturnas de Nan estaban teniendo efecto.

—Supongo que sí. Es un buen nombre para Dios, porque él es espíritu y es grande.

—¿Entonces por qué es tan *malo*?

Ah, ahí estaba al fin la pregunta que había estado cocinándose.

—¿Qué quieres decir, Missy?

—Bueno, el Gran Espíritu hace que la princesa salte del risco y que Jesús muera en una cruz. Para mí, eso es ser muy malo.

Mack se quedó atónito. No supo qué contestar. A sus seis y medio años de edad, Missy hacía preguntas con las que los sabios habían lidiado durante siglos.

—Mi amor, Jesús no creyó que su papá fuera malo. Pensaba que su papi estaba lleno de amor y que lo quería mucho. Su papá no lo *obligó* a morir. Jesús decidió morir, porque él y su papá te aman a ti, me aman a mí y aman a todo el mundo. Nos salvó de nuestra enfermedad, igual que como hizo la princesa.

Llegó entonces el silencio más largo, y Mack se preguntó si las niñas se habían quedado dormidas. Justo cuando estaba a punto de agacharse para darles el beso de buenas noches, una vocecita a todas luces temblorosa rompió el silencio:

—¿Papá?

—¿Sí, mi vida?

—¿Yo tendré que saltar de un risco alguna vez?

El corazón se le partió a Mack cuando entendió cuál era el verdadero fin de esa conversación. Tomó a su pequeña hija entre sus brazos y la estrechó muy fuerte. Con voz un poco más ronca que de costumbre, contestó dulcemente:

—No, cariño. Yo nunca te pediré que saltes de un risco, jamás, jamás, jamás.

—¿Entonces Dios me pedirá saltar de un risco alguna vez?

—No, Missy. Él nunca te pediría algo así.

Ella se acurrucó en sus brazos.

—¡Qué bueno! Abrázame fuerte. Buenas noches, papá. Te quiero mucho.

Y cayó dormida al instante, hundiéndose en un profundo sopor con sólo sueños dulces y buenos.

Minutos después, Mack la devolvió delicadamente a su bolsa de dormir.

—¿Estás bien, Kate? —murmuró mientras daba a ésta un beso de buenas noches.

—¡Sip! —susurró ella—. ¿Papá?

—¿Qué, mi vida?

—Missy hace buenas preguntas, ¿verdad?

—Muy buenas. Es una niña especial. Las dos lo son, pero tú ya no eres tan niña. Ahora vamos a dormir, que mañana nos espera un gran día. Dulces sueños, preciosa.

—Tú también, papá. ¡Te quiero toneladas!

—Yo también te quiero con todo mi corazón. Buenas noches.

Mack subió el cierre del remolque al salir, se sonó la nariz y enjugó las lágrimas que aún quedaban en sus mejillas. Dio en silencio gracias a Dios y fue a prepararse un café.

3

EL PUNTO DE INCLINACIÓN

El alma se cura estando con niños.
–Fiódor Dostoievski

El parque estatal del lago Wallowa de Oregon y su área circundante han sido apropiadamente llamados la Pequeña Suiza de América. Desiertas y escarpadas montañas se alzan hasta casi tres mil metros de altura, y entre ellas se esconden innumerables valles repletos de corrientes, veredas y elevadas praderas rebosantes de flores silvestres. El lago Wallowa es la entrada al Área Natural de Eagle Cap y el Área Recreativa Nacional de Hells Canyon, la cual ostenta la barranca más honda de América del Norte. Tallada durante siglos por el río Snake, en algunos lugares alcanza una profundidad de cerca de tres kilómetros, y a veces mide hasta quince de una orilla a otra.

Setenta y cinco por ciento del área recreativa no tiene carreteras, con más de mil cuatrocientos kilómetros de veredas. Anteriormente dominio de la preponderante tribu nez percé, cuyos restos de su presencia se hallan dispersos en el bosque, tanto como los de los pobladores blancos en su paso al oeste. La ciudad próxima de Joseph se llama así en honor a un poderoso jefe de aquella tribu, cuyo nombre indio significa Trueno que Baja por la Montaña. Esta área es hábitat de abundantes ejemplares de flora y fauna silvestres, como alces, osos, venados y cabras monteses. La presencia de víboras de cascabel, especialmente en las cercanías del río Snake, es razón suficiente para excursionar con cautela, si uno decide aventurarse más allá del sendero.

El lago Wallowa tiene ocho kilómetros de largo y uno y medio de ancho, y se formó, dicen algunos, a partir de glaciares hace nueve millones de años. Ahora queda a kilómetro y medio de la ciudad de Joseph, a una elevación de mil trescientos cuarenta metros. Aunque sobrecogedoramente fría la mayor parte del año, el agua es lo bastante agradable a fines del verano para una zambullida placentera, al menos cerca de la orilla. El Sacagawea, de casi tres mil metros de altitud, descuella sobre esta joya azul desde sus nevadas y boscosas alturas.

Mack y los chicos llenaron los tres días siguientes de ocio y diversión. Missy, aparentemente satisfecha con las respuestas de su papá, no volvió a tocar el tema de la princesa, aun cuando una de sus excursiones diurnas llevó a todos junto a riscos empinados. Dedicaron algunas horas a recorrer las orillas del lago en lanchas de remos, hicieron todo lo posible por obtener un premio en el golfito, e incluso montaron a caballo en las veredas. Tras un viaje matutino al histórico rancho Wade, a medio camino entre Joseph y Enterprise, pasaron la tarde visitando las pequeñas tiendas de Joseph.

De vuelta en el lago, Josh y Kate jugaron carreritas en la pista de *go-karts*. Josh ganó, pero Kate reclamó sus derechos esa misma tarde al atrapar tres truchas de los lagos de regular tamaño. Missy pescó una con anzuelo y lombriz, pero ni Josh ni Mack consiguieron un solo tirón en sus carnadas más elegantes.

En algún momento del fin de semana, otras dos familias parecieron entretejerse mágicamente con el mundo de los Phillips. Como suele suceder, la amistad se trabó primero entre los muchachos, y luego entre los adultos. Josh se había obstinado en conocer a los Ducette, cuya hija mayor, Amber, resultó ser casualmente una hermosa damita de su edad. A Kate le dio por atormentar a su hermano a propósito de eso, burlas a las que él respondía con estrepitosas salidas del remolque-tienda de cam paña, todo quejas y alharacas. Amber tenía una hermana, Emmy, sólo un año menor que Kate, y ambas pasaron mucho tiempo juntas. Vicki y Emil Ducette habían viajado desde su casa en Colorado, donde Emil trabajaba como agente de la Oficina del Servicio de Pesca y Caza mientras Vicki se hacía cargo de la familia, que incluía a su hijo sorpresa J.J., de casi un año de edad.

Los Ducette presentaron a Mack y sus hijos con una pareja canadiense que habían conocido antes, Jesse y Sarah Madison. Los Madison eran sencillos y desenvueltos, y a Mack le simpatizaron al instante. Ambos eran consultores independientes, Jesse de recursos humanos y Sarah de gestión del cambio. Missy gravitó de inmediato hacia Sarah, con quien solía ir al campamento de los Ducette para ayudar a Vicki con J.J.

El lunes amaneció gloriosamente, y la tropa estaba muy entusiasmada por su plan de tomar el funicular del lago Wallowa a la cima del monte Howard, a 2,480 metros sobre el nivel del mar. Cuando se le construyó en 1970, este funicular tenía el ascenso vertical más empinado de América del Norte, con una longitud de cable de casi seis kilómetros y medio. El viaje hasta la cumbre tarda quince minutos, en una vagoneta suspendida de uno a 35 metros sobre la superficie.

En vez de llevar almuerzo, Jesse y Sarah insistieron en invitar a todos a comer al Summit Grill. El plan era comer en cuanto llegaran a la cima, y pasar el resto del día recorriendo los cinco miradores. Armados de cámaras, lentes oscuros, botellas de agua y filtros solares, salieron a media mañana. De acuerdo con lo previsto, consumieron un auténtico festín de hamburguesas, papas fritas y malteadas en el Grill. Sin duda la altura les abrió el apetito; hasta Missy devoró una hamburguesa completa, y casi toda la guarnición.

Después de comer visitaron cada uno de los miradores cercanos, siendo la vereda más larga la del mirador del Valle al mirador del río Snake y los Siete Demonios (un poco más de un kilómetro). Desde el mirador del Valle de Wallowa pudieron ver hasta las ciudades de Joseph, Enterprise y Lostine, e incluso Wallowa. Desde el Púrpura Imperial y el de la Cumbre disfrutaron de una vista clara como el cristal, a los estados de Washington y Idaho. Hubo quienes creyeron ver incluso Montana al otro lado del brazo de Idaho.

Ya avanzada la tarde, todos estaban cansados y felices. Missy, a quien Jesse había cargado en hombros en el último par de miradores, se durmió en brazos de su padre mientras bajaban zumbando y traqueteando de la cumbre. Los cuatro jóvenes, junto con Sarah, iban con la cara pegada a la ventana, lanzando exclamaciones frente a las maravillas del descenso. Los Ducette conversaban en voz baja, tomados de la mano, mientras J.J. dormía en brazos de su padre.

"Éste es uno de esos raros y preciosos momentos", pensó Mack, "que lo toman a uno por sorpresa, hasta casi quitarle el aliento. Si Nan estuviera aquí, todo sería perfecto". Movió a Missy para acomodarla, perdida de sueño como estaba, y le quitó el pelo de la cara para mirarla. La suciedad y el sudor del día no habían hecho sino aumentar extrañamente su inocencia y belleza. "¿Por qué tienen que crecer?", reflexionó, y la besó en la frente.

Esa noche las tres familias juntaron sus alimentos para una última cena en común. La entrada fue una ensalada taquera, con gran cantidad de aderezos y verduras frescas. Sarah se las había ingeniado para batir un postre de chocolate con capas de crema chantilly, *mousse*, *brownies* y otras delicias, que dejó a todos complacidos y satisfechos.

Devueltas a los enfriadores las sobras de la cena y lavados y guardados los platos, los adultos se sentaron a tomar sorbos de café en torno a una llameante fogata mientras Emil compartía sus aventuras de desintegración de bandas de contrabandistas de animales en peligro de extinción y explicaba cómo él y sus compañeros atrapaban a cazadores furtivos y otros cazadores ilegales. Consumado narrador, su vocación ofrecía grandes posibilidades de historias divertidas. Todo era fascinante, y Mack se percató de nuevo de que había muchas cosas en el mundo acerca de las cuales era un ingenuo.

Cuando cayó la noche, Emil y Vicki fueron los primeros en irse a acostar, con su bebé de ojitos adormilados. Jesse y Sarah se ofrecieron a quedarse otro rato antes de encaminar a las Ducette a su campamento. Los tres Phillips y las dos Ducette desaparecieron de inmediato en la seguridad del remolque-tienda para compartir historias y secretos.

Como suele suceder cuando una fogata arde largamente, la conversación pasó de lo humorístico a lo más personal. Sarah parecía ansiosa de preguntarle a Mack sobre el resto de su familia, en especial Nan.

—¿Cómo es ella, Mackenzie?

A Mack le agradaba toda oportunidad de presumir a su Nan.

—Bueno, antes que nada es muy hermosa. Y no es nada más un decir: es realmente hermosa, por dentro y por fuera —respondió, y al voltear tímidamente vio que ambos Madison le sonreían. Extrañaba mucho a Nan, y le satisfizo que las sombras de la noche ocultaran su pena—. Su nombre completo es Nannette, pero casi nadie le dice así, sino Nan. Es muy famosa en la comunidad médica, al menos en el noroeste. Es enfermera y trabaja con pacientes de oncología (oh, pacientes de cáncer) en etapa terminal. Es un trabajo difícil, pero a ella le encanta. También ha escrito algunos artículos y ha sido oradora en un par de congresos.

—¿De veras? —se sorprendió Sarah—. ¿Sobre qué tema?

—Ayuda a la gente a pensar en su relación con Dios de cara a su muerte —contestó Mack.

—Me gustaría oír más sobre eso —lo incitó Jesse mientras atizaba el fuego con una vara, provocando así que creciera con renovado vigor.

Mack titubeó. Aunque se sentía muy a gusto con los Madison, en realidad no los conocía, y la conversación se había vuelto demasiado profunda para su gusto. Buscó rápido una respuesta corta al interés de Jesse.

–Nan es mucho mejor para esto que yo. Supongo que concibe a Dios en forma distinta a la mayoría de la gente. Hasta le dice Papá, por la intimidad de la relación que tiene con él, si acaso esto tiene sentido.

–¡Claro que lo tiene! –exclamó Sarah, mientras Jesse afirmaba agitando la cabeza–. ¿Es asunto de familia eso de llamar Papá a Dios?

–No –contestó Mack, riendo–. Los muchachos lo hacen a veces, pero a mí no me agrada. Es demasiado familiar para mí. De todas formas, Nan tiene un padre maravilloso, así que supongo que eso le facilita las cosas.

Lo había soltado ya, y tembló por dentro, esperando que nadie lo hubiera notado. Pero Jesse lo miraba a los ojos.

–¿Tu papá no fue maravilloso? –preguntó cortésmente.

–No. –Mack hizo una pausa–. Podría decirse que no fue demasiado maravilloso. Murió cuando yo era niño, de causas naturales. –Mack rió, pero con un sonido vacío. Miró a los Madison–. Era alcohólico.

–Cuánto lo sentimos –exclamó Sarah por los dos, y Mack sintió que lo decía en serio.

–Bueno –dijo él, forzando otra risilla–, la vida es difícil a veces, pero la verdad es que tengo mucho que agradecer.

Durante el incómodo silencio que siguió, Mack se preguntó por qué esa pareja parecía penetrar tan fácilmente sus defensas. Segundos después lo rescató el bullicio de los chicos al salir del remolque e ir a dar entre ellos. Para regocijo de Kate, Emmy y ella habían sorprendido a Josh y Amber tomados de la mano en la oscuridad, y ahora quería que todo el mundo lo supiera. Pero para ese momento Josh estaba tan prendado que podía soportar cualquier burla y no hacer caso de los abusos de su hermana. No habría podido arrancarse esa tonta sonrisa de la cara aun si hubiera querido.

Los Madison desearon buenas noches a Mack y sus hijos con un abrazo; Sarah le dio a Mack un apretón especialmente afectuoso antes de marcharse. Luego, de la mano de Amber y

Emmy, se perdieron en la oscuridad, hacia el campamento de los Ducette. Mack los observó hasta que dejó de oír sus murmullos nocturnos y hasta que el vaivén de su lámpara de mano desapareció de la vista. Sonrió para sí y volteó para pastorear a su propia prole en dirección a sus sacos de dormir.

Rezadas las oraciones de rigor, los besos de buenas noches fueron seguidos por risitas de Kate en sigilosa conversación con su hermano, quien ocasionalmente estallaba en un áspero murmullo para que todos pudieran oírlo: "Ya basta, Kate. Grrr... ¡Eres una grosera!", hasta que, por fin, se hizo el silencio.

Mack recogió lo que pudo a la luz de las linternas y pronto decidió dejar el resto para el día siguiente. No planeaban irse hasta las primeras horas de la tarde de todas maneras. Preparó su útima taza nocturna de café y se sentó a sorberlo frente a la fogata, consumida hasta haberse convertido en una masa titilante de carbones al rojo vivo. Era tan fácil perderse en ese lecho de relucientes y ondulantes brasas... Estaba solo, pero no del todo. ¿No era ése un verso de "Rumors of Glory", la canción de Bruce Cockburn? No estaba seguro; pero, si se acordaba, lo investigaría al llegar a casa.

Sentado, bajo el efecto hipnótico del fuego y envuelto en su calor, rezó, principalmente oraciones de gratitud. Se le había dado mucho. "Bendecido" era quizá la palabra correcta. Se sentía contento, tranquilo y lleno de paz. No lo sabía entonces, pero menos de veinticuatro horas después sus oraciones cambiarían drásticamente.

❧ ❦ ✥ ❧ ❦ ✥ ❧ ❦

La mañana siguiente, aunque soleada y calurosa, no comenzó muy bien. Mack se levantó temprano para sorprender a los chicos con un espléndido desayuno, pero se quemó dos dedos mientras trataba de quitar las hojuelas que se habían pegado al sartén. En reacción al dolor de la quemadura, golpeó la estufa y el sartén y tiró por tierra el tazón de la pasta de las crepas. Despertados por el alboroto y las ahogadas imprecaciones, los muchachos se habían asomado por el remolque para ver a qué se debía la conmoción. Bajo un ataque de risa tan pronto como entendieron lo que pasaba, bastó un "oigan, ¡no es ningún chiste!" de Mack para que se refugiaran de nuevo en la tienda, aún riendo entre dientes en su escondite mientras oteaban por las ventanas de tela de alambre.

Así que, en vez del festín que Mack había querido, el desayuno fue de cereal frío con leche diluida, pues casi toda la escasa leche que quedaba se había destinado a la pasta de las crepas. Mack pasó la hora siguiente tratando de organizar el campamento con dos dedos metidos en un vaso de agua helada, que debía renovarse a menudo con trozos que Josh desprendía de un bloque de hielo con el mango de una cuchara. La voz debe haberse corrido, porque Sarah Madison llegó con remedios contra quemaduras, y minutos después de haber metido los dedos en un líquido blancuzco, Mack sintió disminuir el ardor.

En ese momento, Josh y Kate, habiendo terminado sus deberes, llegaron para preguntar si podían pasear por última vez en la canoa de los Ducette, prometiendo ponerse los chalecos salvavidas. Tras el obligado "no" inicial y la requerida dosis de súplicas de los chicos, en especial de Kate, Mack cedió por fin, recordándoles una vez más las reglas de seguridad y conducta de la canoa. Aquello no le preocupaba demasiado. El sitio para acampar estaba a tiro de piedra del lago, y ellos prometieron permanecer cerca de la orilla. Mack podría vigilarlos mientras seguía levantando el campamento.

Missy estaba ocupada en la mesa, coloreando el cuaderno de las cascadas Multnomah. "¡Qué linda es!", pensó Mack, mirando en dirección a ella mientras alzaba el tiradero que él mismo había hecho antes. Llevaba puesto lo único limpio que le quedaba, un vestidito rojo con bordados de flores silvestres comprado en su viaje del primer día a la ciudad de Joseph.

Quince minutos después, Mack volteó al oír que una voz conocida decía "¡Papá!" desde el lago. Era Kate, remando como toda una profesional con su hermano. Los dos llevaban obedientemente puestos sus chalecos salvavidas, y Mack agitó la mano para saludarlos.

Es increíble cómo un acto o sucedido en apariencia insignificante puede cambiar vidas enteras. Al alzar el remo para corresponder el saludo de su padre, Kate perdió el equilibrio, y ladeó la canoa. Una mirada de terror se congeló en su rostro mientras, casi en silencio y en cámara lenta, la lancha se volcaba. Josh se inclinó desesperadamente para intentar equilibrarla, pero ya era demasiado tarde y él desapareció de la vista en medio del chapaleo. Mack se encaminó a la orilla del lago, aunque no con intención de meterse, sino sólo de estar cerca cuando ellos salieran. Kate emergió primero, echando agua por la boca y llorando, pero no había señales de Josh. Al estallar una erupción de agua y piernas, Mack supo de inmediato que ocurría algo grave.

Para su sorpresa, todos los instintos que había cultivado como salvavidas adolescente rugieron de nuevo. En cuestión de segundos ya estaba en el agua, quitándose los zapatos y la camisa. Ni siquiera sintió el golpe helado mientras recorría a toda velocidad los quince metros hacia la canoa volteada, ignorando por el momento el aterrado sollozo de su hija. Ella estaba a salvo. Su mayor interés era Josh.

Tras respirar hondo, se zambulló. El agua, pese a la agitación, estaba muy clara, con visibilidad de hasta un metro. Pronto encontró a Josh, y descubrió también por qué estaba en dificultades. Una de las correas de su chaleco salvavidas se había enredado en el armazón de la canoa. Por más que hacía, tampoco él pudo zafarla, así que trató de indicarle a Josh mediante señas que se impulsara dentro de la canoa, donde había quedado atrapado aire respirable. Pero el pobre chico estaba aterrado, tirando violentamente de la correa que lo mantenía atado al borde de la canoa y bajo el agua.

Mack salió a la superficie, le gritó a Kate que nadara hasta la orilla, tragó todo el aire que pudo y se sumergió por segunda vez. Para su tercera zambullida, y sabiendo que el tiempo se agotaba, se dio cuenta de que podía seguir tratando de quitarle el salvavidas a Josh o soltar la canoa. Como éste, en su pánico, no lo dejaba acercarse, Mack optó por lo segundo. Habrán sido Dios y los ángeles o Dios y la adrenalina, nunca lo sabría de cierto, pero apenas en su segundo intento logró voltear la canoa, liberando a Josh de su atadura.

El chaleco, capaz por fin de hacer aquello para lo que estaba diseñado, hizo que la cara del muchacho sobresaliera del agua. Mack emergió detrás de Josh, para entonces ya laxo e inconsciente, escurriendo sangre por una cortada en la cabeza donde la canoa lo había golpeado cuando Mack la enderezó. Éste empezó de inmediato a dar respiración de boca a boca a su hijo lo mejor que podía, mientras los demás, habiendo oído la conmoción, llegaban para jalarlos a lo bajo a él y la canoa, a la que el chaleco seguía prendido.

Ajeno a los gritos a su alrededor mientras la gente vociferaba instrucciones y preguntas, Mack se concentró en su tarea, el pánico aumentando en su pecho. Justo cuando sus pies tocaron tierra firme, Josh empezó a toser, y a vomitar agua y desayuno. Un gran aplauso hizo erupción entre los ahí congregados, pero a Mack no le importó. Abrumado por el alivio y el susto de haber escapado por un pelo, se soltó a llorar, y al instante Kate sollozaba colgada del cuello de su padre y todos reían y lloraban y se abrazaban.

Llegaron a la orilla como pudieron. Entre los atraídos a la escena por el pánico y el ruido estaban Jesse Madison y Emil Ducette. En medio de la confusión de las muestras de júbilo y alivio, Mack oía a Emil murmurar una y otra vez, como en la repetitiva cantilena de un rosario: "Cuánto lo siento... Cuánto lo siento... Cuánto lo siento". La canoa era suya. Habrían podido ser sus hijas. Mack dio con él, envolvió entre sus brazos al joven y, enfático, le dijo al oído:

–¡Basta ya! No fue culpa tuya y todos estamos bien.

Emil empezó a sollozar, súbitamente liberadas sus emociones de un dique de culpa y temor contenidos.

Una crisis se había evitado. O al menos eso fue lo que Mack pensó.

4

LA GRAN TRISTEZA

La tristeza es un muro entre dos jardines.
–Gibrán Jalil Gibrán

Mack se quedó en la orilla, doblegado y tratando aún de recuperar el aliento. Pasaron unos minutos antes de que siquiera pensara en Missy. Al recordar que la había dejado coloreando su cuaderno en la mesa, se acomodó en la ribera en un punto desde donde pudiese ver el campamento, pero no había señales de ella. Aceleró el paso mientras se precipitaba al remolque-tienda de campaña, llamándola por su nombre lo más serenamente posible. Ninguna respuesta. No estaba ahí. Aunque le dio un vuelco el corazón, racionalizó que en la confusión alguien sin duda la habría visto, tal vez Sarah Madison o Vicki Ducette, o uno de los chicos mayores.

No queriendo parecer aprensivo ni aterrado, buscó a sus dos nuevos amigos, les informó calmadamente que no encontraba a Missy y les pidió consultar a sus familias. Ambos marcharon de inmediato a sus respectivos campamentos. Jesse fue el primero en regresar, para anunciar que Sarah no había visto a Missy en toda la mañana. Mack y él se dirigieron entonces al campamento de los Ducette, pero antes de llegar Emil corrió hasta ellos, con una mirada de temor claramente dibujada en el rostro.

–Nadie ha visto a Missy hoy, y tampoco sabemos dónde está Amber. ¿No estarán juntas?

Había un tinte de pavor en la pregunta de Emil.

–Seguramente –respondió Mack, tratando de tranquilizarse y tranquilizar a Emil al mismo tiempo–. ¿Dónde crees que estén?

–¿Por qué no revisamos los baños y las regaderas? –propuso Jesse.

–Buena idea –dijo Mack–. Yo revisaré los que están cerca de nuestro campamento, los que usan mis hijos. ¿Por qué Emil y tú no revisan los que están entre sus campamentos?

Ellos asintieron con la cabeza, y Mack se dirigió trotando a las regaderas más cercanas, notando por primera vez que estaba descalzo y sin camisa. "Qué espectáculo debo estar dando", pensó. Habría reído entre dientes si su mente no hubiera estado tan concentrada en Missy.

Al llegar a los baños le preguntó a una adolescente que salía del de mujeres si no había visto dentro a una niña de vestido rojo, o a dos niñas. Ella respondió que no se había fijado, pero que volvería a mirar. Menos de un minuto después ya estaba de vuelta, sacudiendo la cabeza.

–Gracias de todas maneras –le dijo Mack, y se encaminó a la parte trasera del edificio, donde estaban las regaderas.

Mientras daba vuelta a la esquina empezó a llamar a Missy en voz alta. Oyó correr agua, pero nadie respondió. Preguntándose si Missy no estaría en una de las regaderas, empezó a golpear cada puerta hasta obtener respuesta. Pero lo único que logró fue darle un terrible susto a una pobre anciana cuando, al tocar a su puerta, la abrió accidentalmente. Ella gritó, y Mack, disculpándose profusamente, cerró a toda prisa y continuó con la puerta siguiente.

Seis gabinetes de regaderas y nada de Missy. Revisó los baños y regaderas de hombres, tratando de no pensar en por qué tendría que molestarse en buscar ahí. Pero ella no estaba en ninguna parte, así que regresó corriendo al campamento de Emil, incapaz de rezar nada excepto "Oh, Dios, ayúdame a encontrarla… Oh, Dios, por favor, ayúdame a encontrarla".

Cuando Vicki lo vio, salió corriendo a su encuentro. Ella había intentado no llorar, pero no pudo evitarlo cuando se abrazaron. De pronto, Mack deseó desesperadamente que Nan estuviera ahí. Ella habría sabido qué hacer, o al menos qué se debía hacer. Se sentía muy solo.

—Sarah llevó a Josh y Kate a tu campamento, así que no te preocupes por ellos —le dijo Vicki entre sollozos.

"Oh, Dios", pensó Mack, habiéndose olvidado por completo de los otros dos. "¿Qué clase de padre soy?" Aunque le tranquilizó saber que Sarah estaba con ellos, en ese momento deseó más intensamente aún que Nan estuviera ahí.

Justo entonces Emil y Jesse irrumpieron en el campamento, Emil aparentemente aliviado y Jesse tenso como un resorte.

—¡Ya la encontramos! —exclamó Emil, radiante, aunque se puso serio al darse cuenta de lo que había insinuado—. Digo, ya encontramos a Amber. Regresaba de darse un baño en otro sitio que aún tenía agua caliente. Dijo que le había avisado a su mamá, pero que tal vez Vicki no la oyó… —su voz se apagó.

—Pero no encontramos a Missy —añadió Jesse en seguida, respondiendo la pregunta más importante—. Tampoco Amber la ha visto hoy.

Emil, ya todo agitación, asumió el mando.

—Mack, tenemos que hablar de inmediato con las autoridades del campamento, y correr la voz para que busquen a Missy. Tal vez en el alboroto y la conmoción ella se asustó, se confundió, se fue y ahora está perdida, o nos está buscando y tomó el camino equivocado. ¿Tienes una foto suya? Quizá haya una fotocopiadora en la oficina y podamos sacar algunas copias y ganar tiempo.

—Sí, tengo una foto en mi cartera.

Mack se llevó la mano al bolsillo trasero y se aterró un segundo al no encontrar nada ahí. Le pasó por la mente la idea de que su cartera estuviera en el fondo del lago Wallowa, pero luego se acordó de que la había dejado en la camioneta tras el viaje del día anterior en el funicular.

Los tres regresaron al campamento de Mack. Jesse se adelantó para avisar a Sarah que Amber estaba a salvo, pero que seguía sin saberse del paradero de Missy. Al llegar al campamento, Mack abrazó y reanimó a Josh y Kate lo más que pudo, tratando de parecer tranquilo, por su bien. Cambió su ropa húmeda por una camiseta, jeans, calcetines secos y limpios y un par de tenis. Sarah le ofreció hacerse cargo junto con Vicki de sus dos hijos mayores y murmuró que estaba pidiendo por Missy y él. Mack la abrazó y le dio las gracias, y tras besar a sus hijos se sumó a sus dos amigos para ir corriendo a la oficina del lugar.

La noticia del rescate en el lago había llegado antes que ellos a la pequeña oficina del campamento, de dos cuartos, donde todos estaban de buen humor. Pero esto cambió rápidamente cuando los tres visitantes explicaron por turnos la desaparición de Missy. Por fortuna había una fotocopiadora en la oficina, y Mack amplió y distribuyó media docena de fotos de Missy.

El campamento del lago Wallowa cuenta con 215 sitios, divididos en cinco circuitos y tres áreas grupales. El joven subgerente, Jeremy Bellamy, se ofreció a colaborar en una inspección, así que el campamento fue dividido en cuatro áreas y cada uno salió de la oficina armado con un mapa, la foto de Missy y un *walkie-talkie*. Un asistente con un *walkie-talkie* regresó al campamento de Mack para reportar si Missy ya había aparecido ahí.

Ésa sería una labor metódica y lenta, demasiado lenta para Mack, pero él sabía que era la forma más lógica de buscar a su hija si… si ella seguía aún en el campamento. Mientras caminaba entre tiendas y remolques, rezaba y hacía promesas. En su corazón sabía que prometer cosas a Dios era más bien absurdo e irracional, pero no pudo evitarlo. Estaba desesperado por encontrar a Missy, y sin duda Dios sabía dónde estaba.

Muchos campistas no se hallaban en sus sitios, o terminaban de empacar para volver a casa. Nadie a quien Mack le preguntó había visto a Missy o a alguien parecido. Las partidas de búsqueda se reportaban periódicamente a la oficina para enterarse del progreso, si alguien lograba algo. Pero hasta casi las dos de la tarde no había nada en absoluto aún.

Mack estaba acabando su sección cuando llegó una llamada a los *walkie-talkies*. Jeremy, que había tomado el área más próxima a la entrada, creía tener algo. Emil les indicó que marcaran en sus mapas dónde interrumpían su tarea, y les dio el número del sitio desde el que Jeremy había llamado. Mack fue el último en llegar allá, y encontró a Emil, Jeremy y un desconocido en agitada conversación.

Emil le hizo señas para que se apurara y le presentó a Virgil Thomas, joven de California que llevaba todo el verano acampando en el área con unos amigos. Virgil y sus compañeros regresaron a dormir esa madrugada tras divertirse hasta tarde, y él había sido el único que se quedó despierto y vio una vieja camioneta verde olivo que salía por el acceso y tomaba la carretera a Joseph.

—¿A qué horas fue eso? —preguntó Mark.

—Como ya le dije a él —respondió Virgil, señalando a Jeremy con el pulgar—, fue antes de mediodía. Pero no recuerdo cuánto antes. Estaba algo crudo, y desde que estamos aquí no ponemos mucha atención en el reloj.

Colocando la fotografía de Missy frente al muchacho, Mack preguntó abruptamente:

—¿Crees haberla visto a *ella*?

—Cuando el otro me enseñó la fotografía, no me pareció familiar —contestó Virgil, mirando de nuevo la foto—. Pero cuando me dijo que llevaba puesto un vestido rojo fuerte, recordé que la niña en la camioneta verde iba de rojo y que reía o gritaba, la verdad no sé. Luego pareció que el tipo que conducía la palmeaba o empujaba, aunque a lo mejor sólo estaba jugando.

Mack se paralizó. Esta información fue abrumadora para él pero, desafortunadamente, era lo único que habían oído que tuviera algún sentido. Explicaba por qué no habían hallado ningún rastro de Missy. Sin embargo, todo en él se resistía a que eso fuera verdad. Se volvió y echó a correr hacia la oficina, pero la voz de Emil lo detuvo:

–¡Alto, Mack! Ya llamamos por radio a la oficina y nos pusimos en contacto con el jefe de policía de Joseph. Van a mandar a alguien de inmediato y a dar una alerta general sobre la camioneta.

Justo entonces llegaron dos patrullas al campamento. La primera fue directo a la oficina, mientras que la otra entró a la sección donde todos aguardaban. Mack le hizo señas al oficial para que se detuviera, y corrió a recibirlo mientras bajaba de su vehículo. Un joven de, al parecer, poco menos de treinta años se presentó como el oficial Dalton y empezó a tomar sus declaraciones.

Las horas siguientes atestiguaron una gran escalada en reacción a la desaparición de Missy. La alerta general llegó hasta Portland al oeste, Boise, Idaho, al este y Spokane, Washington, al norte. Oficiales de policía de Joseph instalaron un retén en la autopista de Imnaha, que salía de Joseph y se internaba en el Área Recreativa Nacional de Hells Canyon. Si el robachicos, supuso la policía, se había llevado a Missy por la Imnaha –sólo una de las muchas direcciones que pudo seguir–, podía obtenerse información pertinente interrogando a quienes salían por esa vía. Los recursos eran limitados, pero también se hizo contacto con guardabosques en el área para que estuvieran atentos.

El campamento de los Phillips fue acordonado como escena del crimen, e interrogadas todas las personas de los alrededores. Virgil ofreció cuantos detalles pudo sobre la camioneta y sus ocupantes, y la descripción subsecuente se transmitió de inmediato a todas las agencias involucradas.

Se dio aviso a las oficinas del FBI en Portland, Seattle, y Denver. Se llamó a Nan, quien ya iba en camino para allá, acompañada por su mejor amiga, Maryanne. Se recurrió incluso a perros rastreadores, aunque las pistas de Missy terminaban en el estacionamiento próximo, lo que aumentaba la probabilidad de que la versión de Virgil fuera correcta.

Luego de que especialistas forenses peinaron su campamento, el oficial Dalton pidió a Mack que inspeccionara detenidamente el área para descubrir si algo estaba fuera de lugar o era distinto a como lo recordaba. Aunque ya agobiado por las emociones de ese día, Mack ansiaba ayudar en cualquier forma, y se concentró para recordar lo más posible de esa mañana. Con cautela, como para no desordenar nada, volvió sobre sus pasos. Qué no habría dado por poder empezar otra vez: por la oportunidad de reiniciar ese día desde el principio. Con gusto volvería a quemarse los dedos y a tirar la pasta de las crepas con tal de evitar los acontecimientos que siguieron.

Regresando a la tarea que se le asignó, nada parecía diferente a lo que recordaba. Nada había cambiado. Se acercó a la mesa en la que Missy había estado trabajando. El cuaderno estaba abierto en la página que ella coloreaba, un retrato a medio terminar de la princesa india de Multnomah. También los crayones estaban ahí, aunque faltaba el color favorito de Missy, el rojo. Mack se puso a buscar en el suelo, para ver dónde había caído.

—Si busca el crayón rojo, lo encontramos allá, junto al árbol —le dijo Dalton, señalando el estacionamiento—. Tal vez ella lo tiró mientras forcejeaba con... —su voz se apagó.

—¿Cómo que forcejeaba? —preguntó Mack.

El oficial vaciló, pero continuó casi renuente:

—Encontramos uno de sus zapatos por allá, en los arbustos, donde tal vez fue a dar por sacudir un pie. Usted no estaba aquí en ese momento, así que le pedimos a su hijo que lo identificara.

La imagen de Missy repeliendo a un monstruoso pervertido fue un puñetazo en el estómago. A punto de sucumbir a la súbita negrura que amenazaba con asfixiarlo, Mack se inclinó sobre la mesa para no desmayarse o vomitar. Fue entonces cuando se percató de que había un prendedor de catarina clavado en el cuaderno para colorear. Se despabiló de pronto, como si alguien hubiera abierto sales aromáticas bajo su nariz.

–¿De quién es esto? –preguntó a Dalton, señalando el prendedor.

–¿Qué cosa?

–¡El prendedor de catarina! ¿Quién puso *eso* ahí?

–Creímos que era de Missy. ¿Me está usted diciendo que ese
prendedor no estaba ahí esta mañana?

–Estoy seguro –afirmó Mack, categórico–. Ella no tiene
nada así. ¡Estoy absolutamente seguro de que eso no estaba ahí
esta mañana!

El oficial Dalton ya estaba sobre su radio, y minutos después
los forenses habían regresado y tomado en custodia el prendedor.

Dalton llevó aparte a Mack y explicó:

–Si lo que usted dice es cierto, tenemos que suponer que el
agresor de Missy dejó esto aquí a propósito. –Hizo una pausa
antes de agregar–: Señor Phillips, esto podría ser una buena o
una mala noticia.

–No entiendo –repuso Mack.

El oficial titubeó de nuevo, intentando decidir si debía
decirle a Mack lo que pensaba. Buscó las palabras correctas:

–Mire, la buena noticia es que este objeto podría darnos
alguna evidencia. Es lo único que tenemos hasta ahora que
vincule al agresor con la escena.

–¿Y la mala?

Mack contuvo la respiración.

–La mala, y no estoy diciendo que este sea necesariamente
el caso, es que quienes dejan algo como este objeto suelen
tener un propósito al dejarlo, lo que con frecuencia quiere
decir que ya han realizado antes el mismo acto.

–¿Qué está diciendo? –inquirió Mack bruscamente–. ¿Que
este tipo es una especie de asesino serial? ¿Que esto es como
una marca que él deja para identificarse, como si marcara su
territorio o algo así?

Mack se estaba enojando, y por la mirada en el rostro de
Dalton era evidente que éste lamentaba haber mencionado
siquiera el asunto. Pero, antes de que Mack estallara, el poli-

cía recibió en su radio portátil una llamada de conexión con la oficina del FBI en Portland, Oregon. Mack se negó a retirarse y escuchó que una mujer se identificaba como agente especial. La agente pidió a Dalton que describiera en detalle el prendedor. Mack siguió al oficial hasta el sitio donde el equipo forense había instalado un área de trabajo. Sosteniendo la bolsa hermética en la que el prendedor había sido asegurado, Dalton se concentró en describirlo lo mejor que podía, mientras Mack escuchaba ligeramente atrás del grupo.

—Es un prendedor en forma de catarina que fue clavado en algunas páginas de un cuaderno para colorear, como uno de esos prendedores que una mujer usa en la solapa, supongo.

—Describa por favor los colores y el número de puntos sobre la catarina —instruyó la voz por el radio.

—Vamos a ver —dijo Dalton, con los ojos casi sobre la bolsa—. La cabeza es negra, con... uf... una cabeza de catarina. El cuerpo es rojo, con orillas y divisiones negras. Hay dos puntos negros en el lado izquierdo del cuerpo, viéndolo desde arriba... con la cabeza en la parte superior. ¿Me explico?

—Perfectamente. Siga, por favor —dijo la voz, con paciencia.

—Sobre el lado derecho de la catarina hay tres puntos, así que son cinco en total.

Hubo una pausa.

—¿Está usted seguro de que son cinco puntos?

—Sí, señora, son cinco puntos.

Dalton buscó con la mirada a Mack —quien se había pasado al otro lado para ver mejor—, hizo contacto visual con él y se alzó de hombros como preguntando: "¿A quién le importa cuántos puntos sean?"

—Muy bien. Ahora, oficial Dabney...

—Dalton, señora, Tommy Dalton —miró de nuevo a Mack y entornó los ojos.

—Perdón, oficial Dalton. ¿Podría voltear el prendedor y decirme qué hay en la base o parte de abajo de la catarina?

Dalton dio vuelta a la bolsa y observó con atención.

—Hay algo aquí, grabado en la base, agente especial… oh, no recuerdo su nombre.

—Wikowsky, como suena. ¿Hay unas letras o unos números?

—Déjeme ver. Sí, creo que tiene razón. Parece una especie de número de modelo. Umm… C… K… 1-4-6, creo, ¡sí! Charlie, Kilo, 1, 4, 6. Es difícil ver bien a través de la bolsita.

Hubo un silencio en el otro extremo de la línea. Mack murmuró a Dalton:

—Pregúntele por qué, o qué significa eso.

Dalton titubeó, pero accedió. Hubo otro largo silencio en la línea.

—¿Wikowsky? ¿Está ahí?

—Sí, aquí estoy. —Su voz sonó de pronto sorda y cansada—. Oiga, Dalton, ¿está en un lugar privado donde pueda hablar?

Mack asintió con desesperación y Dalton entendió el mensaje.

—Espere un segundo.

El oficial dejó la bolsa con el prendedor y salió del área, permitiendo que Mack lo siguiera. De todas formas, ya le había tolerado muchas faltas al protocolo.

—Ajá, listo. ¿Cuál es la primicia de la catarina? —inquirió el oficial.

—Llevamos cuatro años tratando de atrapar a este sujeto, que hasta ahora hemos rastreado en más de nueve estados; no deja de moverse al oeste. Lo llaman el Matachiquitas, pero ni a la prensa ni a nadie le hemos revelado el detalle de la catarina, así que, por favor, guarde el secreto. Creemos que hasta la fecha es responsable del rapto y homicidio de al menos cuatro menores, todas ellas niñas, todas ellas de menos de diez años. Cada ocasión le añade un punto a la catarina, así que ésta sería la niña número cinco. Siempre deja un prendedor igual en la escena del secuestro, todos con el mismo número de modelo, como si hubiera comprado una caja, pero no hemos tenido suerte rastreando su origen. Aunque no hemos hallado los cuerpos de ninguna de esas cuatro niñas ni los forenses han resuelto nada, tenemos razones para creer que ninguna de ellas sobrevivió. Cada uno de estos crímenes ha tenido lugar en o cerca de un área para acampar, junto a un parque o reserva estatal. El perpetrador parece ser un leñador o alpinista experto. En ningún caso ha dejado absolutamente nada, salvo el prendedor.

–¿Y el vehículo? Tenemos una muy buena descripción de la camioneta verde en la que se fue.

–Ah, probablemente la encuentren, intacta. Si se trata de nuestro sujeto, habrá sido robada hace uno o dos días, repintada y llena de equipo de excursionismo, y él la dejará limpia.

Mientras escuchaba la conversación de Dalton con la agente especial Wikowsky, Mack sintió desvanecerse la última de sus esperanzas. Se desplomó en el suelo y hundió la cara en sus manos. ¿Algún día un hombre se había sentido tan cansado como él en ese momento? Por primera vez desde la desaparición de Missy, se permitió considerar toda la gama de horrendas posibilidades, que no pudo parar en cuanto comenzaron: buenas y malas imágenes se revolvían en un desfile mudo pero aterrador. Y aunque trataba de librarse de ellas, no podía. Algunas eran horribles y espectrales instantáneas de tortura y dolor: de monstruos y demonios oscuros con dedos de alambre de púas y afiladas manos; de Missy gritándole a su papá sin que nadie respondiera. Y combinados con esos horrores había destellos de otros recuerdos: la bebé con su taza de Missy-sippy, como ellos le decían; ebria de pastel de chocolate a los dos años, y la imagen tan recién formada cuando cayó tranquilamente dormida en brazos de papá. Persistentes imágenes. ¿Qué diría él en su sepelio? ¿Qué iba decirle a Nan? ¿Cómo había podido ocurrir eso? ¿Cómo pudo ocurrir, Señor?

❦❧❦❧❦❧❦

Horas más tarde, Mack y sus dos hijos marcharon al hotel de Joseph que se había convertido en la base de operaciones de la búsqueda, cada vez más intensa. Los dueños les ofrecieron amablemente una habitación de cortesía; y mientras él trasladaba allá algunas de sus cosas, la fatiga comenzó a vencerlo. Había aceptado agradecido el ofrecimiento del oficial Dalton de llevar a sus hijos a un restaurante local para que comieran algo, y sentado a la orilla de la cama, no pudo seguir resistiendo las inexorables y despiadadas garras de la desesperación, meciéndose lentamente adelante y atrás. Quejas y sollozos desgarradores salieron a la superficie desde lo más hondo de su ser. Así fue como Nan lo encontró. Dos enamorados destruidos, se abrazaron y lloraron, él desahogando su dolor, ella tratando de impedir que él se viniera abajo.

Mack durmió a ratos esa noche, aún castigado por aquellas imágenes como olas implacables en una playa rocosa. Al fin cayó rendido, justo antes de que el sol diera señas de su arribo. Pero él apenas si lo notó. Había vivido en un día las emociones de un año, y se sentía atarantado, a la deriva en un mundo súbitamente sin sentido y al parecer ya siempre gris.

Luego de considerables protestas de Nan, acordaron que sería mejor que ella partiera a casa con Josh y Kate. Mack se quedaría para ayudar en todo lo posible, y para estar cerca sólo por si acaso. Por ningún motivo podía irse, no cuando Missy aún podía estar por ahí, necesitándolo. La voz se corrió pronto, y amigos llegaron para ayudarlo a levantar el campamento y embarcar todo a Portland. Su jefe le llamó para ofrecer apoyo e insistir en que se quedara allá cuanto fuera necesario. Todos los conocidos de Nan y Mack rezaban por ellos.

Los reporteros, con sus fotógrafos a remolque, empezaron a aparecer durante la mañana. Mack no quería presentarse ante ellos ni sus cámaras, pero tras un poco de asesoría dedicó tiempo a contestar sus preguntas en el estacionamiento, sabiendo que la publicidad podía hacer mucho por la búsqueda de Missy.

Habiendo guardado silencio sobre las faltas al protocolo del oficial Dalton, éste le correspondió manteniéndolo dentro del circuito informativo. Jesse y Sarah, dispuestos a todo, estuvieron constantemente a las órdenes de los familiares y amigos que llegaban a ayudar. Ellos libraron a Nan y Mack de la pesada carga de la comunicación pública, y parecían estar en todas partes mientras entretejían hábilmente hilos de paz en la turbulencia de las emociones.

Los padres de Emil Ducette llegaron en auto desde Denver, para ayudar a Vicki y las chicas en su venturoso traslado a casa. Con la aprobación de sus superiores, Emil decidió quedarse para colaborar con las autoridades del parque, y mantener informado a Mack desde ese lado. Nan, quien congenió en seguida con Sarah y Vicki, se había distraído ayudando con el pequeño J.J. y disponiendo luego a sus propios hijos para su viaje de regreso a Portland. Y cuando sentía que se vencía, como le sucedió con frecuencia, Vicki o Sarah estaban siempre ahí para llorar y rezar con ella.

Al resultar claro que ya no era precisa su asistencia, los Madison levantaron su campamento y escenificaron una conmovedora despedida antes de emprender camino al norte. Jesse le dio a Mack un largo abrazo, y le murmuró que volverían a verse y él no cesaría de rezar por todos ellos. Anegada en llanto, Sarah se limitó a besar a Mack en la frente y abrazar a Nan, quien rompió entonces en nuevos sollozos y lamentos. Sarah cantó algo que Mack no captó en absoluto pero que calmó a su esposa, hasta serenarla lo suficiente para que Sarah pudiera irse. Mack no pudo soportar siquiera ver marcharse al final a la pareja.

Mientras los Ducette se preparaban para irse, Mack dedicó un minuto a agradecer a Amber y Emmy que hubieran consolado y acompañado a sus hijos, en especial mientras él no pudo hacerlo. Josh se despidió llorando; había dejado de ser valiente, al menos ese día. Kate, por su parte, se había vuelto una roca, cerciorándose de que todos tuvieran las direcciones y correos electrónicos de todos. El mundo de Vicki se había cimbrado por lo sucedido, y casi tuvo que ser arrancada de Nan cuando su propia aflicción amenazó con devastarla. Nan la abrazó, le acarició el cabello y murmuró oraciones en su oído, hasta que estuvo lo bastante sosegada para encaminarse al auto que la esperaba.

Para el mediodía, todas las familias se habían ido. Mary-anne llevó a Nan y los muchachos a casa, donde habría familiares aguardándolos para cuidarlos y confortarlos. Mack y Emil se unieron luego al oficial Dalton, para entonces ya simplemente Tommy, y marcharon a Joseph en su patrulla. Ahí se hicieron de unos sándwiches, que apenas tocaron, y fueron después a la estación de policía. Tommy Dalton era padre de dos niñas, la mayor de las cuales tenía apenas cinco años, así que era fácil constatar que este caso tocaba una fibra particular en él. Brindó todas las bondades y cortesías posibles a sus nuevos amigos, en especial a Mack.

Se presentaba al cabo la parte más difícil: esperar. Mack sentía que se movía en cámara lenta en el ojo de un huracán de actividad a su alrededor. De todas partes llegaban informes. Hasta Emil hacía contacto con personas y profesionales conocidos.

El séquito del FBI llegó a media tarde, procedente de oficinas de tres ciudades. Desde el principio fue obvio que la persona a cargo era la agente especial Wikowsky, menuda, esbelta, toda fuego y movimiento, y por quien Mack sintió instantánea simpatía. Ella le devolvió públicamente el favor, y desde ese momento nadie cuestionó la presencia de Mack en ni siquiera las más íntimas conversaciones o interrogatorios.

Tras establecer su centro de mando en el hotel, la agente del FBI pidió a Mack asistir a una entrevista formal, de rutina en tales circunstancias, insistió. La agente Wikowsky se paró detrás del escritorio donde trabajaba y le tendió la mano. Cuando Mack se acercó para estrechársela, ella tomó la de él entre las suyas y sonrió sombríamente.

—Señor Phillips, discúlpeme por no haber podido pasar mucho tiempo con usted hasta ahora. Hemos estado ocupadísimos estableciendo comunicación con todas las agencias de la ley y otras implicadas en tratar de recuperar con bien a Missy. Lamento mucho que tengamos que conocernos en estas condiciones.

Él le creyó.

—Mack —le dijo.

—¿Perdón?

—Mack. Por favor llámeme Mack.

—Bueno, Mack, entonces usted dígame Sam. Es de Samantha, pero de niña fui algo marimacha y golpeaba a los chicos que se atrevían a llamarme Samantha en mi cara.

Mack no pudo evitar sonreír, relajándose un poco en la silla mientras la veía ordenar rápidamente un par de fólders repletos de papeles.

—Mack, ¿está listo para unas preguntas? —dijo ella sin voltearlo a ver.

—Haré cuanto pueda —respondió él, agradecido por la oportunidad de colaborar.

—¡Bien! No voy a obligarlo a repasar todos los detalles. Tengo los informes de todo lo que ya les dijo a los demás, pero hay un par de cosas importantes que debo revisar con usted —hizo contacto visual con él.

—Lo que guste —afirmó Mack—. No quiero seguir sintiéndome un inútil.

—Entiendo cómo se siente, Mack, pero su presencia aquí es importante. Y créame: no hay nadie aquí que no esté preocupado por su Missy. Haremos todo lo que esté en nuestro poder para recuperarla sana y salva.

—Gracias —fue todo lo que Mack pudo decir, y miró al suelo. Sus emociones estaban tan cerca de la superficie que hasta la menor muestra de bondad amenazaba con horadar su reserva.

—Bueno… Tuve una conversación informal con su amigo el oficial Tommy, y él me puso al tanto de todo lo que han hablado él y usted, así que no sienta como si estuviera obligado a protegerle el trasero. Estoy en excelentes términos con él.

Mack volteó, asintió con la cabeza y volvió a sonreír.

–Bueno –continuó ella–, ¿vio usted a alguien extraño cerca de su familia en los últimos días?

Mack se confundió y se acomodó en su silla.

–¿Quiere decir que él nos estuvo acechando?

–No. Al parecer elige al azar a sus víctimas, aunque todas han sido de alrededor de la misma edad de su hija y con similar color de cabello. Creemos que las ubica uno o dos días antes, y observa en las cercanías esperando el momento oportuno. ¿Vio usted a alguien inusual o fuera de lugar cerca del lago? ¿O cerca de los baños?

A Mack le repugnó la idea de que sus hijos hubieran sido observados, convertidos en objetivo. Hizo memoria, pero la halló en blanco.

–Lo siento, no que yo recuerde.

–¿Se detuvo en algún sitio de camino al campamento o vio a alguien extraño al pasear o visitar lugares de interés en el área?

–Paramos en las cascadas Multnomah de camino acá, y estuvimos en toda el área los tres últimos días, pero no recuerdo haber visto a nadie fuera de lo normal. ¿Quién iba a pensar que…?

–Exacto, Mack; no se desespere. Algo podría venirle a la mente después. Por pequeño o irrelevante que parezca, por favor avísenos. –Hizo una pausa para examinar otro documento en su escritorio–. ¿Y en cuanto a una camioneta verde olivo? ¿Vio usted algo semejante estando allá?

Mack registró su memoria.

–No recuerdo haber visto nada semejante.

La agente especial Wikowsky siguió interrogando a Mack otros quince minutos, pero no pudo sacudir lo suficiente su memoria para obtener algo útil. Finalmente cerró su libreta, se puso de pie y le extendió la mano:

–Mack, lamento mucho lo de Missy. Si surge algo nuevo, le avisaré personalmente de inmediato.

ᘛᏖᏍᏝ ᏣᏫᏝᏍᏖᏝ

A las cinco de la tarde llegó al fin el primer informe promiso-
rio, del retén de Imnaha. Como lo había prometido, la agente
Wikowsky buscó al punto a Mack para transmitirle los detalles. Dos parejas habían tropezado con una camioneta verde de
aspecto militar que coincidía con la descripción del vehículo
que todos buscaban. Habían estado explorando sitios antiguos
de los nez percé cerca de la carretera Bosque Nacional 4260,
en una de las áreas más remotas de la Reserva Nacional, y de
salida toparon de frente con ese vehículo, justo al sur del
entronque donde se dividen la BN 4260 y la BN 250. Como
esa sección de la carretera era básicamente de un solo carril,
tuvieron que retroceder para dejar pasar a la camioneta. No-
taron que la pickup llevaba varias latas de gasolina atrás, y
abundante equipo de acampar. Lo curioso era que el hombre
se inclinó hacia el lado del pasajero como buscando algo en el
piso, se bajó el sombrero y llevaba puesto un enorme abrigo
pese al calor, casi como si se les escondiera. Ellos sólo se rieron de él, pensando que tal vez era uno de esos excéntricos de
la milicia.

Tan pronto como este informe se anunció al grupo, las ten-
siones en la estación aumentaron. Tommy se acercó a Mack
para decirle que, desafortunadamente, todo lo que sabía hasta
ese momento encajaba con el *modus operandi* del Matachiquitas: acudir a áreas remotas para excursionar por ahí. Era obvio
que sabía adónde iba, pues los lugares donde se le había ubica-
do distaban de los caminos transitados. Por desgracia para él,
también otros llegaban igualmente lejos.

Con la noche encima, surgió una acalorada discusión sobre
la eficacia de una búsqueda inmediata o la conveniencia de
esperar a que amaneciera. Parecía que todos los que hablaron,
más allá del punto de vista de cada quien, estaban hondamen-
te afectados por la situación. Algo en el corazón de todos los
seres humanos sencillamente se resiste a que se inflija dolor a

un inocente, en especial un menor. Aun hombres maleados que cumplen condenas en los peores centros correccionales suelen descargar su rabia en quienes hacen sufrir a niños. Hasta en ese mundo de relativa moral, causar daño a un menor se considera el mayor de los males. ¡Punto!

De pie casi al fondo de la sala, Mack escuchaba impaciente lo que parecía un altercado inútil. Se diría que estaba dispuesto a secuestrar a Tommy si era necesario para perseguir él mismo al sujeto. Sentía que cada segundo contaba.

Aunque a Mack no le pareció, los diversos departamentos y personajes acordaron rápida y unánimemente emprender la búsqueda tan pronto como se hicieran algunos arreglos. Pese a que no había muchas maneras de salir en auto del área –y se instalaban retenes para impedirlo–, imperaba la preocupación de que un excursionista hábil pudiera pasar sin ser detectado al bosque de Idaho, al este, o al estado de Washington, al norte. Mientras se buscaba y notificaba a oficiales de las ciudades de Lewiston, Idaho, y Clarkston, Washington, Mack hizo una llamada rápida a Nan para ponerla al tanto, y luego se marchó con Tommy.

Para entonces ya sólo le quedaba una plegaria: "Querido Dios: por favor, por favor, por favor cuida de mi Missy. Yo en este momento no puedo". Las lágrimas se abrieron paso en sus mejillas, hasta escurrirse en su camisa.

✳✦✧✺✷✶✦✺

Para las 7:30 de la noche, el convoy de patrullas, vehículos del FBI, pickups con perros en perreras y autos de guardabosques circulaba ya por la autopista de Imnaha. En vez de dar vuelta al este en la carretera de montaña de Wallowa, que los habría conducido directamente a la Reserva Nacional, siguieron por la Imnaha en dirección al norte. Luego tomaron la carretera de la Baja Imnaha y, finalmente, la de Dug Bar hacia la Reserva.

A Mack le dio gusto saber que viajaba con alguien que conocía el área. A veces parecía que la carretera de Dug Bar iba en todas direcciones al mismo tiempo. Era casi como si quien había bautizado estos caminos se hubiera quedado sin ideas, o se hubiera cansado o emborrachado y empezado a llamar Dug Bar a todo para poder irse a casa.

Las carreteras, con frecuentes y angostos zigzags al borde de empinados despeñaderos, se volvían aún más traicioneras en la densa oscuridad de la noche. El avance ocurría a paso lento. Por fin los vehículos pasaron el punto donde la pickup verde había sido vista por última vez, y kilómetro y medio más adelante llegaron al entronque donde la BN 4260 seguía al nornoreste y la BN 250 enfilaba al sureste. Ahí, de acuerdo con lo planeado, la caravana se dividió en dos: un pequeño grupo se encaminó al norte por la 4260, con la agente especial Wikowsky, mientras que el resto, que incluía a Mack, Emil y Tommy, se dirigió al sureste por la 250. Difíciles kilómetros más adelante, el grupo grande se subdividió a su vez: Tommy y una camioneta con perros continuaron por la 250, hasta donde, según los mapas, terminaba la carretera, y el resto siguió la ruta, más al este, que atravesaba el parque por la BN 4240 hacia el área de Temperance Creek.

A partir de ese momento, las labores de búsqueda se volvieron más lentas aún. Asistidos por potentes reflectores, los rastreadores buscaban a pie señales de actividad reciente en las carreteras, cualquier cosa que pudiera sugerirles que el área particular que examinaban era algo más que un callejón sin salida.

Casi dos horas después, mientras avanzaban a paso de tortuga hacia el final de la 250, Dalton recibió una llamada de Wikowsky. El equipo de esta última había encontrado algo. A unos quince kilómetros del entronque donde se separaron, un antiguo camino sin nombre se apartaba de la 4260 y tomaba directo al norte a lo largo de casi tres kilómetros. Apenas era visible y estaba muy escondido. Ellos lo habrían pasado por alto o ignorado de no haber sido porque uno de los rastreadores dio con su reflector sobre un tapón de llanta a menos de quince metros del camino principal. Lo recogió por curiosidad, y bajo la cubierta de tierra halló manchas de pintura verde. Probablemente ese tapón se había desprendido en un salto de la camioneta sobre uno de los muchos baches diseminados en esa dirección.

El grupo de Tommy dio marcha atrás sin demora. Mack se resistía a la esperanza de que quizá, por un milagro, Missy estuviera con vida aún, en especial cuando todo lo que sabía indicaba lo contrario. Veinte minutos después, otra llamada de Wikowsky, esta vez para decirles que habían hallado la camioneta. Helicópteros y aviones de inspección no la habrían visto nunca desde el cielo, oculta como estaba bajo un cobertizo de ramas y matorrales cuidadosamente armado.

El grupo de Mack tardó casi tres horas en alcanzar al primer equipo, y para entonces todo había terminado. Los perros habían hecho el resto del trabajo, descubriendo una descendente vereda de caza que más de un kilómetro y medio adelante desembocaba en un pequeño y oculto valle. Ahí encontraron una cabañita en ruinas, próxima a la orilla de un prístino lago, apenas ochocientos metros más allá, alimentado por un arroyo en cascada a cien metros de distancia. Un siglo antes, ésta había sido quizá la casa de un colono. Tenía dos habitaciones de regular tamaño, suficientes para alojar a una familia pequeña. Lo más probable era que desde entonces hubiese servido como choza ocasional de un cazador, autorizado o furtivo.

Cuando Mack y sus amigos llegaron, el cielo empezaba a desplegar los grises previos al amanecer. Un campamento base se había instalado a considerable distancia de la derruida choza para preservar la escena del crimen. En cuanto el grupo de Wikowsky descubrió el lugar, se había enviado a rastreadores con perros en diferentes direcciones para intentar localizar algún olor. Ocasionalmente, los ladridos indicaban que se había hallado algo, sólo para perder el rastro en seguida. Todos habían vuelto ya, para reagruparse y planear la estrategia del día.

La agente especial Samantha Wikowsky estaba sentada a una mesa de juego trazando unos mapas y bebiendo una enorme botella de agua helada cuando Mack llegó. La agente le ofreció una sonrisa lúgubre, que él no le devolvió, y una botella extra, que aceptó. Los ojos de Wikowsky parecían tristes y abatidos, pero sus palabras eran toda agitación.

–Oiga, Mack… –vaciló ella–. ¿Por qué no jala una silla?

Mack no quería sentarse. Tenía que hacer algo para que el estómago dejara de darle vueltas. Presintiendo dificultades, se quedó de pie y esperó a que ella continuara.

–Mack, encontramos algo, pero no son buenas noticias.

Él buscó a tientas las palabras correctas.

–¿Encontraron a Missy?

Era la pregunta cuya respuesta no quería oír, pero que necesitaba desesperadamente saber.

–No. –Sam hizo una pausa y empezó a levantarse–. Pero necesito que venga a identificar algo que hallamos en la vieja cabaña. Debo saber si era… –Se detuvo, pero ya era demasiado tarde–. Si *es* de Missy, quiero decir.

Él bajó la mirada. Volvió a sentir como si tuviera un millón de años, y casi deseó poder convertirse en una roca enorme e insensible.

–Oh, Mack, lo siento mucho –se disculpó Sam, parándose–. Mire, podemos dejar esto para después si prefiere. Sólo pensé…

Él no podía seguir mirándola, e incluso batalló para encontrar las palabras que pudiera decir sin desmoronarse. Sintió que el dique estaba a punto de volar en pedazos otra vez.

–Hagámoslo ya –masculló–. Quiero saberlo todo.

Wikowsky debe haber hecho unas señas, porque de repente Mack sintió que Emil y Tommy lo tomaban por los brazos mientras daban vuelta y seguían a la agente especial por el corto camino hasta la cabaña. Tres hombres adultos tomados del brazo en un especial gesto de solidaridad, caminando juntos, cada uno hacia la peor de sus pesadillas.

Un miembro del equipo forense abrió la puerta de la cabaña para que entraran. Luz de un generador iluminaba cada parte de la sala principal. Anaqueles flanqueaban las paredes en torno a una mesa antigua, algunas sillas y un viejo sofá que alguien había arrastrado hasta ahí con no poco esfuerzo. Mack vio de inmediato lo que había ido a identificar y, volviéndose, se desplomó en los brazos de sus dos amigos, echando a llorar sin control. En el suelo junto a la chimenea, deshecho y empapado de sangre, yacía el vestido rojo de Missy.

✦❦⅍⒜❧❦

Para Mack, los días y semanas siguientes fueron un embotado borrón de entrevistas con agentes de la ley y la prensa, seguidas por una ceremonia fúnebre para Missy con un pequeño ataúd vacío y un interminable mar de rostros, todos ellos tristes mientras desfilaban sin saber qué decir. En algún momento durante las semanas que siguieron, Mack comenzó el lento y penoso retorno a la vida cotidiana.

Al parecer, se acreditó al Matachiquitas haber cobrado su quinta víctima, Melissa Anne Phillips. Como había ocurrido en los cuatro casos anteriores, las autoridades no recuperaron el cuerpo de Missy, aunque equipos de búsqueda exploraron durante varios días el bosque que rodeaba a la cabaña. Como en todos los casos anteriores, el asesino no había dejado huellas digitales ni ADN. No había dejado ninguna evidencia útil en ninguna parte, sólo el prendedor. Era como si fuese un fantasma.

Llegada cierta etapa del proceso, Mack intentó emerger de su aflicción y dolor, al menos ante su familia. Ésta había perdido a una hermana e hija, pero sería terrible que también perdiera a un padre y esposo. Aunque ninguno de los involucrados había salido ileso de la tragedia, Kate parecía ser la más afectada, habiendo desaparecido dentro de un caparazón como una tortuga que protegiera su delicado vientre de todo peligro. Parecía que sólo asomaba la cabeza cuando se sentía completamente segura, lo que ocurría cada vez menos seguido. Mack y Nan estaban muy preocupados por ella, pero no hallaban las palabras correctas para penetrar la fortaleza que había erigido alrededor de su corazón. Los intentos de conversación se convertían en monólogos, y los sonidos rebotaban en un semblante de piedra. Era como si algo hubiera muerto dentro de ella y la estuviese contagiando poco a poco desde dentro, exteriorizándose ocasionalmente en palabras amargas o un silencio indiferente.

A Josh le iba mucho mejor, debido en parte a la relación de larga distancia que había mantenido con Amber. Correo electrónico y teléfono daban una salida a su dolor, y ella le había concedido tiempo y espacio para desahogarse. Él preparaba también su graduación del bachillerato, con todas las distracciones que su último año brindaba.

La *Gran Tristeza* había descendido, y en diferentes grados cubría a todos aquellos cuyas vidas habían tocado la de Missy. Mack y Nan sortearon juntos la tormenta de la pérdida con razonable éxito, y en cierto sentido se unieron más gracias a ella. Nan había dejado en claro desde el principio, y reiterado después, que de ninguna manera culpaba a Mack de lo ocurrido. Comprensiblemente, Mack tardó mucho más tiempo en salir del atolladero, al menos un poco.

Es tan fácil sumirse en el juego del "Si hubiera...", y practicarlo es un rápido y resbaloso tobogán a la desesperación. Si *hubiera* decidido no llevar a los chicos a ese viaje; si *hubiera* dicho "no" cuando le pidieron permiso para usar la canoa; si *hubiera* partido el día anterior; si *hubiera*, si *hubiera*, si *hubiera*. Y luego, que todo terminara en nada. El hecho de que no hubiese podido sepultar el cuerpo de Missy magnificaba su fracaso como padre. Que ella estuviera sola en alguna parte del bosque lo perseguía día a día. Ahora, tres y medio años después, se daba oficialmente por sentado que Missy había sido asesinada. La vida nunca volvería a la normalidad, si había sido normal alguna vez. Todo sería vacío sin su Missy.

Esta tragedia también había acrecentado la grieta en la relación de Mack con Dios, pero él ignoraba esta creciente sensación de separación. Trataba en cambio de abrazar una fe estoica e impasible; y aunque hallaba cierto consuelo y paz en eso, subsistían las pesadillas en las que sus pies se hundían en el lodo y sus mudos gritos no podían salvar a su preciosa Missy. Esos malos sueños eran cada vez menos frecuentes, y la risa y los momentos de alegría regresaban poco a poco, pero esto también lo hacía sentirse culpable.

Así que el hecho de que Mack hubiera recibido la nota en la que "Papá" le decía que se vieran en la cabaña no fue un acontecimiento menor. ¿Acaso Dios escribía notas? ¿Y por qué en *la cabaña*, icono de su más profundo dolor? Ciertamente Dios tendría mejores lugares para reunirse con él. Por su mente cruzó aun la oscura idea de que el asesino se estuviera burlando de él, o atrayéndolo para que dejara desprotegido al resto de la familia. Quizá todo era una broma cruel. Pero entonces, ¿por qué la firma "Papá"?

Por más que hacía, Mack no podía escapar a la posibilidad extrema de que, después de todo, la nota procediera efectivamente de Dios, aun si la idea de Dios mandando notas no encajaba en su educación teológica. En el seminario le habían enseñado que Dios había cancelado por completo toda comunicación con los modernos, prefiriendo que sólo escucharan y siguieran la Sagrada Escritura, apropiadamente interpretada, desde luego. La voz de Dios había quedado reducida a papel, y aun ese papel tenía que ser moderado y descifrado por las autoridades e intelectos adecuados. Parecía que la comunicación directa con Dios hubiera sido exclusiva de los bárbaros y los antiguos, mientras que el acceso de los instruidos occidentales a Dios estaba mediado y controlado por la *intelligentsia*. Nadie quería a Dios en un arca, sólo en un libro. Especialmente uno caro encuadernado en piel, con bordes con falso brillo, ¿o falsa culpa?

Entre más pensaba Mack en eso, más perplejo e irritado se ponía. ¿Quién había enviado la maldita nota? Si había sido Dios o el asesino o un bromista, ¿qué importaba? Por donde lo viera, sentía que jugaban con él. Y de todas formas, ¿qué de bueno podía tener seguir a Dios? Bastaba ver adónde lo había llevado eso.

Pero pese a su enojo y depresión, Mack sabía que necesitaba respuestas. Entendía que estaba confundido, y que las oraciones e himnos dominicales ya no aminoraban esa confusión, si lo habían hecho alguna vez. La espiritualidad enclaustrada parecía no alterar nada en la vida de las personas que él conocía, salvo quizás en la de Nan. Pero ella era especial. Quizá Dios en verdad la amaba. No era una descarriada como él. Mack estaba harto de Dios y de la religión de Dios, harto de todas las juntitas religiosas que no hacían ninguna diferencia real ni producían cambios reales. Sí, quería algo más, y estaba a punto de recibir mucho más de lo que hubiera imaginado.

5

ADIVINA QUIÉN VIENE A CENAR

Por rutina descalificamos testimonios que justificarían atenuantes.
Es decir, estamos tan convencidos de la rectitud de nuestro juicio
que invalidamos evidencias que no nos confirmen en él.
Nada que merezca ser llamado verdad podría haberse
alcanzado nunca por ese medio.
–Marilynne Robinson, *La muerte de Adán*

Hay veces en que uno decide creer algo que en condiciones normales se consideraría absolutamente irracional. Esto no quiere decir que en *realidad* sea irracional, pero sin duda no es racional. Quizá exista la suprarracionalidad: una razón más allá de las definiciones normales de los hechos o la lógica basada en datos; algo que sólo tiene sentido si puede verse una imagen más amplia de la realidad. Tal vez es ahí donde encaja la fe.

Mack no estaba seguro de muchas cosas, pero en los días posteriores a su riña con el congelado camino para entrar a casa, en su corazón y su mente se convenció de que había tres posibles explicaciones de la nota. Ésta era de Dios, por absurdo que eso pudiera parecer; era una broma cruel, o algo más siniestro del asesino de Missy. Como fuera, la nota dominaba sus pensamientos de día y sus sueños de noche.

En secreto, empezó a hacer planes para viajar a la cabaña el siguiente fin de semana. Al principio no se lo dijo a nadie, ni siquiera a Nan. No tenía ninguna defensa razonable para el intercambio que resultaría de esa revelación, y temía acabar indefenso. De todos modos, racionalizó que esa conversación sólo traería más dolor sin solución. "Estoy guardando esto para mí por el bien *de Nan*", se dijo. Además, reconocer la existencia de la nota significaría admitir que le había guardado secretos a ella, secretos que Mack seguía justificando en su mente. A veces la honestidad puede ser un increíble engorro.

Convencido de la rectitud de su inminente viaje, Mack empezó a considerar la manera de alejar a la familia de casa para el fin de semana sin despertar sospechas. Cabía la remota posibilidad de que el asesino tratara de atraerlo fuera de la ciudad, dejando a la familia desprotegida, y eso no era aceptable. Pero no sabía qué hacer. Nan era demasiado perceptiva para que él revelara sus designios por cualquier medio, y hacerlo sólo conduciría a preguntas que no estaba preparado para contestar.

Afortunadamente para él, fue la propia Nan quien propuso la solución. Había estado jugando con la idea de ir a visitar a su hermana en San Juan Islands, frente a la costa de Washington. Su cuñado era psicólogo infantil, y Nan pensaba que conocer su opinión sobre la progresiva conducta antisocial de Kate podía ser muy útil, considerando sobre todo que ni ella ni Mack habían logrado comunicarse con su hija. Cuando Nan planteó la posibilidad del viaje, Mack fue casi demasiado entusiasta en su respuesta.

—¡Pero claro! —fue su reacción.

Ésa no era la respuesta que ella esperaba, y lo miró de manera inquisitiva.

—Digo —él trató de recomponerse—, creo que es una excelente idea. Claro que los voy a extrañar, pero podré sobrevivir solo un par de días, y además tengo muchas cosas que hacer.

Ella no le hizo mayor caso, agradecida quizá de que el camino para marcharse se hubiera abierto con tanta facilidad.

—Creo que en especial a Kate le haría bien salir unos días —añadió Nan, y él expresó su acuerdo asintiendo con la cabeza.

Una rápida llamada a la hermana de Nan y el viaje estaba hecho. La casa se convirtió pronto en un torbellino de actividad. Josh y Kate estaban encantados; esto extendería una semana sus vacaciones de primavera. Les fascinaba visitar a sus primos, y aprobaron de inmediato la idea, aunque en realidad no les quedaba otra opción.

A escondidas, Mack llamó a Willie, y mientras trataba, infructuosamente, de no divulgar demasiada información, le preguntó si podría prestarle su Jeep de doble tracción. Como Nan se llevaría la camioneta, él necesitaría algo mejor que su pequeño auto para sortear las carreteras llenas de baches de la Reserva, muy probablemente bajo los efectos del invierno todavía. La extraña petición de Mack causó predeciblemente un alud de preguntas de Willie, preguntas que Mack trató de contestar en forma evasiva tanto como le fue posible. Cuando Willie preguntó de golpe si la intención de Mack era viajar a la cabaña, Mack le dijo que no podía contestar su pregunta en ese momento, pero que se lo explicaría todo cuando pasara a su casa a la mañana siguiente a intercambiar vehículos.

Ya avanzada la tarde del jueves, Mack se despidió de Nan, Kate y Josh con abundantes abrazos y besos, e inició lentamente sus preparativos para el largo trayecto al noreste de Oregon, al lugar de sus pesadillas. Razonó que, si efectivamente *Dios* había enviado la invitación, él no necesitaría gran cosa, pero por si acaso cargó un enfriador con mucho más que suficiente para los kilómetros que recorrería, a lo que añadió un saco de dormir, velas, cerillos y otros indispensables artículos. No podía descartarse la posibilidad de que él se hubiera convertido en un completo idiota, o de que fuera a ser objeto de una fea broma, pero de ser así estaría en libertad de retirarse.

Un golpe en la puerta lo sacó de su concentración, y comprobó que era Willie. Su conversación había sido al parecer suficientemente desconcertante para justificar una visita anticipada. Mack se sintió aliviado de que Nan ya se hubiera ido.

—¡Acá estoy, Willie! ¡En la cocina! —gritó.

Un momento después, Willie asomó la cabeza por la esquina del pasillo, y la sacudió al ver el desastre que Mack había hecho. Se recargó en el quicio de la puerta y cruzó los brazos.

—Traje el Jeep con el tanque de gasolina lleno, pero no te daré las llaves hasta que me digas exactamente qué pasa.

Mack siguió apilando cosas para el viaje en un par de bolsas. Sabía que era inútil mentirle a su amigo, y necesitaba el Jeep.

—Voy a regresar a la cabaña, Willie.

—Me lo imaginaba. Lo que no sé es por qué quieres volver ahí, en especial en esta época del año. Ignoro si mi viejo Jeep nos responda en esas carreteras. Pero por si acaso, puse unas cadenas atrás, por si las necesitamos.

Sin volver la vista a Willie, Mack se dirigió a su despacho, destapó su cajita de hojalata y sacó la nota. De vuelta en la cocina, se la tendió a Willie.

Su amigo desdobló la hoja y la leyó en silencio.

—¡Caray!, ¿qué clase de lunático te habrá escrito algo así? ¿Y quién es este Papá?

—Bueno, ya sabes, Papá… el nombre favorito de Nan para Dios.

Mack se alzó de hombros, sin saber qué más decir. Recuperó la nota y la deslizó en la bolsa de su camisa.

—No estarás pensando que este mensaje realmente proviene de Dios, ¿verdad?

Mack se detuvo y lo miró. Estaba a punto de terminar de empacar de todas maneras.

—Willie, no sé qué pensar de esto. Al principio creí que era una broma, y me enojó y me revolvió el estómago. Pero tal vez estoy perdiendo la razón. Sé que parece una locura, pero por algún motivo me siento extrañamente tentado a descubrir de qué se trata. Tengo que ir, Willie, o esto me volverá loco para siempre.

—¿Has pensado en la posibilidad de que sea el asesino? ¿De que te esté atrayendo de nuevo por alguna razón?

–Claro que lo he pensado. A una parte de mí no le extrañaría que así fuera. Tengo una cuenta que ajustar con él –dijo Mack con gravedad e hizo una pausa–. Pero eso tampoco tiene mucho sentido. No creo que el asesino hubiera firmado como "Papá" esta nota. Tendría que conocer *muy bien* a mi familia para haber dado con eso.

Willie se quedó atónito.

Mack continuó:

–Y nadie que nos conozca *tan* bien enviaría jamás una nota como ésa. Sólo pienso que Dios… tal vez.

–Pero Dios no hace cosas así. Al menos yo nunca he sabido que le haya mandado una nota a alguien. No que no pueda hacerlo, pero… tú sabes lo que quiero decir. ¿Y por qué podría querer Dios que tú volvieras a la cabaña, para empezar? No se me ocurre peor lugar…

El silencio que flotó entre ellos se hizo cada vez más incómodo.

Mack se recargó en la barra de la cocina y fijó la mirada en el piso antes de hablar.

–No lo sé, Willie. Supongo que una parte de mí querría creer que le intereso tanto a Dios que hasta me manda una nota. Estoy tan confundido, aun después de tanto tiempo. Sencillamente no sé qué pensar, y las cosas no mejoran. Siento que estoy perdiendo a Kate, y eso me mata. Tal vez lo que le pasó a Missy sea un castigo de Dios por lo que yo le hice a mi papá. Simplemente no sé.

Alzó la vista para mirar el rostro de la persona que más lo quería, después de Nan.

–Lo único que sé es que debo volver.

Hubo un silencio entre ellos antes de que Willie hablara de nuevo:

–Bueno, ¿cuándo nos vamos?

A Mack le conmovió la disposición de su amigo a sumarse a su locura.

–Gracias, pero debo hacer esto solo.

–Sabía que dirías eso –repuso Willie mientras daba vuelta y salía del lugar.

Regresó minutos después, con una pistola y una caja de cartuchos en la mano. Las puso con todo cuidado en la barra.

–Como supuse que no te convencería de acompañarte, pensé que podrías necesitar esto. Creo que sabes cómo usarlo.

Mack miró el arma. Sabía que Willie tenía la buena intención de ayudar.

–No puedo, Willie. Hace treinta años que toqué un arma, y no pienso volver a hacerlo, mucho menos ahora. Si algo aprendí entonces fue que usar la violencia para resolver un problema siempre me mete en un problema mayor.

–¿Pero y si es el asesino de Missy? ¿Y si te está esperando allá? ¿Qué vas a hacer?

Mack se alzó de hombros.

–Honestamente no sé, Willie. Correré el riesgo, supongo.

–Pero estarás indefenso. No sabes qué puede tener él en mente, o en las manos. Sólo tómala, Mack. –Willie deslizó la pistola y los cartuchos en la barra, hacia Mack–. Tal vez ni siquiera te haga falta.

Mack miró el arma, y tras pensarlo un poco tendió despacio la mano para tomarla, junto con los cartuchos, que metió con cuidado en su bolsillo.

–Bueno, sólo por si acaso.

Luego se volvió para recoger parte de su equipaje y, cargados los brazos, salió en dirección al Jeep. Willie tomó la enorme bolsa de lona restante, descubrió que era más pesada de lo que pensó y gruñó al levantarla.

–Caray, Mack, si crees que Dios va a estar allá, ¿para qué tantas provisiones?

Mack sonrió, más bien con tristeza.

–Sólo quiero cubrir mis bases. Ya sabes, hay que estar preparado para todo lo que pueda suceder… o no suceder.

Salieron de la casa hasta la entrada de autos, donde se encontraba el Jeep. Willie sacó las llaves de su bolsillo y se las dio a Mack.

—Bueno —dijo Willie rompiendo el silencio—, ¿dónde están todos, y qué piensa Nan de que vayas a la cabaña? No puedo imaginar que le haya gustado.

—Nan y los muchachos fueron a visitar a la hermana de ella a Islands, y… no le dije que iría —confesó Mack.

Esto sorprendió obviamente a Willie.

—¿Qué? Nunca le guardas secretos. ¡No puedo creer que le hayas mentido!

—No le mentí —objetó Mack.

—Perdona que insista —replicó bruscamente Willie—. No le *mentiste*, de acuerdo, porque no le dijiste toda la verdad. Ah, sí, ella lo comprenderá todo… —entornó los ojos.

Mack ignoró ese arrebato y volvió a la casa y a su despacho. Buscó el juego de llaves de repuesto de su auto y de la casa y, tras vacilar un instante, tomó la cajita de hojalata. Regresó afuera, con Willie.

—Bueno, ¿cómo crees que sea? —preguntó Willie, riendo entre dientes mientras él se acercaba.

—¿Quién? —inquirió Mack.

—¡Dios, hombre! ¿Qué crees que parezca, si acaso se toma la molestia en aparecer? Ya te veo asustando espantosamente a un pobre excursionista preguntándole si es Dios y exigiéndole respuestas y todo.

Mack sonrió ante la idea.

—No sé. Tal vez sea una luz muy brillante, o un arbusto en llamas. Siempre me lo he imaginado como un abuelo enorme de barba blanca, larga y suelta, como Gandalf en *El Señor de los Anillos* de Tolkien.

Se alzó de hombros, le entregó sus llaves a Willie y se dieron un rápido abrazo.

Willie subió al coche de Mack y bajó la ventanilla del conductor:

–Bueno, si es que llega, salúdalo de mi parte –le dijo, con una sonrisa–. Dile que yo también tengo unas preguntitas que hacerle. ¡Y, por favor, no lo vayas a hacer enojar!

Los dos rieron.

–No, en serio –continuó Willie–, te estimo, hombre. Habría querido acompañarte, o que lo hubiera hecho Nan o alguien. Espero que encuentres lo que buscas. Rezaré por ti.

–Gracias, Willie. Yo también te aprecio.

Mack agitó la mano en señal de despedida mientras Willie salía en reversa. Sabía que su amigo cumpliría su palabra. Tal vez él necesitaría de verdad todas las oraciones posibles.

Miró hasta que Willie dio vuelta en la esquina y se perdió de vista, y luego sacó la nota de la bolsa de su camisa, la leyó una vez más y la metió en la cajita de hojalata, que depositó en el asiento del pasajero entre todas las cosas amontonadas ahí. Tras cerrar las puertas con seguro, volvió a la casa, y a una noche de insomnio.

ᴓᴕ᷂ ᴕᴕᴕ ᴕᴕᴕ

Mucho antes del amanecer del viernes, Mack ya estaba fuera de la ciudad y viajaba por la I-84. Nan había llamado la noche anterior desde la casa de su hermana para avisar que habían llegado bien, y él no esperaba recibir otra llamada cuando menos hasta el domingo. Para ese momento probablemente ya estaría de regreso, si no es que en casa. Por si acaso, transfirió las llamadas del teléfono de casa a su celular, pese a que quizá éste no recibiría llamadas una vez estando en la Reserva.

Siguió el mismo camino que habían recorrido tres y medio años antes, con cambios menores: sin tantas pausas triviales y sin hacer escala en las cascadas de Multnomah. Había echado de su mente todos los recuerdos de ese lugar desde la desaparición de Missy, secuestrando tranquilamente sus emociones en el sótano con candado de su corazón.

En el largo tramo hasta la Barranca, sintió que un pánico insidioso empezaba a penetrar su conciencia. Había tratado de no pensar qué hacía y limitarse a seguir poniendo un pie frente a otro; pero, como pasto que brota entre el concreto, sus sentimientos y temores reprimidos empezaron a asomar de algún modo. Sus ojos se ensombrecían y sus manos se tensaban en el volante mientras combatía en todas las salidas la tentación de dar vuelta y regresar a casa. Sabía que iba directo al centro de su dolor, el vórtice de la *Gran Tristeza*, que tanto había disminuido su sensación de estar vivo. Destellos de memoria visual y desgarradores instantes de furia virulenta llegaban entonces en oleadas, acompañados de un regusto de bilis y sangre en su boca.

Por fin llegó a La Grande, donde cargó gasolina, y luego tomó la Autopista 82, hacia Joseph. Se sintió a medias tentado de pasar a ver a Tommy, pero decidió no hacerlo. Entre menos personas pensaran que estaba loco de atar, mejor. Así que sólo volvió a llenar el tanque y se fue.

El tráfico era ligero, y la Imnaha y las demás pequeñas carreteras estaban notablemente despejadas y secas para esa época del año, mucho más calurosa de lo que Mack esperaba. Sin embargo, parecía que entre más lejos llegaba, más lento avanzara, como si la cabaña repeliera de algún modo su acercamiento. El Jeep atravesó el límite de las nieves perpetuas mientras Mack subía el último par de kilómetros hasta la vereda que lo llevaría a la cabaña. Por encima del gemido del motor oía que las llantas aplastaban obstinadamente el hielo y la nieve, cada vez más profundos. Aun tras un par de vueltas incorrectas y retrocesos, apenas eran las primeras horas de la tarde cuando Mack hizo alto al fin y se estacionó en el sitio, poco visible, donde comenzaba la vereda.

Permaneció sentado casi cinco minutos, reprendiéndose por ser tan necio. A cada kilómetro recorrido desde Joseph, los recuerdos volvían con adrenalina y claridad; ahora estaba mentalmente seguro de que no quería seguir. Pero la compulsión interior a avanzar era irresistible. Mientras discutía consigo mismo, se abotonó el abrigo y tomó sus guantes de piel.

Se irguió y miró el camino, decidiendo dejar todo en el auto y recorrer el kilómetro y medio hasta el lago; al menos de esa forma no tendría que arrastrar nada colina arriba si regresaba para marcharse, porque esperaba que lo que ocurriera sería breve.

Hacía tanto frío que su respiración se suspendía en el aire a su alrededor, y hasta parecía que fuera a nevar. El dolor acumulado en el estómago lo lanzó al fin al pánico. Luego de apenas cinco pasos, se arqueó de náusea con tal fuerza que cayó de rodillas.

–¡Ayúdame, por favor! –gimió.

Se puso en pie con piernas temblorosas y dio otro paso. Pero se detuvo y retornó al auto. Abrió la puerta del pasajero y revolvió todo hasta sentir la cajita de hojalata. La destapó y halló lo que buscaba, su foto favorita de Missy, que sacó junto con la nota. Tras taparla de nuevo, dejó la cajita en el asiento. Hizo una pausa, mirando la guantera. Finalmente la abrió y tomó el arma de Willie, cerciorándose de que estuviera cargada y con el seguro puesto. Se irguió, cerró la puerta, metió la mano bajo el abrigo y fijó el arma en su cinturón, en la base de su espalda. Volteó y encaró el sendero una vez más, echando un último vistazo a la foto de Missy antes de deslizarla, con la nota, en la bolsa de la camisa. Si lo encontraban muerto, al menos sabrían en quién pensaba.

La vereda era traicionera y, cubiertas de hielo, las rocas estaban muy resbalosas. Cada paso exigía concentración mientras él se introducía en el denso bosque. Todo estaba sumido en un silencio espectral. Los únicos ruidos que oía eran el crujido de sus pasos en la nieve y la pesadez de su respiración. Mack empezó a sentir que lo observaban, y una vez dio incluso una vuelta para ver si había alguien ahí. Pero por más que quisiera dar media vuelta y regresar corriendo al Jeep, sus pies parecían poseer voluntad propia, resueltos a seguir internándose en el cada vez más tupido bosque tenuemente iluminado.

De repente algo se movió en las cercanías. Espantado, Mack se congeló, callado y alerta. El corazón palpitando en sus oídos y la boca súbitamente seca, metió despacio la mano por su espalda, tomando la pistola del cinturón. Tras quitar de golpe el seguro, fijó la mirada en la oscura maleza, intentando ver u oír algo que pudiera explicar el ruido y mitigar el susto. Pero cualquier cosa que se hubiese movido, había parado ya. ¿Lo esperaba a él? Sólo por si acaso, permaneció inmóvil unos minutos antes de volver a avanzar poco a poco por la vereda, lo más sigilosamente posible.

El bosque parecía cerrarse a su alrededor, y empezó a preguntarse si no había seguido el camino equivocado. Con el rabillo del ojo, percibió un movimiento otra vez, y se agachó al instante, escudriñando entre las ramas bajas de un árbol próximo. Algo fantasmal, como una sombra, se insinuó en el matorral. ¿O sólo lo había imaginado? Esperó de nuevo, sin mover un solo músculo. ¿Era Dios? Lo dudaba. ¿Tal vez un animal? No recordaba si había lobos ahí, y los venados o alces harían más ruido. Y al fin asomó la idea que él quería evitar: "¿Y si fuera algo peor? ¿Si he sido engañosamente atraído hasta aquí? Pero, ¿para qué?"

Tras levantarse lentamente de su escondite, aún empuñando el arma, dio un paso adelante y justo en ese momento el arbusto a sus espaldas pareció estallar. Mack volteó rápido, atemorizado y listo para pelear por su vida, pero antes de que pudiera apretar el gatillo reconoció el trasero de un tejón que escapaba vereda arriba. Exhaló poco a poco el aire que no se había fijado que contuvo, bajó el arma y sacudió la cabeza. Mack el Valiente se vio reducido a un niño asustado en el bosque. Puso de nuevo el seguro y guardó el arma. "Alguien podría salir lastimado", pensó, con un suspiro de alivio.

Respiró profundamente para tranquilizarse. Habiendo resuelto que ya no tenía miedo, continuó camino abajo, intentando parecer más seguro de lo que se sentía. Esperó que todo valiera la pena. Si de verdad Dios le aguardaba ahí, estaba más que dispuesto a sacarse algunas cosas del pecho, con respeto, desde luego.

Poco después salió del bosque a un claro. A lo lejos, cuesta abajo, la vio de nuevo: la cabaña. Se quedó mirándola, su estómago era una bola de agitación y meneo. A primera vista, parecía que nada había cambiado, más allá del invernal desnudamiento de los árboles de hoja caduca y el blanco sudario de nieve que cobijaba los alrededores. La cabaña parecía muerta y vacía; pero mientras Mack fijaba la vista en ella, por un momento pareció transformarse en un malévolo rostro, retorcido en una mueca demoniaca, que le devolvía la mirada y lo retaba a acercarse. Ignorando su creciente pánico, Mack recorrió con determinación el último centenar de metros hasta el portal.

Los recuerdos y el horror de la última vez que había estado ante esa puerta lo inundaron, y titubeó antes de abrir.

–¿Hola? –llamó, no muy fuerte. Carraspeó para llamar de nuevo, esta vez más alto–: ¿Hola? ¿Hay alguien aquí?

Su voz resonó en el interior, vacío. Sintiéndose más seguro, atravesó el umbral, e interrumpió sus pasos.

Mientras sus ojos se adaptaban a la oscuridad, empezó a distinguir detalles de la sala, gracias a la luz de la tarde que se filtraba por las rotas ventanas. Al entrar a la sala principal, reconoció las viejas sillas y la mesa. No pudo evitar que sus ojos se sintieran atraídos al sitio que él no soportaría ver. Aún después de unos años, la desteñida mancha de sangre seguía siendo claramente visible en la madera junto a la chimenea, donde habían encontrado el vestido de Missy. "¡Lo siento tanto, mi amor!" Lágrimas empezaron a manar de sus ojos.

Por fin su corazón explotó como un torrente, liberando su enojo contenido y permitiendo que se desbordara por los rocosos desfiladeros de sus emociones. Tras volver los ojos al cielo, Mack comenzó a vociferar sus atormentadas preguntas:

–¿Por qué? ¿Por qué dejaste que esto pasara? ¿Por qué me trajiste aquí? De todos los lugares para verte… ¿por qué aquí? ¿No te bastó matar a mi bebé? ¿También tienes que jugar conmigo?

En un arranque de rabia, tomó la silla más próxima y la arrojó contra la ventana. La silla se hizo añicos. Mack recogió una de las patas y empezó a destruir cuanto podía. Lamentos y gemidos de desesperación y furia brotaban de sus labios mientras desahogaba su cólera en ese espantoso lugar.

—¡Te odio!

En un arrebato de ira, golpeó todo lo que tuvo enfrente hasta sentirse exhausto y consumido.

Derrotado, abatido, se echó al suelo, junto a la mancha de sangre. La tocó con cuidado. Eso era todo lo que le quedaba de su Missy. Tendido junto a ella, siguió delicadamente con los dedos los decolorados contornos y murmuró en voz muy baja:

—Missy, cuánto lo siento. Cuánto siento no haber podido protegerte. Cuánto siento no haberte encontrado.

Pese a su agotamiento, se sintió arder de cólera, y apuntó de nuevo contra el Dios indiferente que imaginaba más allá del techo de la cabaña.

—Dios, ¡ni siquiera nos dejaste encontrarla y enterrarla dignamente! ¿Eso era mucho pedir?

A medida que la mezcla de emociones iba y venía, y su enojo daba paso al dolor, una nueva oleada de pesar se combinó con su confusión.

—¿Dónde estás? Creí que querías verme aquí. Pues aquí estoy, Dios. ¿Y tú? ¡Tú brillas por tu ausencia! Nunca has estado presente cuando te he necesitado: ni cuando era niño, ni cuando perdí a Missy. ¡Tampoco ahora! ¡Mira nada más qué buen "papá" eres! —berreó.

Se quedó sentado en silencio mientras el *vacío* del lugar invadía su alma. Su revoltijo de preguntas sin responder y de vastas acusaciones se acomodó en el piso a su lado, hasta escurrirse lentamente en un abismo de desolación. La *Gran Tristeza* se apretó a su alrededor, y él casi dio la bienvenida a esa sensación sofocante. Conocía este dolor. Estaba familiarizado con él, casi como un amigo.

Sintió el arma en la base de la espalda, un frío incitante contra su piel. La sacó, sin saber qué haría. Ah, dejar de preocuparse, dejar de sentir dolor, nunca volver a sentir nada. ¿Suicidio? En ese momento, esta opción era casi atractiva. "Sería tan fácil", pensó. "No más lágrimas, no más dolor..." Casi pudo ver un negro precipicio abrirse en el suelo más allá del arma que miraba con fijeza, una oscuridad que sorbía los últimos vestigios de esperanza de su corazón. Matarse sería una manera de devolverle el golpe a Dios, si existía.

Las nubes se separaron afuera y un rayo de luz se coló de pronto en la habitación, traspasando el centro de la desesperación de Mack. Pero... ¿y Nan? ¿Y Josh y Kate y Tyler y Jon? Por más que anhelara poner fin al dolor de su corazón, sabía que no podía permitirse aumentar el dolor de ellos.

Instalado en su emocionalmente rendido estupor, sopesó las opciones mientras tocaba el arma. Una brisa helada acarició su rostro, y una parte de él deseó tenderse hasta morir congelado, tan exhausto se sentía. Se dejó caer contra la pared y frotó sus cansados ojos. Les permitió cerrarse mientras mascullaba:

—Te amo, Missy. Te extraño tanto...

Pronto cayó sin esfuerzo en un profundo sueño.

Probablemente minutos después, Mack despertó de una sacudida. Sorprendido al descubrir que cabeceaba, se paró de un salto. Tras guardar el arma en el cinto y el enojo en lo más hondo de su alma, echó a andar a la puerta. "¡Esto es ridículo! ¡Qué idiota soy! ¡Pensar que esperaba que a Dios realmente le importara enviarme una nota!"

Alzó la vista a las vigas espaciadas.

—Me rindo, Dios —murmuró—. No puedo más. Estoy cansado de tratar de encontrarte en todo esto.

Dicho lo cual, salió por la puerta. Determinó que ésa sería la última vez que buscaba a Dios. Si Dios lo necesitaba, tendría que venir a su encuentro.

Metió la mano en la bolsa, sacó la nota que había hallado en su buzón y la rompió en pedazos, dejándolos escurrir lentamente entre sus dedos para que se los llevara el frío viento que acababa de soltarse. Cansado y viejo, bajó los peldaños del portal y, con pasos pesados y un corazón todavía más pesado, emprendió la caminata al Jeep.

ᚼᚷᚴᚢᚏᚷᚼᚴ

Apenas había andado unos quince metros vereda arriba cuando sintió que una súbita ráfaga de aire cálido le llegaba desde atrás. El canto de un ave rompió el gélido silencio. El camino frente a él perdió pronto su cubierta de nieve y hielo, como si alguien lo hubiera secado soplando. Mack se detuvo y miró mientras a su alrededor el manto blanco se disolvía, para ser remplazado por una naciente y radiante vegetación. Tres semanas de primavera se desdoblaron frente a él en treinta segundos. Se frotó los ojos e intentó serenarse en medio de ese remolino de actividad. Hasta la ligera nieve que había empezado a caer se convirtió en diminutos capullos perezosamente regados por el suelo.

Lo que veía, por supuesto, no era posible. Los bancos de nieve se habían desvanecido, y estivales flores silvestres empezaron a colorear los bordes de la vereda y el bosque hasta donde alcanzaba su vista. Petirrojos y pinzones se perseguían a toda prisa entre los árboles. Ardillas comunes y listadas cruzaban ocasionalmente el camino, deteniéndose algunas para erguirse y mirarlo un momento antes de sumergirse de nuevo en la maleza. Él creyó vislumbrar incluso un gamo joven que emergía de un umbroso claro en el bosque, pero al mirar bien, había desaparecido. Por si fuera poco, el perfume de las flores empezó a llenar el aire: no sólo el pasajero aroma de las flores silvestres y de montaña, sino también la opulencia de las rosas y las orquídeas y otras exóticas fragancias propias de los climas tropicales.

Mack dejó de pensar en su casa. El terror se apoderó de él, como si hubiera abierto la caja de Pandora y se le arrastrara al centro de la locura, para perderse por siempre. Tambaleante, volteó con toda cautela, tratando de preservar una traza de cordura.

Se quedó boquiabierto.

Poco, si acaso algo, era lo mismo. La ruinosa cabaña había sido remplazada por una firme y hermosa casa de troncos, directamente levantada entre él y el lago, que pudo ver justo sobre el techo. Era de largos troncos descortezados a mano, contorneado cada cual para un ajuste perfecto.

En vez de la sombría y ominosa exuberancia de matorrales, brezos y abrojos, todo lo que Mack veía ahora tenía la perfección de una tarjeta postal. Humo se abría indolente paso de la chimenea al cielo de la tarde, señal de actividad adentro. Un camino se tendía a y en torno al portal, flanqueado por una cerca blanca de afiladas estacas. Ruido de risas llegaba desde cerca, tal vez dentro, aunque Mack no estaba seguro.

Quizá en esto consistía experimentar un total colapso psicótico. "Me estoy volviendo loco", murmuró Mack para sí. "Esto no puede estar sucediendo. No es real".

Aquel era un lugar que Mack sólo habría podido imaginar en sus mejores sueños, y eso volvía todo más sospechoso. La vista era prodigiosa, los aromas embriagadores, y sus pies, como dotados de mente propia, lo guiaron de nuevo al camino y hasta el portal. Brotaban flores en todas partes, y la mezcla de fragancias florales y punzantes hierbas despertaba recuerdos hacía mucho tiempo olvidados. Siempre había oído que la nariz era el mejor vínculo con el pasado, que el olfato era el sentido más fuerte para perforar la historia olvidada y, entonces, remembranzas de su infancia ha mucho almacenadas revolotearon en su mente.

Una vez en el portal, se detuvo de nueva cuenta. Hasta él llegaban claramente voces del interior. Rechazó el súbito impulso de huir, como un niño que hubiera arrojado su pelota sobre el seto del vecino. "Si Dios está adentro, no serviría de mucho de todas maneras, ¿verdad?" Cerró los ojos y agitó la cabeza con intención de borrar la alucinación y restaurar la realidad. Pero cuando los abrió, todo seguía ahí. Extendió vacilante la mano y tocó el barandal de madera. Desde luego, parecía real.

Enfrentó entonces otro dilema. ¿Qué debe hacerse al llegar a la puerta de una casa, o cabaña en este caso, donde podría estar Dios? ¿Tocar? Supuestamente, Dios ya sabía que él estaba ahí. Tal vez sólo debía entrar y presentarse, aunque esto parecía igual de absurdo. ¿Y cómo debía dirigirse a él? ¿Debía llamarlo "Padre", o "Todopoderoso", o quizá "señor Dios", o sería mejor postrarse y adorarlo aunque en realidad no estuviera de ánimo para eso?

Mientras intentaba establecer cierto equilibrio mental, el enojo que recién creía muerto en él comenzó a emerger de nuevo. Ya sin preocupación ni interés en cómo llamar a Dios y energizado por su ira, se acercó a la puerta. Decidió tocar fuerte para ver qué pasaba; pero justo cuando levantaba el puño para hacerlo, la puerta se abrió de golpe y Mack se vio frente al rostro de una enorme y radiante mujer afro-estadounidense.

Instintivamente, dio un salto atrás, pero resultó demasiado lento. Con una agilidad que desmentía su corpulencia, la mujer acortó la distancia entre ellos y lo cubrió con sus brazos, levantándolo y dándole vueltas como a un niño. Entre tanto, ella gritaba su nombre –"¡Mackenzie Allen Phillips!"– con el ardor de quien ve a un pariente hace tiempo perdido y profundamente amado. Al fin lo puso otra vez en tierra y, con las manos en los hombros de él, lo empujó para verlo bien.

–¡Mírate nada más, Mack! –estalló ella ruidosamente–. Cuánto has crecido. ¡No sabes qué ganas tenía de verte! Es maravilloso tenerte aquí con nosotros. ¡Ay, ay, cómo te quiero!

Dicho esto, lo envolvió otra vez entre sus brazos.

Mack se quedó sin habla. En unos segundos, esa mujer había roto todo el decoro social detrás del cual él se atrincheraba tan tranquilamente. Pero algo en la forma como ella lo miró y gritó su nombre hizo que también a él le deleitara verla, pese a que no tuviera la menor idea de quién era ella.

De pronto se sintió arrollado por el perfume que emanaba de esa mujer, y tal cosa lo sacudió. Era un aroma floral con dejos de gardenia y jazmín, el inconfundible perfume de su madre que él guardaba en su cajita de hojalata. Llevado aventuradamente hasta el precipicio de la emoción, ese perfume devastador y los recuerdos concomitantes lo dejaron perplejo. Sintió el calor de las lágrimas empezar a congregarse detrás de sus ojos, como si tocaran a la puerta de su corazón. Al parecer, también ella las vio.

–Está bien, mi vida; déjalas salir… Sé que has sido lastimado, y que estás enojado y confundido. Así que adelante, y déjalas salir. Al alma le hace bien dejar correr de vez en cuando las aguas sanadoras.

Pero aunque Mack no pudo evitar que los ojos se le llenaran de lágrimas, no estaba preparado para soltarlas; no todavía, no con esa mujer. Hizo un gran esfuerzo por no caer en el agujero negro de sus emociones. Entre tanto, aquella mujer le tendía los brazos, como si fueran los brazos mismos de su madre. Sintió la presencia del amor. Era cálida, incitante y conmovedora.

–¿No estás preparado? –repuso ella–. Está bien; haremos las cosas en tus términos y a tu tiempo. Pero entra. Dame tu abrigo. ¿Y esa pistola? No la necesitas, ¿verdad? No querríamos que alguien saliera lastimado, ¿no es así?

Mack no sabía qué hacer ni qué decir. ¿Quién era ella? ¿Y cómo sabía? Inmóvil en el lugar donde se había parado, se quitó lenta y mecánicamente el abrigo.

La inmensa mujer negra cargó el abrigo y él le entregó el arma, que ella recibió con dos dedos, como si estuviera contaminada. Justo cuando ella se volvía para entrar a la cabaña, una mujer menuda, evidentemente asiática, emergió detrás.

–Dame eso –cantó su voz.

Era obvio que no se refería al abrigo ni el arma, sino a otra cosa, y en un abrir y cerrar de ojos ya estaba frente a Mack.

Él se puso rígido cuando sintió que algo acariciaba suavemente su mejilla. Sin moverse, bajó la mirada y vio que la nueva mujer se afanaba con un frágil frasco de cristal y un cepillito, como los que había visto que Nan y Kate usaban para maquillarse, retirando algo de su cara con toda delicadeza.

Antes de que él pudiera preguntar, ella sonrió y murmuró:

—Mackenzie, todos tenemos cosas que valoramos mucho y coleccionamos, ¿verdad?

La cajita de hojalata destelló en la mente de él.

—Yo colecciono lágrimas.

Mientras ella daba marcha atrás, Mack se descubrió parpadeando sin querer en su dirección, como si hacerlo permitiera a sus ojos ver mejor. Pero, de una manera extraña, seguía siéndole difícil fijar la vista en ella: esa mujer parecía resplandecer de forma tenue en medio de la luz, y su cabello flotaba en todas direcciones pese a que no hubiera brisa. Se diría que era más fácil verla de soslayo que directamente.

Al retirar la mirada de ella, Mack notó que una tercera persona había emergido de la cabaña, esta vez un hombre. Parecía de Medio Oriente y vestía como obrero, con todo y cinturón de herramientas y guantes. El nuevo se recargó tranquilamente en el quicio de la puerta y cruzó los brazos frente a él, vistiendo jeans empolvados de aserrín y una camisa a cuadros arremangada sobre los codos, que dejaba ver musculosos antebrazos. Aunque de facciones agradables, él no era particularmente apuesto; no era un hombre al que se distinguiría en una multitud. Pero sus ojos y su sonrisa iluminaban su rostro, que Mack no podía dejar de mirar.

Mack dio marcha atrás de nuevo, sintiéndose un poco abrumado.

—¿Hay más de ustedes? —preguntó, con voz algo ronca.

Los tres se miraron y rieron.

Mack no pudo evitar sonreír.

—No, Mackenzie —respondió la mujer negra, riendo entre dientes—. Somos todo lo que tendrás; y créeme: somos más que suficiente.

Mack hizo un nuevo intento por mirar a la mujer asiática. Esa persona de correoso aspecto parecía ser, por su etnicidad, del norte de China, o de Nepal, o incluso de Mongolia. Pero era difícil saberlo, porque tenía que hacer un esfuerzo para verla siquiera. A juzgar por su ropa, Mack supuso que era cuidadora o jardinera. Llevaba unos guantes doblados al cinto, no los pesados de cuero del hombre, sino los ligeros de tela y hule que Mack usaba para hacer jardinería en casa. Llevaba puestos unos jeans sencillos con figuras ornamentales en los bordes —cubiertas de polvo las rodillas por haber estado arrodillada— y una blusa de colores brillantes, con manchones amarillos, rojos y azules. Pero supo todo esto más por una impresión de ella que por verla en verdad, pues parecía entrar y salir en fases de su visión.

Entonces el varón avanzó, tocó a Mack en el hombro, le dio un beso en ambas mejillas y lo abrazó con fuerza. Mack supo al instante que le simpatizaba. Cuando se separaron, el hombre dio un paso atrás y la dama asiática se acercó de nuevo a Mack, tomando esta vez su cara entre sus manos. Gradual e intencionalmente, ella acercó su rostro al de él y justo cuando Mack creyó que lo besaría, ella se detuvo y lo miró profundamente a los ojos. Mack pensó que casi podía ver a través de ella. Luego la dama sonrió y sus perfumes parecieron envolverlo y quitarle un gran peso de encima, como si cargara su equipaje en una mochila.

Mack se sintió de súbito más ligero que el aire, casi como si no tocara el suelo. Ella lo abrazaba sin abrazarlo, o hasta sin tocarlo siquiera. Sólo cuando se apartó, segundos más tarde quizás, él se dio cuenta de que seguía parado sobre sus pies y éstos seguían tocando el suelo.

—Oh, no te inquietes por ella —dijo riendo la enorme mujer negra—. Tiene ese efecto en todos.

—Me gusta —susurró él, y los tres estallaron en nuevas carcajadas. Esta vez Mack se vio riendo con ellos sin saber exactamente por qué y sin que en realidad tampoco le importara.

Cuando al fin dejaron de reír, la mujer grande rodeó con su brazo los hombros de Mack, lo atrajo hacia sí y le dijo:

—Bueno, *nosotros* sabemos quién eres, pero quizá deberíamos presentarnos. Yo —movió las manos en un gesto ceremonioso— soy el ama de casa y cocinera. Puedes llamarme Elousia.

—¿Elousia? —preguntó Mack, sin comprender nada.

—Bueno, no necesariamente tienes que llamarme Elousia; es sólo un nombre al que soy afecta y que tiene particular significado para mí. Así que —cruzó los brazos, llevándose una mano al mentón, como reflexionando a conciencia— podrías llamarme como lo hace Nan.

—¿Qué? No querrás decir que... —Mack se sintió aún más asombrado y confundido. ¿Acaso ella era Papá, quien le había enviado la nota?—. ¿Es decir, "Papá"?

—Sí —respondió ella y sonrió, esperando que Mack hablara como si tuviera algo que decir, lo cual no ocurrió.

—Y yo —interrumpió el hombre, quien parecía de treinta y tantos años y un poco más bajo que Mack— intento mantener las cosas en buen estado aquí. Me gusta trabajar con las manos, aunque, como ambas te lo confirmarán, también me agrada cocinar y cuidar del jardín tanto como ellas.

—Pareces de Medio Oriente, ¿eres árabe? —conjeturó Mack.

—Medio hermano de esa gran familia. Soy hebreo; para ser exacto, de la casa de Judá.

—Entonces... —Mack se quedó estupefacto ante su constatación—. Entonces tú eres...

—¿Jesús? Sí. Y llámame como quieras. Después de todo, ése se ha vuelto mi nombre común. Mi madre me llamaba Yeshua, pero según se sabe, también he respondido al nombre de Joshua, e incluso Jesse.

Mack se quedó mudo y pasmado. Lo que veía y escuchaba era simplemente inaudito. Todo era imposible... pero ahí estaba él, aunque ¿realmente lo estaba? De pronto se sintió mareado. La emoción lo embargó, como si su mente hiciera intentos desesperados por asimilar tanta información. Justo cuando estaba a punto de caer postrado, la mujer asiática se acercó y distrajo su atención.

—Y yo soy Sarayu —le dijo, inclinando la cabeza con una ligera reverencia y sonriendo—. Cuidadora de jardines, entre otras cosas.

Ideas se atropellaban mientras Mack hacía un esfuerzo por saber qué hacer. ¿Alguna de esas personas era Dios? ¿Y si eran alucinaciones o ángeles, o Dios arribaría más tarde? Esto podría ser muy penoso. Puesto que había tres de ellas, tal vez eran una especie de Trinidad. ¿Pero dos mujeres y un hombre, y ninguno de ellos blanco? Aunque para ser sincero, ¿por qué había supuesto naturalmente que Dios sería blanco? Se dio cuenta de que divagaba, así que se concentró en la pregunta cuya respuesta más ansiaba.

—Entonces —se esforzó en preguntar—, ¿cuál de ustedes es Dios?

—Yo —contestaron al unísono los tres.

Mack paseó la vista de uno a otro de ellos; y aunque estaba lejos de entender lo que veía y oía, por alguna razón les creyó.

6

Una pieza de π

*...por poderoso que sea, el primer aspecto de Dios nunca
es el de Amo absoluto, el Omnipotente.
Es el del Dios que se pone a nuestro nivel humano
y se limita.*

–Jacques Ellul, *Anarquía y cristiandad*

— Bueno, Mackenzie, no te quedes ahí papando moscas con la boca abierta como si tuvieras miedo –dijo la enorme mujer negra mientras se volvía y atravesaba el pórtico, sin dejar de hablar–. Ven a platicar conmigo mientras hago la cena. O haz lo que quieras. Atrás de la cabaña –añadió, señalando el techo sin mirar ni aflojar el paso– hallarás una caña de pescar junto al cobertizo de las lanchas, que puedes usar para atrapar una trucha del lago.

Se detuvo en la puerta para darle un beso a Jesús.

–Sólo recuerda –dijo, volteando hacia Mack– que tendrás que limpiar lo que atrapes.

Luego, con una rápida sonrisa, desapareció dentro de la cabaña, armada del abrigo de invierno de Mack y cargando aún la pistola con dos dedos, a prudente distancia.

Mack se había quedado efectivamente con la boca abierta y una expresión de azoro pegada a la cara. Apenas si notó que Jesús se acercaba y rodeaba con un brazo su hombro. Sarayu parecía haberse evaporado.

–¿No es maravillosa? –le preguntó Jesús, sonriendo.

Mack lo miró, sacudiendo la cabeza.

–¿Me estoy volviendo loco? ¿Se supone que debo creer que Dios es una corpulenta mujer negra con un cuestionable sentido del humor?

Jesús echó a reír.

–¡Ella es fenomenal! Siempre puedes contar con que hará cosas inesperadas. Le encantan las sorpresas; y aunque no lo creas, es excelente para elegir el momento perfecto.

–¿De veras? –preguntó Mack, sacudiendo aún la cabeza y sin saber si de verdad debía creer eso–. ¿Entonces ahora qué se supone que debo hacer?

–No se *supone* que debas hacer nada. Eres libre de hacer lo que quieras. –Jesús hizo una pausa y luego continuó, dando sugerencias a Mack para ayudarle–. Yo estoy haciendo un trabajo de carpintería en el cobertizo. Sarayu está en el jardín. O podrías ir a pescar, a pasear en canoa o a entrar a platicar con Papá.

–Bueno, por alguna razón me siento obligado a ir y platicar con él... oh... con ella.

–¡Ah! –Jesús se puso serio–, no vayas por obligación. Eso no te ganará puntos aquí. Ve porque es lo que *deseas* hacer.

Mack pensó un momento y decidió que entrar a la cabaña era realmente lo que quería hacer. Dio las gracias a Jesús, quien sonrió, se volvió y se dirigió a su taller mientras Mack atravesaba el portal hasta la puerta. Estaba solo otra vez; pero, tras una rápida mirada a su alrededor, abrió con cuidado. Metió la cabeza, vaciló y decidió aventurarse:

–¿Dios? –preguntó tímidamente y sintiéndose algo más que un poco loco.

–¡Estoy en la cocina, Mackenzie! ¡Sólo sigue mi voz!

Entró y examinó la habitación. ¿Podía ser ése el mismo lugar? Tembló por el murmullo de acechantes y oscuros pensamientos, y los expulsó de nuevo. Al otro lado del recinto, un pasillo desaparecía en una esquina. Mirando de reojo la sala, sus ojos buscaron el lugar cerca de la chimenea, pero ninguna mancha hería la superficie de madera. Advirtió que el lugar estaba decorado con muy buen gusto, con obras de arte que parecían dibujadas o realizadas por niños. Se preguntó si esa mujer atesoraba estas piezas como toda madre que ama a sus hijos. Tal vez valoraba así todo lo que se le daba de corazón, como los niños parecen hacerlo tan fácilmente.

Mack siguió el suave zumbido de aquella mujer por un breve corredor hasta un área abierta de comedor-cocina, con todo y una mesita para cuatro personas y sillas con respaldo de mimbre. El interior de la cabaña era más espacioso de lo que él esperaba. Papá trabajaba en algo dándole la espalda, y haciendo volar harina mientras ondulaba al compás de la música que escuchaba. La canción llegó obviamente a su fin, marcado por un par de últimas sacudidas de hombros y cadera. Al voltear, ella se quitó los audífonos.

Mack quiso hacer al instante mil preguntas, o decir mil cosas, algunas abominables y terribles. Estaba seguro de que su rostro delataba las emociones que se esforzaba en controlar, y tras el destello de un segundo devolvió todo al destartalado clóset de su corazón, cerrando la puerta al salir. Si ella estaba al tanto de su conflicto interior, no lo mostró en su expresión, aún abierta, llena de vida e incitadora.

Él inquirió:

–¿Puedo preguntar qué escuchas?

–¿De verdad quieres saber?

–Claro –ahora Mack tenía curiosidad.

–West Coast Juice. Un grupo llamado Diatribe, y un álbum que no ha salido aún, titulado *Heart Trips*. En realidad –dijo, guiñándole un ojo a Mack–, estos chavos no han nacido todavía.

–Está bien –respondió Mack, más que algo incrédulo–. ¿West Coast Juice, eh? No suena muy religioso que digamos.

–Oh, créeme que no lo es. Es más bien una especie de *funk and blues* euroasiático, con mensaje, y un ritmo fabuloso.

Dio un paso lateral hacia Mack como haciendo un paso de baile y aplaudió.

Mack dio un paso atrás.

–¿Así que Dios oye *funk*? –Él nunca había oído hablar del "funk" en términos propiamente virtuosos–. Pensé que oirías a George Beverly Shea o el Coro Mormón del Tabernáculo; ya sabes, algo más devoto.

–Mira, Mackenzie: no tienes por qué estar pendiente de mí. Oigo de todo, y no sólo música, sino también los corazones detrás de ella. ¿No recuerdas tus clases del seminario? Estos muchachos no dicen nada que yo no haya oído antes; simplemente están llenos de vinagre y chisporroteo. Mucha cólera y, debo decirlo, no sin razón. Son sólo algunos de mis hijos, soltando gritos y alardes. Soy especialmente afecta a estos chicos, ¿sabes? Ajá, ya veré por ellos.

Mack hacía todo lo posible por seguirle el paso, por dar cierto sentido a lo que sucedía. Nada de su antigua formación en el seminario le estaba sirviendo en absoluto. De repente no supo qué decir, y su millón de preguntas parecían haberlo abandonado. Así que dijo lo obvio:

–Debes saber –afirmó– que me cuesta mucho trabajo decirte "Papá".

–¿Ay, de veras? –Ella lo miró con burlona sorpresa–. Claro que lo sé. Siempre sé. –Se rió–. Pero dime, ¿por qué crees que te cueste trabajo? ¿Porque te resulta demasiado familiar, o tal vez porque me presento ante ti como mujer, como madre, o…?

–No es precisamente fácil –la interrumpió Mack, con una risa incómoda.

–¿O por las fallas de quien fue tu papá?

Mack resolló por instinto. No estaba acostumbrado a que sus más profundos secretos salieran tan rápida y abiertamente a la superficie. Al instante brotaron culpa y enojo, y él quiso desquitarse con un comentario sarcástico. Se sentía suspendido sobre un abismo sin fondo, y temía que si dejaba que algo se le saliera, perdería el control de todo. Buscó una base segura, pero sólo tuvo éxito en parte, respondiendo por fin entre dientes chirriantes:

–Tal vez porque nunca he conocido a nadie a quien realmente pueda llamar "Papá".

Ella bajó el tazón que acunaba en el brazo y, dejando dentro la cuchara de madera, volteó hacia Mack con ojos tiernos. No tuvo que decirlo: él supo que ella comprendía lo que le ocurría por dentro, y también, de alguna manera, que le importaba más que lo que nunca le había importado a nadie.

–Si me lo permites, Mack, yo seré el papá que nunca tuviste.

Este ofrecimiento fue al mismo tiempo incitante y repulsivo. Él siempre había querido un papá en quien pudiera confiar, pero no estaba seguro de que fuera a encontrarlo aquí, en especial si éste ni siquiera podía proteger a su Missy. Un largo silencio flotó entre ellos. Mack no sabía qué decir, y ella no tenía prisa por dejar que el momento pasara fácilmente.

–Si no pudiste cuidar a Missy, ¿cómo puedo confiar en que me cuidarás a mí?

Lo había dicho: la pregunta que lo había atormentado todos los días de la *Gran Tristeza*. Sintió que se sonrojaba de ira mientras miraba a la que ya consideraba una extraña caracterización de Dios, y se dio cuenta de que había apretado las manos en puños.

–Lo siento mucho, Mack. –Lágrimas empezaron a rodar por las mejillas de ella–. Sé que esto ha abierto un gran abismo entre nosotros. Sé que no lo comprendes todavía, pero soy especialmente afecta a Missy, y a ti también.

A Mack le gustó cómo había dicho el nombre de Missy, pero le pareció aborrecible oírlo de ella. La mujer lo había paladeado como el más dulce de los vinos; y pese a la furia que seguía rugiendo en su mente, por alguna razón él supo que ella hablaba en serio. *Quería* creerle, y poco a poco parte de su rabia empezó a amainar.

–Para eso estás aquí, Mack –continuó ella–. Quiero sanar la herida que ha crecido dentro de ti, y entre nosotros.

Para recuperar cierto control, Mack dirigió los ojos al suelo. Pasó un minuto entero antes de que pudiera murmurar, sin alzar la vista:

—Eso me gustaría mucho —admitió—, pero no veo cómo...

—No es fácil dar solución a tu dolor, mi vida. Créeme: si lo fuera, lo haría en este momento. Pero no tengo una varita mágica que pasarte encima para que todo sea mejor. La vida implica un poco de tiempo, y mucho de relación.

A Mack le agradó que se alejaran del borde de su horrible acusación. Le asustó lo cerca que había estado de sentirse totalmente trastornado por ella.

—Creo que sería más fácil sostener esta conversación si no llevaras puesto un vestido —sugirió él, e intentó una sonrisa, por débil que fuese.

—Si fuera más fácil, entonces yo no sería yo —dijo ella con una risita—. No pretendo hacer esto más difícil para ninguno de los dos. Pero *éste* es un buen punto de partida. A menudo descubro que quitar primero del camino los asuntos de la cabeza facilita trabajar con las cosas del corazón después... cuando se está preparado.

Ella tomó de nuevo la cuchara de madera, que chorreaba una especie de pasta.

—Mackenzie, no soy hombre ni mujer, aunque ambos géneros se derivan de mi naturaleza. Si decido *aparecer* ante ti como hombre o como mujer, es porque te amo. Para mí, aparecer ante ti como mujer y sugerir que me llames "Papá" es simplemente combinar metáforas, para ayudarte a no recaer tan fácilmente en tu condicionamiento religioso.

Se inclinó como para compartir un secreto:

—Si me revelara ante ti como un grandioso abuelo de barba suelta y raza blanca, como Gandalf, sencillamente reforzaría tus estereotipos religiosos, y este fin de semana *no* es para reforzar tus estereotipos religiosos.

Mack estuvo a punto de estallar en una carcajada, y de decir: "¿De veras? ¡Y yo que apenas empezaba a creer que no soy un loco de atar!" En cambio, se concentró en lo que ella acababa de decir y recuperó su compostura. Creía, en su cabeza al menos, que Dios era Espíritu, ni hombre ni mujer, pero a pesar de ello le avergonzó admitir para sí que todas sus visualizaciones de Dios eran muy blancas y muy masculinas.

Ella dejó de hablar, aunque sólo lo suficiente para guardar unos condimentos en un especiero sobre una repisa junto a la ventana antes de voltear de nuevo hacia él. Lo miró atentamente.

–¿Acaso no ha sido siempre un problema para ti aceptarme como tu Padre? Y después de lo que has sufrido, ahora no podrías manejar muy bien la idea de un padre, ¿verdad?

Él sabía que ella tenía razón, y advirtió bondad y compasión en lo que hacía. De algún modo, la forma como se había aproximado a él había rodeado su resistencia a su amor. Esto era extraño y doloroso y hasta tal vez un tanto magnífico.

–Pero entonces –él hizo una pausa, aún obstinado en ser racional–, ¿por qué tanto énfasis en que eres Padre? Ésta parece ser la manera en que más te revelas.

–Bueno –respondió Papá, alejándose de él y yendo y viniendo por la cocina–, hay muchas razones de eso, algunas muy profundas. Baste decir por ahora que supimos que una vez que la creación se fracturara, la verdadera paternidad sería mucho más escasa que la maternidad. No me malinterpretes. Ambas son necesarias, pero un énfasis en la paternidad es indispensable a causa de la enormidad de su ausencia.

Mack desvió la mirada, un poco azorado, sintiendo que eso ya lo excedía. Mientras reflexionaba, vio por la ventana un jardín de apariencia salvaje.

–Sabías que vendría, ¿verdad? –preguntó por fin, serenamente.

–Claro que sí.

Ella estaba ocupada otra vez, dándole la espalda.

–Entonces, ¿estaba en libertad de *no* venir? ¿No tuve poder de decisión en este asunto?

Papá volteó, en esta ocasión con harina y masa en las manos.

—Buena pregunta. ¿Qué tan lejos quieres llegar, eh? —No esperó respuesta, sabiendo que Mack no la tenía. En cambio, preguntó—: ¿Crees estar en libertad de marcharte?

—Eso supongo. ¿Lo estoy?

—¡Claro que sí! No me interesan los prisioneros. Eres libre de salir por esa puerta ahora mismo y volver a tu casa, sin nadie. O podrías ir a The Grind a estar con Willie. El solo hecho de que yo sepa que eres demasiado curioso para irte, ¿reduce tu libertad de marcharte?

Hizo una breve pausa, y luego volteó hacia su tarea, hablándole a Mack por encima del hombro.

—O si quieres llegar todavía más lejos, podríamos hablar de la naturaleza de la libertad misma. ¿La libertad significa que te está permitido hacer todo lo que quieras? O podríamos referirnos a todas las influencias limitantes en tu vida, que trabajan activamente contra tu libertad. Tu herencia genética, tu ADN específico, tu particularidad metabólica, esa cosa de los cuantos en un nivel subatómico en el que sólo yo soy el observador omnipresente. O referirnos a la intrusión de la enfermedad de tu alma, que te inhibe y atrapa, o a las influencias sociales a tu alrededor, o a los hábitos que han creado uniones y trayectorias sinápticas en tu cerebro. Y luego están la publicidad, la propaganda y los paradigmas. En esa confluencia de multifacéticos inhibidores —dijo ella, suspirando—, ¿qué es realmente la libertad?

Mack se quedó parado sin saber qué decir.

—Sólo yo puedo hacerte libre, Mackenzie, pero la libertad no puede forzarse nunca.

—No entiendo —replicó Mack—. No entiendo nada de lo que acabas de decir.

Ella se volvió y sonrió.

—Lo sé. No te lo dije para que lo entiendas ahora. Te lo dije para después. En este momento ni siquiera comprendes que la libertad es un proceso creciente.

Acercándose suavemente, tomó las manos de Mack entre las suyas, cubiertas de harina, y mirándolo a los ojos continuó:

–Mackenzie, la verdad te hará libre, y la verdad tiene un nombre: está en la carpintería ahora mismo, cubierta de aserrín. Todo tiene que ver con *él*. Y la libertad es un proceso que sucede en una relación con él. Luego, todas esas cosas que sientes remolinear *dentro* de ti empezarán a encontrar salida.

–¿Cómo puedes saber cómo me siento de verdad? –preguntó Mack, mirándola a su vez a los ojos.

Papá no contestó; sólo vio las manos de ambos. La mirada de él siguió la de ella, y Mack advirtió por primera vez las cicatrices en sus muñecas, como las que suponía que también Jesús tenía en las suyas. Ella le permitió tocar con delicadeza sus cicatrices, contornos de una perforación profunda, y luego él elevó sus ojos a los de ella. Lágrimas se abrían lento paso por el rostro de Papá, caminitos por la harina que manchaba sus mejillas.

–No creas que lo que mi Hijo decidió hacer no tuvo un alto costo para nosotros. El amor siempre deja una marca significativa –dijo ella, en voz baja y cordial–. Estuvimos *juntos* ahí.

Mack se sorprendió.

–¿En la cruz? Creí que tú lo habías *dejado* solo, ya sabes: "Dios mío, Dios mío, ¿por qué me has abandonado?"

Este pasaje de la Escritura había atormentado con frecuencia a Mack en la *Gran Tristeza*.

–Malinterpretas el misterio en este caso. Más allá de lo que él haya *sentido* en ese momento, yo nunca lo abandoné.

–¿Cómo puedes decir eso? ¡Lo abandonaste, igual que me abandonaste a mí!

–Mackenzie, yo nunca lo abandoné, y jamás te he abandonado a ti.

–Eso no tiene sentido para mí –respondió Mack con rudeza.

–Sé que no lo tiene, cuando menos no todavía. ¿Al menos considerarás esto? Cuando todo lo que puedes ver es tu dolor, quizá me pierdes de vista a mí.

Dado que Mack no respondió, ella volteó a su cocina, como para ofrecerle un pequeño y necesario espacio. Parecía estar preparando varios platillos al mismo tiempo, añadiendo diversas especias e ingredientes. Mientras canturreaba una obsesiva tonadilla, puso los toques finales al pay que hacía y lo deslizó en el horno.

—No olvides que la historia no terminó en su sensación de abandono. Superó eso para ponerse completamente en mis manos. Oh, ¡qué momento fue ése!

Mack se recargó en el mostrador, algo confundido. Sus emociones e ideas eran un revoltijo. Una parte de él quería creer todo lo que Papá decía. ¡Eso habría sido maravilloso! Pero otra parte objetaba, en forma más bien ruidosa: "¡Esto no puede ser cierto!"

Papá tomó el reloj de cocina, le dio una vueltecita y lo puso en la mesa frente a ellos.

—No soy quien tú crees, Mackenzie.

Sus palabras no fueron coléricas ni defensivas.

Mack la miró, miró el reloj y suspiró.

—Me siento totalmente perdido.

—Entonces veamos si podemos hallarte en medio de ese caos.

Casi en ese momento, una urraca se posó en el alféizar de la ventana de la cocina y comenzó a pasear ufanamente por ella. Papá tomó una lata del mostrador y, tras abrir la ventana, ofreció a la señora Urraca una mezcla de granos que sin duda guardaba con ese propósito. Sin el menor titubeo, y con un aparente aire de humildad y gratitud, el ave caminó directamente hasta su mano y empezó a comer.

—Considera a nuestra pequeña amiga —comenzó Papá—. La mayoría de las aves fueron creadas para volar. Para ellas, permanecer en tierra es una limitación a su capacidad para volar, no al revés.

Hizo una pausa para permitir que Mack pensara en esa afirmación.

—Ustedes, en cambio, fueron creados para ser amados. Así que, para ustedes, vivir como si no fueran amados es una limitación, no al revés.

Mack asintió con la cabeza, no tanto por estar totalmente de acuerdo, sino más bien como señal de que al menos entendía y seguía el razonamiento. Éste parecía bastante simple.

—Vivir sin ser amado es como cortarle las alas a un ave y quitarle su capacidad para volar. No es algo que yo quiera para ti.

Ahí estaba. Él no se *sentía* particularmente *amado* en ese momento.

—Mack, el dolor tiene poder para cortarnos las alas e impedirnos ser capaces de volar.

Ella esperó un momento a que sus palabras se asentaran.

—Y si eso queda sin resolverse mucho tiempo, tú podrías olvidar que fuiste creado para volar.

Mack guardó silencio. Extrañamente, ese silencio no fue muy incómodo. Mack miró al pajarito. Éste lo miró a su vez a él. Se preguntó si era posible que las aves sonrieran. Al menos la señora Urraca parecía hacerlo, así fuera sólo por compasión.

—Yo no soy como tú, Mack.

No era un desdén; de hecho era una simple declaración. Pero Mack la sintió como un chorro de agua fría.

—Soy Dios. Soy el que soy. Y a diferencia de ti, mis alas no pueden ser cortadas.

—Bueno, eso es maravilloso para ti, ¿pero dónde me deja exactamente eso? —estalló Mack, con un tono más irritado del que habría querido.

Papá acarició al pajarito, lo acercó a su rostro y dijo:

—¡Justo en el centro de mi amor! —mientras ambos unían pico con nariz.

—Estoy pensando que probablemente esa ave entiende mejor que yo —fue lo más que Mack pudo decir.

—Lo sé, mi cielo. Por eso estamos aquí. ¿Por qué crees que te dije: "Yo no soy como tú"?

–No tengo la menor idea. Digo, Dios eres tú, no yo.

No pudo evitar el sarcasmo en su voz, pero ella lo ignoró por completo.

–Sí, pero no exactamente. Al menos no en la forma en que tú piensas. Mackenzie, yo soy lo que algunos dirían "santo, y absolutamente diferente a ti". El problema es que muchas personas tratan de entender en cierta medida lo que soy tomando la mejor versión de sí mismas, proyectando eso al enésimo grado, factorizando toda la bondad que pueden percibir, que a menudo no es mucha, y luego llaman Dios a eso. Y aunque esto podría parecer un noble esfuerzo, la verdad es que es lastimosamente insuficiente en cuanto a lo que en realidad soy. No soy sólo la mejor versión de ti que puedes pensar. Soy mucho más que eso, arriba y más allá de todo lo que puedes pedir o pensar.

–Lo siento, pero para mí todas ésas no son más que palabras. No tienen mucho sentido –Mack se alzó de hombros.

–Aunque al final no puedas entenderme, ¿sabes qué? Sigo queriendo que me conozcas.

–Hablas de Jesús, ¿verdad? ¿Esto es una especie de "tratemos de entender a la Trinidad"?

Ella se rió.

–Algo así, pero ésta no es la escuela dominical. Es una lección rápida. Como podrás imaginar, Mackenzie, ser Dios tiene sus ventajas. Soy por naturaleza completamente ilimitado, sin confines. Siempre he conocido la plenitud. Vivo en un estado de perpetua satisfacción como estado normal de mi existencia –dijo ella, sumamente complacida–. Éste es sólo uno de los privilegios de ser quien soy.

Eso hizo sonreír a Mack. Esta señora gozaba plenamente de sí misma, plenamente por sí misma, y no había en ella un gramo de arrogancia.

–Los creamos a ustedes para compartir eso. Pero entonces Adán decidió seguir su camino, como sabíamos que lo haría, y todo se complicó. Sin embargo, en vez de abandonar toda la creación, nos subimos las mangas y nos metimos hasta el centro mismo del desastre; eso fue lo que hicimos en Jesús.

Mack permanecía inmóvil, haciendo su mejor esfuerzo por seguir esa línea de razonamiento.

—Cuando los tres nos expresamos en la existencia humana como el Hijo de Dios, nos hicimos completamente humanos. También decidimos aceptar todas las limitaciones que eso traía consigo. Aunque siempre hemos estado presentes en este universo creado, nos convertimos en un ser de carne y hueso. Sería como si esta ave, cuya naturaleza es volar, decidiera sólo caminar y permanecer en el suelo. No dejaría por eso de ser ave, pero tal cosa alteraría significativamente su experiencia de vida.

Hizo una pausa para cerciorarse de que Mack la seguía. Mientras se le formaba un nudo en el cerebro, Mack pronunció un "Está bien…" para invitarla a continuar.

—Aunque por naturaleza él es completamente Dios, Jesús también es completamente humano, y vive como tal. Nunca pierde su innata capacidad para volar, pero momento a momento decide permanecer en el suelo. Por eso su nombre es Immanuel, "Dios con nosotros", o "Dios *contigo*", para ser más precisa.

—Pero ¿y los milagros? ¿Las curaciones? ¿Levantar a la gente de entre los muertos? ¿Eso no prueba que Jesús era Dios más que humano?

—No, eso prueba que Jesús es de verdad humano.

—¿Qué?

—Mackenzie, *yo* puedo volar, pero los seres humanos no pueden. Jesús es completamente humano. Aunque también es completamente Dios, *nunca* se ha servido de su naturaleza como Dios para hacer algo. Sólo ha vivido de su relación conmigo, justo como quiero que todos los seres humanos vivan. Él es sólo el primero en hacer eso al máximo: el primero en confiar absolutamente en mi vida dentro de sí, el primero en creer en mi amor y bondad sin considerar apariencias ni consecuencias.

–¿Y cuando curaba a los ciegos?

–Lo hacía como un ser humano dependiente y limitado que confiaba en que mi vida y poder actuaban dentro de él y a través de él. Jesús, como ser humano, no tenía poder en sí mismo para curar a nadie.

Esto fue una sacudida para el sistema religioso de Mack.

–Sólo cuando Jesús se apoyaba en su relación conmigo, y en nuestra comunión (nuestra co-unión), podía expresar mi corazón y voluntad en cualquier circunstancia dada. Así, cuando miras a Jesús y parece que está volando, en realidad está... volando. Pero a quien en verdad ves es a mí, mi vida en él. Así es como él vive y actúa en la forma en que un verdadero ser humano, en que todos los seres humanos están diseñados para vivir: a partir de mi vida. A un ave no la define la permanencia en el suelo, sino su capacidad para volar. Recuerda esto: a los seres humanos no los definen sus limitaciones, sino las intenciones que yo tengo para ellos; no lo que parecen ser, sino todo lo que significa el hecho de que hayan sido creados a mi imagen.

Mack sintió la arremetida de la sobrecarga de información. Entonces, jaló una silla y se sentó. Le llevaría algo de tiempo comprender eso.

–¿Esto quiere decir que ustedes se limitaron cuando Jesús estuvo en la Tierra? ¿Te limitaste sólo a Jesús?

–¡En absoluto! Me limité en Jesús, pero nunca me he limitado en mí misma.

–Ése es el meollo de la Trinidad, que es donde me pierdo un poco.

Papá soltó una carcajada tan larga y gozosa que Mack deseó poder acompañarla. Ella dejó al pajarito en la mesa junto a Mack y se volvió para abrir el horno y echar un vistazo al pay que estaba horneando. Satisfecha, jaló una silla hasta él.

Mack miró al pajarito que, sorprendentemente, permanecía sereno a su lado. El absurdo de toda esa situación lo hizo reír.

–Para comenzar, eso de que no puedas entender la maravilla de mi naturaleza en realidad es bueno. ¿Quién querría adorar a un Dios que puede ser plenamente comprendido, eh? No hay mucho misterio en eso.

–¿Pero qué diferencia hay en que ustedes sean tres y todos sean un solo Dios? ¿Lo dije bien?

–Sí, muy bien –respondió ella, sonriendo–. Mackenzie, ¡eso hace toda la diferencia del mundo!

Parecía disfrutarlo.

–No somos tres dioses; no estamos hablando de un dios con tres actitudes, como un hombre que es esposo, padre y trabajador. Yo soy un solo Dios y soy tres personas, y cada una de las tres es plena y enteramente única.

El "¿qué?" que Mack había estado reprimiendo salió por fin a la superficie con toda su gloria.

–No le des mayor importancia a eso –continuó ella–. Lo que importa es esto: si yo fuera simplemente un solo Dios y una sola persona, entonces tú te verías en esta creación sin algo maravilloso, sin algo esencial incluso. Y yo sería completamente distinta de lo que soy.

–¿Y nosotros estaríamos sin…? –Mack no supo cómo terminar la pregunta.

–Amor y relación. Todo el amor y relación es posible para ti *sólo* porque ya existe dentro de mí, dentro de Dios mismo. El amor *no* es limitación; el amor es vuelo. Yo *soy* amor.

Como en respuesta a su declaración, sonó el reloj, y el pajarito salió volando por la ventana. Ver volar a la urraca adoptó en ese momento un nivel de delicia completamente nuevo. Mack se volvió a Papá y la miró maravillado. Era tan bella y asombrosa… Y aunque él todavía se sentía un poco perdido y la *Gran Tristeza* lo acompañaba aún, se tranquilizó un tanto gracias a la seguridad que le daba estar cerca de ella.

–Debes comprender –continuó Papá– que a menos que yo tenga un objeto de amor (o, más precisamente, alguien para amar), que si no tengo esa relación conmigo misma, no sería capaz de amar en absoluto. Tú tendrías un dios incapaz de amar. O tal vez peor: tendrías un dios que, cuando lo decidiera, sólo podría amar como una limitación de su naturaleza. Ese tipo de dios quizás actuaría sin amor, y eso sería un desastre. Pero, sin duda, yo *no* soy así.

Dicho esto, Papá se paró, fue hasta la puerta del horno, sacó el pay recién horneado, lo puso en la mesa y, volviéndose como para presentarse, dijo:

—¡El Dios que es, el Soy el que soy, no puede actuar sin amor!

Mack supo que lo que oía, por difícil que fuera de entender, era asombroso e increíble. Fue como si las palabras de ella lo envolvieran, abrazándolo y hablándole en formas más allá de las que oía. Esto no quiere decir que en realidad creyera todo eso. Si todo aquello sólo fuera cierto… Pero su experiencia le decía lo contrario.

—Este fin de semana es de relación y amor. Yo sé que quieres hablar conmigo de muchas cosas, pero por lo pronto sería mejor que te lavaras. Los otros dos están por llegar a cenar.

Ella ya se marchaba, pero hizo un alto y se volvió.

—Mackenzie, sé que tu corazón está lleno de dolor, enojo y confusión. Juntos, tú y yo, llegaremos a algo mientras estás aquí. Pero quiero que sepas que hay más de lo que puedes imaginar o comprender, aun si te lo digo yo. Haz todo lo posible por apoyarte en la confianza que tienes en mí, por pequeña que ésta sea, ¿te parece?

Mack había bajado la cabeza y miraba el suelo. "Ella lo sabe", pensó. ¿Pequeña? Esa "pequeña" confianza se reducía prácticamente a nada. Tras asentir, alzó la mirada y vio de nuevo las cicatrices en las muñecas de ella.

—¿Papá? —preguntó finalmente Mack, sintiéndose muy torpe, pero al menos había hecho el intento.

—¿Sí, mi vida?

Mack hizo un esfuerzo por encontrar las palabras con las cuales decirle lo que llevaba en el corazón.

–Siento mucho que tú, que Jesús, tuviera que morir.

Ella rodeó la mesa y le dio otro gran abrazo.

–Sé que lo sientes, y te lo agradezco. Pero debes saber que nosotros no lo sentimos en absoluto. Valió la pena. ¿No lo crees, hijo?

Volteó para hacer esta pregunta a Jesús, que acababa de entrar a la cabaña.

–¡Claro! –Jesús hizo una pausa y miró a Mack–. Y yo lo habría hecho aun si hubiera sido *sólo* por ti, ¡pero no fue así! –añadió, con una risa pegajosa.

Mack se excusó y buscó el baño, donde se lavó las manos y la cara e intentó recobrarse.

7

Dios en el muelle

Roguemos que la raza humana nunca escape de la Tierra
y esparza su iniquidad por todas partes.
–C. S. Lewis

Mack se irguió en el baño, mirándose al espejo mientras se secaba la cara con una toalla. Buscaba alguna señal de locura en esos ojos que lo veían. ¿Era real esto? Por supuesto que no, era imposible. Pero entonces… Extendió su mano y tocó lentamente el espejo. Tal vez era una alucinación ocasionada por su dolor y su desesperanza. Tal vez era un sueño, y él estaba dormido en alguna parte, quizás en la cabaña congelándose hasta morir. Tal vez… De repente, un terrible ruido lo despertó de su ensoñación. Venía de la cocina, y Mack se paralizó. Por un momento hubo un silencio mortal, y luego, inesperadamente, Mack oyó una risa estruendosa. Salió con curiosidad del baño y asomó la cabeza por la entrada de la cocina.

La escena frente a él lo impactó. Al parecer, Jesús había tirado al suelo un enorme tazón con una especie de pasta o salsa, que se regó por todas partes. Seguramente había caído cerca de Papá, porque la parte inferior de su falda y sus pies descalzos estaban cubiertos de ese revoltijo. Reían tan fuerte que Mack creyó que habían dejado de respirar. Sarayu dijo algo sobre los torpes seres humanos y los tres empezaron a carcajearse de nuevo. Por último, Jesús pasó de prisa junto a Mack y volvió un minuto después con una enorme palangana con agua y toallas. Sarayu ya había empezado a quitar esa sustancia viscosa del piso y los aparadores, pero Jesús llegó directo hasta Papá y, postrándose ante él, se puso a limpiar el frente de sus ropas. Luego se agachó hasta sus pies y tomó suavemente uno por uno, metiéndolos en la palangana, donde los limpió y masajeó.

—¡Aaaah, qué rico! —exclamó Papá, mientras proseguía con sus tareas en la cocina.

Recargado en la puerta y mirando, Mack era un remolino de ideas. ¿Entonces, así era Dios en sus relaciones? Era bello, y muy seductor. Supo que no importaba de quién había sido la culpa: el desastre de que un tazón se hubiera roto, de que un platillo planeado no fuera a compartirse. Obviamente, lo que en verdad importaba era el amor que ellos se tenían, y la plenitud que eso les daba. Sacudió la cabeza. ¡Qué diferente era eso a como él trataba a veces a quienes amaba!

La cena fue sencilla, pero un festín de todos modos. Ave asada de algún tipo en una especie de salsa de naranja y mango. Verduras frescas sazonadas con sabía Dios qué, todo delicioso y punzante, picante y fuerte. El arroz era de una calidad que Mack nunca antes había probado, y podría ser una comida completa. Lo único raro fue el principio, cuando Mack, por costumbre, inclinó la cabeza antes de recordar dónde estaba. Cuando levantó la vista, los tres se reían de él. Así que dijo, lo más despreocupadamente que pudo:

—Um, gracias a todos… ¿Me podrían pasar un poco de ese arroz?

—¡Claro! Íbamos a comer una increíble salsa japonesa, pero unos dedos grasosos —Papá se inclinó hacia Jesús— decidieron ver si brincaba.

—¡Vamos! —respondió Jesús, en burlona defensa—. Tenía las manos resbalosas. ¿Qué más puedo decir?

Papá le guiñó un ojo a Mack mientras le pasaba el arroz.

—Es imposible que le ayuden a una aquí.

Todos rieron.

La conversación transcurrió normalmente. Mack fue interrogado sobre cada uno de sus hijos, salvo Missy, y habló de sus triunfos y sus afanes. Cuando dijo que estaba preocupado por Kate, los tres asintieron con la cabeza con expresión inquieta, pero no le ofrecieron consejos ni sabias recomendaciones. También respondió interrogantes sobre sus amigos, y Sarayu pareció la más interesada en preguntar por Nan. Para terminar, Mack soltó algo que le había incomodado durante toda la conversación:

—Yo les hablo de mis hijos y mis amigos y Nan, pero ustedes ya saben todo lo que les estoy diciendo, ¿no? Actúan como si fuera la primera vez que lo oyeran.

Sarayu alargó un brazo sobre la mesa y tomó su mano.

—Mackenzie, ¿recuerdas nuestra conversación sobre la limitación?

—¿Nuestra conversación?

Miró de reojo a Papá, quien asentía enfáticamente.

—No puedes compartir con uno de nosotros y no compartir con todos —dijo Sarayu, y sonrió—. Recuerda que decidir estar en la Tierra es una decisión para facilitar una relación, para honrarla. Tú haces lo mismo, Mackenzie. No juegas con un niño o coloreas una figura con él para mostrar tu superioridad. Más bien, decides limitarte para facilitar y honrar esa relación. Hasta perderás en una competencia con tal de lograr amor. No es por ganar o perder, sino por amor y respeto.

—Entonces, ¿cuando les platico de mis hijos…?

—Nos limitamos por respeto a ti. No tenemos en mente, por así decirlo, nuestro conocimiento de ellos. Cuando te escuchamos, es como si fuera la primera vez que sabemos de ellos, y nos deleita sobremanera verlos a través de tus ojos.

—Me gusta eso —reflexionó Mack, acomodándose en su silla.

Sarayu apretó su mano y pareció acomodarse a su vez.

—¡A mí también! Las relaciones nunca son por poder, y una manera de evitar el deseo de tener poder sobre otro es decidir limitarse, para servir. Los seres humanos hacen esto a menudo;

al ocuparse de los enfermos y desvalidos, al servir a aquellos cuya mente se ha extraviado, al relacionarse con los pobres, al amar a los muy ancianos y a los muy jóvenes, o incluso al preocuparse por quien ha asumido una posición de poder sobre ellos.

—¡Bien dicho, Sarayu! —dijo Papá, el rostro reluciente de orgullo—. Me haré cargo de los platos después. Pero primero me gustaría tener un momento de devoción.

Mack tuvo que reprimir la risa ante la idea de que Dios tuviera devociones. Imágenes de momentos familiares de oración en su infancia se desparramaron en su cabeza, no precisamente buenos recuerdos. Con frecuencia ése era un tedioso y aburrido ejercicio de dar con las respuestas correctas o, más bien, con las mismas viejas respuestas a las mismas viejas preguntas sobre historias de la Biblia, y luego tratar de mantenerse despierto durante las tortuosamente largas plegarias de su padre. Sobre todo cuando éste había bebido, las oraciones familiares se convertían en un aterrador campo minado, donde cualquier respuesta incorrecta o inadvertida mirada podía detonar una explosión. Mack casi supuso que Jesús sacaría una enorme y antigua Biblia del rey Jacobo.

En cambio, Jesús se tendió sobre la mesa y tomó las manos de Papá entre las suyas, las cicatrices ahora claramente visibles en sus muñecas. Mack sintió transfigurarse al ver a Jesús besar las manos de su Padre, mirarlo fijamente a los ojos y decirle al fin:

—Papá, me agradó mucho ver que te ponías a la entera disposición del dolor de Mack, y le concedías espacio para decidir su propio momento. Lo honraste, y me honraste. Oírte murmurar paz y amor en su corazón fue realmente increíble. ¡Qué dicha ver algo así! Me fascina ser tu hijo.

Aunque Mack se sintió un intruso, eso no pareció preocuparle a nadie, y en realidad él no habría sabido adónde ir en todo caso. Estar en presencia de la expresión de tanto amor desatascó al parecer una obstrucción emocional interior; y aunque no comprendía exactamente lo que sentía, sabía que era bueno. ¿Qué atestiguaba? Algo simple, cálido, íntimo, genuino; algo sagrado. Lo sacro siempre había sido un concepto estéril y frío para Mack, pero *esto* no era así. Preocupado de que cualquier movimiento de su parte pudiera romper ese momento, simplemente cerró los ojos y entrelazó las manos frente a él. Escuchando atentamente con los ojos cerrados, oyó que Jesús movía su silla. Hubo una pausa antes de que hablara de nuevo:

–Sarayu –empezó Jesús, suave y tiernamente–: tú lavas, yo seco.

Los ojos de Mack se abrieron bruscamente, a tiempo para descubrir a los dos sonriéndose ampliamente, alzando los platos y desapareciendo en la cocina. Él se quedó sentado unos minutos, sin saber qué hacer. Papá se había ido a alguna parte, y ahora que los otros dos estaban ocupados con los trastes... bueno, era una fácil decisión. Alzó los cubiertos y los vasos y se dirigió a la cocina. Tan pronto como los dejó para que Sarayu los lavara, Jesús le lanzó un trapo y ambos se pusieron a secar.

Sarayu comenzó a canturrear la misma evocativa tonada que Mack ya le había oído a Papá, y él y Jesús se limitaron a escuchar mientras trabajaban. Más de una vez esa melodía conmovió profundamente a Mack, tocando de nueva cuenta a su puerta. Parecía algo gaélico, y él casi podía oír el acompañamiento de las gaitas. Por difícil que le fuera permitir que las emociones manaran con fuerza, la melodía atrapó a Mack por completo. Si pudiera seguir escuchando a Sarayu, le habría estremecido de júbilo lavar los trastes el resto de su vida.

Diez minutos después, habían terminado. Jesús besó a Sarayu en la mejilla y ella desapareció por una esquina. Él se volvió y le sonrió a Mack.

–Vayamos al muelle a ver las estrellas.

–¿Y los demás? –preguntó Mack.

–Aquí estoy –respondió Jesús–. Siempre estoy aquí.

Mack asintió. Esta cosa de la presencia de Dios, aunque difícil de entender, parecía penetrar sostenidamente su mente y su corazón. Él dejó que eso sucediera.

—Vamos —dijo Jesús, interrumpiendo los pensamientos de Mack—. ¡Sé que te gusta ver las estrellas! ¿Quieres?

Sonó como un niño lleno de anticipación y expectación.

—Sí, creo que sí —respondió Mack, dándose cuenta de que la última vez que había hecho eso fue en el desdichado campamento con los chicos. Tal vez era momento de correr algunos riesgos.

Siguió a Jesús por la puerta trasera. En los momentos menguantes del crepúsculo, pudo distinguir la rocosa orilla del lago, no llena de maleza como la recordaba, sino hermosamente conservada y con fotográfica perfección. El arroyo cercano parecía salmodiar una especie de tonada musical. Unos quince metros lago adentro se extendía un muelle, y Mack pudo distinguir apenas tres canoas atadas a intervalos a uno de sus costados. La noche caía con rapidez, y la distante oscuridad ya se adensaba con los sonidos de grillos y ranas. Jesús lo tomó del brazo y lo guió por el camino mientras sus ojos se adaptaban, pero Mack ya alzaba la vista para hallarse frente a una noche sin luna en la maravilla de las brotantes estrellas.

Avanzaron tres cuartas partes del muelle y se echaron de espaldas a mirar. La altura de ese sitio parecía magnificar los cielos, y Mack se deleitó viendo tal número de estrellas con tal claridad. Jesús le sugirió que cerraran los ojos unos minutos, para permitir que los últimos efectos del crepúsculo desaparecieran en la noche. Mack así lo hizo, y cuando al fin abrió los ojos, la vista fue tan imponente que experimentó vértigo unos segundos. Casi se sintió caer en el espacio, las estrellas corriendo a su encuentro como para abrazarlo. Levantó las manos imaginando que podía arrancar diamantes, uno por uno, de un cielo negro de terciopelo.

—¡Guau! —murmuró.

–¡Increíble! –susurró Jesús, su cabeza cerca de la de Mack en la oscuridad–. Esto no me cansa nunca.

–¿Aunque *tú* lo hayas creado? –preguntó Mack.

–Yo lo creé como Verbo, antes de que el Verbo se hiciera carne. Así que aunque yo lo creé, ahora lo veo como ser humano. ¡Y debo decir que es impresionante!

–Sin duda lo es.

Mack no sabía cómo describir lo que sentía; pero mientras seguían tendidos en silencio, contemplando ese despliegue celestial, viendo y escuchando, supo en su corazón que eso también era sagrado. Mientras ambos miraban reverentes y maravillados, ocasionalmente una estrella fugaz abría un breve sendero en la negrura de la noche, provocando que uno u otro exclamara:

–¿Viste eso? ¡Fabuloso!

Luego de un silencio particularmente largo, Mack dijo:

–Me siento más a gusto estando contigo. Pareces muy diferente a las dos mujeres.

–¿Qué quieres decir por diferente? –sobrevino la suave voz en la oscuridad.

–Bueno… –Mack hizo una pausa para pensar–. Más real, o tangible. No sé. –Hizo un esfuerzo con las palabras mientras Jesús permanecía callado, esperando–. Es como si te conociera desde siempre. En cambio, Papá no es en absoluto como yo esperaba que fuera Dios, y Sarayu es *muy* extraña.

Jesús rió en la oscuridad.

–Para empezar, como yo soy humano tenemos mucho en común.

–Pero de todas maneras no entiendo…

–Yo soy el mejor medio por el que cualquier ser humano puede relacionarse con Papá o con Sarayu. Verme es verlos. El amor que sientes en mí no es diferente a la forma en que ellas te aman. Y créeme: Papá y Sarayu son tan reales como yo aunque, como ya has visto, sean tan distintas de mí.

–Hablando de Sarayu, ¿ella es el Espíritu Santo?

–Sí. Es la creatividad; es la acción; es el hálito de vida; es mucho más. Es *mi* Espíritu.

–¿Y su nombre, Sarayu?

–Es un nombre simple de uno de nuestros idiomas humanos. Significa "Viento", "viento común" en realidad. A ella le gusta.

–Hmm –gruñó Mack–. ¡Nada en ella es común!

–Es cierto –respondió Jesús.

–Y el nombre que Papá mencionó, Elo... El...

–Elousia –dijo reverentemente la voz desde la oscuridad junto a él–. Es un nombre maravilloso. *El* es mi nombre como Dios Creador, mientras que *ousia* es "ser" o "aquel que es verdaderamente real", así que ese nombre significa "el Dios Creador que es verdaderamente real y el fundamento de todo ser". Además, también es un nombre hermoso.

Hubo un silencio durante un minuto, mientras Mack ponderaba lo que Jesús había dicho.

–Entonces, ¿dónde nos deja eso a nosotros? –sintió que hablaba por toda la raza humana.

–Donde estaba planeado que estuvieran siempre: en el centro mismo de nuestro amor y nuestro propósito.

De nuevo una pausa, y luego:

–Supongo que puedo vivir con eso.

Jesús rió.

–Me da gusto oírlo –dijo, y ambos rieron.

Ninguno de los dos habló durante un rato. La quietud había caído como una manta, y lo único que Mack percibía era el sonido del agua al lengüetear en el muelle. Fue él quien finalmente rompió otra vez el silencio:

–¿Jesús?

–¿Sí, Mackenzie?

–Me sorprende una cosa de ti.

–¿De veras? ¿Cuál?

–Esperaba que fueras más ("Ten cuidado con esto, Mack")... uf... bueno, humanamente impresionante.

Jesús rió.

–¿Humanamente impresionante? Quieres decir apuesto.

Ahora fue Mack quien se rió.

–Bueno, quise evitar decir eso, pero sí. Por alguna razón, pensé que serías un hombre ideal, ya sabes: atlético y de apariencia arrolladora.

–Es mi nariz, ¿verdad?

Mack no supo qué decir.

Jesús rió.

–Soy judío, ¿sabes? Mi abuelo materno tenía una nariz enorme. De hecho, la mayoría de los hombres del lado de mi mamá tenían una nariz enorme.

–Sólo creí que eras mejor parecido.

–¿Según quién? Pero, bueno: una vez que me conozcas realmente, eso no te importará.

Estas palabras, aunque dichas con amabilidad, hirieron. ¿Hirieron qué, exactamente? Mack se quedó tendido ahí unos segundos, y se percató de que, por más que creyera conocer a Jesús, en realidad no era así... no en verdad. Tal vez lo que conocía era un icono, un ideal, una imagen a través de la cual trataba de conseguir una sensación de espiritualidad, pero no una persona real.

–¿Por qué? –preguntó por fin–. Dijiste que si yo te conociera de verdad, no me importaría cómo te ves.

–En realidad es muy simple. El *ser* siempre trasciende la apariencia, lo que sólo parece ser. Una vez que empiezas a conocer al ser detrás de la cara muy bonita o muy fea, según lo determinan tus prejuicios, las apariencias superficiales se desvanecen hasta que sencillamente dejan de importar. Por eso Elousia es un nombre maravilloso. Dios, quien es el fundamento de todo ser, habita en, alrededor y a través de todas las cosas, emergiendo en última instancia como lo real, hasta que todas las apariencias que ocultan esa realidad desaparecen.

El silencio persistió mientras Mack se esforzaba en comprender lo que Jesús había dicho. Se rindió luego de apenas uno o dos minutos, y decidió hacer la observación más riesgosa:

–Dijiste que no te conozco en realidad. Sería mucho más fácil si siempre pudiéramos hablar así.

–De acuerdo, Mack, esto es especial. Tú estabas estancado, y quisimos ayudarte a salir de tu dolor. Pero no creas que por el solo hecho de que yo no sea visible, nuestra relación tenga que ser menos real. Será diferente, pero quizá todavía más real.

–¿Cómo es eso?

–Mi propósito desde el principio fue vivir en ti y tú en mí.

–Espera un minuto. ¿Cómo puede ser eso? Si tú sigues siendo plenamente humano, ¿cómo puedes estar dentro de mí?

–Asombroso, ¿no? Es el milagro de Papá. Es la fuerza de Sarayu, mi Espíritu, el Espíritu de Dios que restaura la unión hace tanto tiempo perdida. ¿Yo? Yo decido vivir momento a momento plenamente como ser humano. Soy plenamente Dios, pero soy humano hasta la médula. Como te dije, es el milagro de Papá.

Tendido en la oscuridad, Mack escuchaba con atención.

–¿Hablas de habitar de verdad, no sólo como algo posicional, teológico?

–Por supuesto –respondió Jesús, con voz fuerte y segura–. Todo se reduce a esto. El ser humano, formado con el material físico de la creación, puede ser plenamente habitado una vez más por la vida espiritual, mi vida. Esto requiere que exista una unión muy real, dinámica y activa.

–¡Esto es casi increíble! –exclamó Mack en voz baja–. Yo no tenía idea de eso. Tengo que pensar más en ello. Pero tal cosa podría plantearme muchas más preguntas...

–Y nosotros tenemos tu vida entera para responderlas –dijo Jesús, riendo–. Pero basta por ahora. Perdámonos una vez más en la noche estrellada.

En el silencio que siguió, Mack simplemente se quedó quieto, permitiendo que la inmensidad del espacio y la luz dispersa lo empequeñecieran, dejando que sus percepciones fueran atrapadas por la luz de las estrellas y la idea de que todo era por él… por la raza humana… de que todo eso era por todos nosotros. Tras lo que pareció mucho tiempo, fue Jesús quien rompió el silencio:

–Nunca me cansaré de ver esto. La maravilla de todo esto, la "vastedad de la creación", como la ha llamado uno de nuestros hermanos. Tan elegante, tan llena de anhelo y belleza aún ahora.

–¿Sabes? –repuso Mack, nuevamente impactado de pronto por lo absurdo de su situación: el lugar donde se encontraba y la persona que estaba junto a él–. A veces pareces tan… Quiero decir, estoy aquí, acostado junto a Dios Todopoderoso, y tú realmente pareces tan…

–¿Humano? –propuso Jesús–. Pero feo.

Y habiendo dicho eso, empezó a reír, moderada y contenidamente al principio, pero a sonoras carcajadas luego de un par de resoplidos. La risa era contagiosa, y Mack se descubrió invadido por ella desde un lugar muy profundo en su interior. No había reído así en mucho tiempo. Jesús se acercó y lo abrazó, sacudido por los espasmos del regocijo, y Mack se sintió más limpio y vivo y bien que nunca desde… bueno, no podía recordar cuándo.

Por último, ambos se sosegaron y la quietud de la noche se afirmó otra vez. Parecía incluso que las ranas se hubieran callado. Tendido como estaba, Mack se dio cuenta de que sentía culpa de gozar, de reír, y hasta en la oscuridad pudo sentir que la *Gran Tristeza* lo abrumaba.

–¿Jesús? –murmuró con voz ahogada–. Me siento tan perdido…

Una mano se acercó y apretó la suya, sin soltarla.

–Lo sé, Mack. Pero eso no es la verdad. Yo estoy contigo y no estoy perdido. Lamento que te sientas así, pero óyeme con atención: no estás perdido.

–Espero que tengas razón –dijo Mack, aminorada su tensión por las palabras de su nuevo amigo.

—Vamos —dijo Jesús, parándose e inclinándose hacia él—. Tienes un gran día por delante. A dormir.

Rodeó con su brazo los hombros de Mack y caminaron juntos de regreso a la cabaña.

De repente, Mack se sintió exhausto. Aquel había sido un largo día. Tal vez despertaría en casa, en su cama, tras una noche de vívidos sueños; pero en alguna parte dentro de su ser, esperaba estar equivocado.

8

UN DESAYUNO DE CAMPEONES

*Crecer significa cambiar, y cambiar implica riesgos, pasar de lo
conocido a lo desconocido.*
–Anónimo

Cuando llegaron a su habitación, Mack descubrió que su
ropa, que había dejado en el coche, estaba doblada sobre el
tocador o colgada en el clóset, abierto. Para su divertido asombro, también encontró una Biblia de los Gedeones en el buró.
Abrió de par en par la ventana para dejar que la noche entrara libremente, algo que Nan no toleraba nunca en casa, porque temía a las arañas y cualquier otra cosa que reptara y se
arrastrara. Acurrucado como un bebé en lo profundo de la
pesada colcha, Mack sólo había logrado recorrer un par de versículos antes de que la Biblia escapara de algún modo de sus
manos, la luz se apagara de alguna manera, alguien lo besara
en la mejilla y él fuera gentilmente arrebatado del suelo en un
sueño volador.

Quienes nunca han volado de esa manera podrían creer
chiflados a quienes creen hacerlo, pero en secreto es probable
que les tengan un poco de envidia. Mack no había volado en
sueños desde hacía años, desde que la *Gran Tristeza* había descendido sobre él, pero esa vez voló alto en la noche estrellada,
con un aire claro y frío, mas no molesto. Se elevó sobre lagos
y ríos, cruzando una costa oceánica y varias isletas bordeadas
de coral.

Por extraño que parezca, Mack había *aprendido* en sus sueños a volar así; a elevarse del suelo apoyado en nada: sin alas, sin avión de ningún tipo, sólo él mismo. Sus primeros vuelos se limitaron usualmente a unos cuantos centímetros, debido sobre todo al temor o, más exactamente, al espanto de caer. Prolongar sus vuelos a treinta o sesenta centímetros, y finalmente más alto, aumentó su confianza, como lo hizo su descubrimiento de que caerse no dolía en absoluto, pues era sólo un rebote en cámara lenta. Con el tiempo aprendió a ascender hasta las nubes, cubrir enormes distancias y aterrizar suavemente.

Mientras se elevaba a voluntad sobre escarpadas montañas y playas blancas como el cristal, deleitándose en la perdida maravilla de volar en sueños, algo lo prendió de súbito del tobillo y lo arrancó del cielo. En cuestión de segundos fue arrastrado desde las alturas y violentamente arrojado a un lodoso y agostado camino. El trueno estremeció la tierra, y la lluvia lo caló al instante hasta los huesos. Y ahí estaba otra vez, el relámpago que iluminaba la cara de su hija mientras ella gritaba mudamente "¡Papi!" y echaba a correr en la oscuridad, su vestido rojo apenas visible durante unos breves destellos antes de desaparecer. Él luchaba con todas sus fuerzas por liberarse del lodo y el agua, sólo para ser aún más profundamente succionado por su garra. Justo cuando se le jalaba abajo, despertó jadeando.

El corazón latiendo a toda prisa y su imaginación anclada en las imágenes de la pesadilla, Mack tardó unos momentos en comprender que sólo había sido un sueño. Pero aunque éste se desvaneció en su conciencia, las emociones no se retiraron. El sueño había invocado a la *Gran Tristeza*; y antes de que él pudiera salir de la cama, batallaba otra vez por abrirse camino en medio de la desesperanza que había devorado tantos de sus días.

Miró con una mueca el cuarto, bajo el apagado gris de un amanecer que avanzaba por entre las persianas. Ésa no era su recámara; nada parecía ni daba la sensación de ser familiar. ¿Dónde estaba? "Piensa, Mack, ¡piensa!" Entonces recordó.

Aún estaba en la cabaña, con esos tres interesantes personajes, todos los cuales creían ser Dios.

"Esto no puede estar sucediendo de verdad", gruñó mientras sacaba los pies de la cama y se sentaba en la orilla, la cabeza entre las manos. Pensó en el día anterior, y de nuevo sintió el temor de estarse volviendo loco. Aunque nunca había sido susceptible, Papá –quienquiera que ella fuera– lo ponía nervioso, y no tenía la menor idea de qué pensar de Sarayu. Admitió para sí que Jesús le simpatizaba mucho, pero parecía el menos divino de los tres.

Soltó un hondo, pesado suspiro. Y si Dios realmente estaba ahí, ¿por qué no se había llevado sus pesadillas?

Demorarse en ese dilema, decidió, no le serviría de nada, así que se abrió paso hasta el baño, donde, para su deleite, todo lo que necesitaba para una ducha había sido cuidadosamente dispuesto para él. Se tomó su tiempo en la calidez del agua, se tomó su tiempo para afeitarse y, de vuelta en la recámara, se tomó su tiempo para vestirse.

El penetrante y cautivador aroma del café atrajo su mirada a la humeante taza que le esperaba en la mesita junto a la puerta. Luego de tomar un sorbo, abrió las persianas y se quedó viendo a través de la ventana de su recámara hacia el lago, que sólo había vislumbrado como una sombra la noche anterior.

El lago era perfecto, liso como el cristal, salvo por la ocasional trucha que saltaba por su desayuno, irradiando olas en miniatura en la superficie de color azul oscuro hasta ser lentamente reabsorbidas por la inmensidad. Calculó que la otra orilla estaba a unos ochocientos metros de distancia. El rocío lo animaba todo, lágrimas diamantinas de la aurora que reflejaban el amor del sol.

Las tres canoas, posadas a intervalos en el muelle, parecían incitadoras, pero Mack descartó la idea. Las canoas ya no eran juguetes. Guardaban muy malos recuerdos.

El muelle le recordó la noche anterior. ¿Realmente había estado con Aquel que hizo el universo? Mack sacudió la cabeza, aturdido. ¿Qué pasaba ahí? ¿Quiénes eran ellos en verdad, y qué querían de él? Fuera lo que fuese, estaba seguro de que no tenía por qué dárselos.

El olor a huevos y tocino combinado con algo más se coló hasta su habitación, interrumpiendo sus pensamientos. Mack decidió que era hora de salir a reclamar su parte. Mientras ingresaba a la principal área habitacional de la cabaña, oyó una conocida tonada de Bruce Cockburn salir de la cocina, y la aguda voz de una mujer negra cantar al unísono, más o menos bien: "Oh, Amor, que alumbra al sol, manténme ardiendo". Papá emergió con un plato en cada mano, repletos de crepas y papas fritas y verduras de alguna clase. Llevaba puesto un vestido largo de aspecto africano, con todo y una vibrante banda multicolor en la cabeza. Lucía radiante, casi resplandeciente.

–¡Ya sabes –exclamó– cómo me gustan las canciones de este muchacho! Soy especialmente afecta a Bruce.

Miró a Mack, que acababa de sentarse a la mesa.

Mack asintió, con un apetito que aumentaba a cada instante.

–Ajá –continuó ella–, y sé que a ti también te gusta.

Mack sonrió. Era cierto. Cockburn había sido un favorito de su familia desde hacía años, primero de él, luego con Nan y después con cada uno de los hijos, en uno u otro grado.

–Por cierto, cariño –dijo Papá, sin dejar sus ocupaciones–, ¿cómo estuvieron tus sueños anoche? Los sueños son importantes a veces, ¿sabes? Pueden ser una manera de abrir la ventana y dejar salir el aire viciado.

Mack supo que ésa era una invitación a abrir la puerta de sus terrores, pero en ese momento no se sentía preparado para invitar a Papá a entrar con él a ese agujero.

–Dormí bien, gracias –respondió, y rápido cambió de tema–. ¿Es tu favorito? Bruce, quiero decir.

Ella se detuvo y lo miró:

–Mackenzie, yo no tengo favoritos, sólo soy especialmente afecta a él.

–Pareces ser especialmente afecta a muchas personas –observó Mack, con una mirada de recelo–. ¿Hay alguien a quien *no* seas especialmente afecta?

Ella alzó la cabeza y elevó los ojos como recorriendo con la mente el catálogo de todos los seres creados.

–Nop, no pude encontrar a nadie. Es que así soy yo…

Mack se interesó.

–¿Nunca te vuelve loca alguno de ellos?

–¡Claro! ¿A qué madre no? Hay mucho por lo cual volverse loca en el lío que mis hijos han hecho, y en el lío en que están. No me gustan muchas de las decisiones que toman, pero especialmente para mí, ese enojo es una expresión de amor de todas maneras. Amo a aquellos con quienes estoy enojada tanto como a aquellos con los que no.

–Pero –Mack hizo una pausa–, ¿y tu cólera? Me parece que, si vas a fingir ser Dios Todopoderoso, deberías estar mucho más enojada.

–¿Ahora?

–Eso era lo que yo creía. ¿No siempre andas matando gente en la Biblia? No pareces cumplir ese requisito.

–Comprendo lo desorientador que todo esto debe ser para ti, Mack. Pero el único que está fingiendo aquí eres tú. Yo soy quien soy. No intento cumplir ningún requisito.

–Pero me pides creer que eres Dios, y sencillamente no veo…

Mack no tenía idea de cómo terminar esta frase, así que se dio por vencido.

–No te estoy pidiendo que creas nada, aunque te diré que este día te va a ser mucho más fácil si simplemente aceptas las cosas tal como son, en vez de tratar de ajustarlas a tus nociones preconcebidas.

–Pero si eres Dios, ¿acaso no eres Quien desborda ira y arroja a la gente a un ardiente lago de fuego?

Mack sintió que su profundo enojo emergía de nuevo y lo empujaba a hacer esas preguntas, y le disgustó un poco su falta de autocontrol. Pero de todas maneras preguntó:

—Honestamente, ¿no gozas castigando a todos los que te defraudan?

Ante eso, Papá dejó sus preparativos y se volvió hacia Mack. Él vio una honda tristeza en sus ojos.

—No soy como tú crees, Mackenzie. No necesito castigar a las personas por haber pecado. El pecado lleva en sí mismo su castigo, al devorarte por adentro. Castigar no es mi propósito; curar es mi alegría.

—No entiendo.

—Tienes razón. No entiendes —dijo ella, con una triste sonrisa aún en las orillas—. Pero no hemos terminado todavía.

Justo en ese momento, Jesús y Sarayu entraron riendo por la puerta trasera, abstraídos en su conversación. Jesús iba vestido casi igual que el día anterior, sólo con jeans y una camisa azul claro desabotonada que hacía sobresalir sus ojos café oscuro. Sarayu, por su parte, llevaba puesta una prenda bordada tan fina que prácticamente volaba a la más ligera brisa o palabra. Figuras de arco iris relucían y cobraban nueva forma en cada uno de sus gestos. Mack se preguntó si alguna vez ella dejaba de moverse. Lo dudó.

Papá se agachó hasta la altura de Mack:

—Has hecho preguntas importantes, y volveremos a ellas, te lo prometo. Pero ahora disfrutemos de nuestro desayuno en común.

Mack asintió, de nuevo un poco avergonzado mientras dirigía su atención a la comida. Tenía hambre de todos modos, y había mucho que comer.

—Gracias por el desayuno —le dijo a Papá, al tiempo que Jesús y Sarayu tomaban asiento.

—¿Qué? —replicó ella, con fingido horror—. ¿No vas a inclinar la cabeza y cerrar los ojos?

Papá se encaminó a la cocina, rezongando mientras se alejaba.

—Tsk, tsk, tsk. ¿Adónde va a ir a parar este mundo? De nada, mi amor —dijo, al tiempo que agitaba la mano por encima del hombro.

Regresó un momento después con otro tazón de algo humeante que olía delicioso y tentador.

Se pasaron la comida unos a otros, y Mack se quedó hechizado viendo y escuchando cómo Papá se unía a la conversación de Sarayu y Jesús. Ésta tenía algo que ver con la reconciliación de una familia enemistada, pero no fue *qué* decían lo que atrajo a Mack, sino *cómo* se relacionaban entre sí. Nunca había visto a tres personas departir con tanta sencillez y belleza. Cada uno parecía más atento a los demás que a sí mismo.

–¿Y tú qué piensas, Mack? –le preguntó Jesús, señalándolo con un ademán.

–No tengo la menor idea acerca de qué hablan –respondió Mack, con la boca medio llena de deliciosas verduras–. Pero me encanta la manera como lo hacen.

–¡Cho! –dijo Papá, quien había vuelto de la cocina con un platillo más–. Calma con esas verduras, jovencito. Estas cosas te pueden dar diarrea si no tienes cuidado.

–Está bien –dijo Mack–. Intentaré recordarlo –añadió, mientras tomaba el platillo de la mano de ella. Luego, volviéndose a Jesús, agregó–: Me gusta cómo se tratan. Ciertamente no esperaba que Dios fuera así.

–¿Qué quieres decir?

–Bueno, sé que ustedes son uno y todos, y que hay tres. Pero reaccionan con mucha gracia a cada cual. ¿Uno de ustedes no es más jefe que los otros dos?

Los tres se miraron como si jamás se les hubiera ocurrido esa pregunta.

–Quiero decir –se apuró Mack–, siempre he pensado que Dios Padre es una especie de jefe, y Jesús el que sigue las órdenes, ya sabes, el obediente. No sé cómo cabe en esto el Espíritu Santo. Él… digo, ella… uf… –Mack trató de no mirar a Sarayu mientras tropezaba con las palabras–. Lo que sea: el Espíritu siempre parecía una especie de… uf…

–¿Un Espíritu libre? –propuso Papá.

–Exactamente, un espíritu libre, pero de todos modos bajo la dirección del Padre. ¿Me explico?

Jesús miró a Papá, haciendo un obvio esfuerzo por mantener la apariencia de un aspecto serio.

–¿Eso tiene sentido para ti, Abba? Yo francamente no tengo idea de qué dice este hombre.

Papá arrugó la frente como para ejercer intensa concentración.

–Nop. Por más que hago, no entiendo lo que él quiere decir, perdón.

–Saben a qué me refiero –Mack se sentía un poco frustrado–. A quién está a cargo. ¿No tienen una cadena de mando?

–¿Cadena de mando? ¡Eso suena horrible! –dijo Jesús.

–Al menos imperativo –añadió Papá mientras ambos echaban a reír, y luego Papá volteó hacia Mack y cantó–: Aunque la cadena sea de oro, sirve para lo mismo.

–No les hagas caso –interrumpió Sarayu, extendiendo la mano para confortar y calmar a Mack–. Están jugando contigo. En realidad ése es un tema de interés entre nosotros.

Mack asintió aliviado, aunque también un poco disgustado de haberse permitido perder la compostura de nuevo.

–Mackenzie, no tenemos ningún concepto de autoridad suprema entre nosotros, sólo unidad. Estamos en un *círculo* de relación, no en una cadena de mando, o "gran cadena del ser", como la llamaron tus antepasados. Lo que ves aquí es relación sin ninguna capa de poder. No necesitamos poder sobre el otro, porque siempre buscamos lo mejor. La jerarquía no tendría ningún sentido entre nosotros. En realidad, éste es su problema, no nuestro.

–¿De veras? ¿Cómo?

–Los seres humanos están tan extraviados y deteriorados que para ustedes es casi incomprensible que las personas puedan trabajar o vivir en común sin que una esté a cargo.

–Pero todas las instituciones humanas que se me ocurren, de la política a los negocios, incluso en el matrimonio, están gobernadas por este tipo de pensamiento. Es la trama de nuestro tejido social –afirmó Mack.

–¡Qué desperdicio! –dijo Papá, recogiendo el plato vacío y dirigiéndose a la cocina.

–Ésta es una de las razones de que experimentar relaciones verdaderas sea tan difícil para ustedes –añadió Jesús–. Una vez que tienen una jerarquía, necesitan reglas para protegerla y administrarla, y luego necesitan leyes y sus agentes, y terminan con una suerte de cadena de mando o sistema de orden que destruye la relación más que promoverla. Raramente ven o experimentan una relación separada del poder. La jerarquía impone leyes y reglas, y ustedes terminan perdiendo lo maravilloso de la relación que nosotros les deparamos.

–Bueno –dijo Mack sarcásticamente, acomodándose en su silla–, al parecer nos adaptamos muy bien a eso.

Sarayu se apresuró a replicar:

–No confundas adaptación con intención, ni seducción con realidad.

–Eh, ¿podrían pasarme un poco más de esas verduras, por favor? Entonces, ¿fuimos inducidos a esa preocupación por la autoridad?

–En cierto sentido, ¡sí! –respondió Papá, pasándole a Mack la fuente de verduras, que no soltó hasta que aquél la jaló dos veces–. Sólo estoy cuidando de ti, hijo.

Sarayu continuó:

–Cuando ustedes eligieron la independencia sobre la relación, se convirtieron en un peligro unos para otros. Los demás se volvieron objetos por manipular o dirigir en bien de la felicidad individual. La autoridad, como suelen concebirla, es meramente la excusa para obligar a los demás a someterse a lo que uno quiere.

–¿No es útil impedir que la gente pelee sin cesar o salga lastimada?

–A veces. Pero en un mundo egoísta, eso también se usa para infligir gran daño.

—¿Pero no lo usan ustedes para restringir el mal?

—Nosotros respetamos estrictamente las decisiones de ustedes, así que operamos dentro de sus sistemas aun cuando buscamos liberarlos de ellos —continuó Sarayu—. La creación ha sido llevada por un camino muy diferente al que nosotros deseábamos. En el mundo de ustedes, el valor del individuo es constantemente puesto contra la sobrevivencia del sistema, ya sea político, económico, social o religioso; cualquier sistema en realidad. Primero una persona, y luego unas cuantas y finalmente muchas son fácilmente sacrificadas a la sana y perdurable existencia de ese sistema. De una u otra forma, eso está detrás de cada lucha de poder, cada prejuicio, cada guerra y cada abuso en la relación. La "voluntad de poder e independencia" se ha vuelto tan ubicua que ahora se considera *normal*.

—¿Y no lo es?

—Es el paradigma humano —añadió Papá, habiendo regresado con más comida—. Es como el agua para el pez, tan generalizada que pasa inadvertida e indiscutida. Es la matriz, un esquema diabólico en el que ustedes están irremediablemente atrapados pese a desconocer por completo su existencia.

Jesús prosiguió la conversación:

—Como corona de gloria de la creación, ustedes fueron hechos a nuestra imagen, desembarazados de estructuras y en libertad de "ser" simplemente en su relación conmigo y entre sí. Si de verdad hubieran aprendido a considerar los intereses de los demás tan significativos como los suyos propios, no habría necesidad de jerarquía.

Mack se acomodó en su silla, asombrado por las implicaciones de lo que oía.

—Así que, según tú, cada vez que los seres humanos nos protegemos con poder...

—Ceden a la matriz, no a nosotros —finalizó Jesús.

—Y es así —intervino Sarayu— como se cierra el círculo, de vuelta a una de mis aseveraciones iniciales: la de que ustedes, los seres humanos, están tan extraviados y deteriorados que les resulta casi incomprensible que pueda existir una relación separada de la jerarquía. Así que piensan que Dios debe relacionarse dentro de una jerarquía, como ustedes. Pero no es así.

–¿Pero cómo podríamos cambiar eso? La gente simplemente nos usará.

–Sí, lo más probable es que lo haga. Pero nosotros no les pedimos cambiar con los demás, Mack. Les pedimos cambiar con nosotros. Ése es el único posible punto de partida. Nosotros no los usaremos a ustedes.

–Mack –dijo Papá, con una intensidad que lo llevó a escuchar atentamente–, queremos compartir contigo el amor y la alegría y la libertad y la luz que ya conocemos dentro de nosotros mismos. Nosotros los creamos, a los seres humanos, para que establecieran una relación frente a frente con nosotros, para que se unieran a nuestro círculo de amor. Por difícil que les sea entenderlo, todo lo que ha tenido lugar ocurrió justamente de acuerdo con ese propósito, sin transgredir el poder de decisión ni la voluntad.

–¿Cómo pueden decir eso con todo el dolor de este mundo, todas las guerras y desastres que destruyen a miles de personas? –La voz de Mack se redujo a un murmullo–. ¿Y qué valor puede tener que una niña sea asesinada por un depravado?

Ahí estaba otra vez la pregunta que le traspasaba ardientemente el alma.

–Quizás ustedes no causen esas cosas, pero ciertamente no las impiden.

–Mackenzie –respondió Papá con ternura, al parecer sin ofenderse en lo más mínimo por su acusación–, hay millones de razones para permitir el dolor y la pena y el sufrimiento antes que erradicarlos, pero la mayoría de esas razones sólo pueden comprenderse dentro de la historia de cada persona. Yo no soy perverso. Ustedes son los que rápido aceptan el temor y el dolor y el poder y los derechos en sus relaciones. Pero sus decisiones tampoco son más fuertes que mis propósitos, así que yo usaré toda decisión suya en favor del bien supremo y el resultado más benigno.

–¿Lo ves? –explicó Sarayu–. Los fracturados seres humanos centran su vida en cosas que les parecen buenas, pero eso no los saciará ni liberará. Son adictos al poder, o a la ilusión de seguridad que ese poder ofrece. Cuando ocurre un desastre, la misma gente se levanta contra los falsos poderes en los que confió. Defraudada, se reblandecerá conmigo o se volverá más intrépida en su independencia. Si ustedes pudieran ver cómo termina todo esto y lo que lograremos sin transgredir una sola voluntad humana, comprenderían. Algún día lo harán.

–¡Pero el costo! –Mack estaba perplejo–. Miren el costo: todo el dolor, todo el sufrimiento, todo eso tan terrible y malo. –Hizo una pausa y miró la mesa–. Y vean lo que eso les ha costado a ustedes. ¿Vale la pena?

–¡Sí! –vino la unánime, alegre respuesta.

–¿Pero cómo pueden decir eso? –explotó Mack–. Todo suena como que el fin justifica los medios, que conseguir lo que uno quiere vale cualquier cosa, aun si cuesta la vida de miles de millones de personas.

–Mackenzie –era otra vez la voz de Papá, especialmente amable y bondadosa–. En realidad aún no comprendes. Tratas de dar sentido al mundo en el que vives con base en una muy reducida e incompleta imagen de la realidad. Es como ver un desfile a través del diminuto agujero del dolor, la aflicción, el egocentrismo y el poder, y creyendo que estás solo y eres insignificante. Todas esas ideas contienen grandes mentiras. Ustedes ven el dolor y la muerte como los mayores males, y a Dios como el mayor traidor, o quizás, en el mejor de los casos, como fundamentalmente indigno de confianza. Dictan los términos, y juzgan mis acciones y me hallan culpable. El verdadero error de fondo en su vida, Mackenzie, es que no piensan que soy bueno. Si supieran que fui bueno y que todo (los medios, los fines y todos los procesos de las vidas individuales) está cubierto por mi bondad, entonces, aunque quizá no siempre comprenderían lo que hago, confiarían en mí. Pero no lo hacen.

–¿Yo no lo hago? –preguntó Mack, aunque en realidad ésa no era una pregunta. Era una declaración de hecho, y él lo sabía. Al parecer, los demás también lo sabían, y la mesa permaneció en silencio.

Sarayu dijo:

–Mackenzie, no se puede producir confianza, así como no se puede "hacer" humildad. Es o no es. La confianza es fruto de una relación en la que sabes que eres amado. Pero como no sabes que te amo, *no puedes* confiar en mí.

De nuevo hubo silencio, y al fin Mack volteó hacia Papá y le dijo:

–No sé cómo cambiar eso.

–No puedes, no solo. Pero juntos nos ocuparemos de que el cambio tenga lugar. Por ahora, sólo quiero que estés conmigo y descubras que nuestra relación no te exige nada ni tienes que complacerme. No soy un ser abusivo, una pequeña deidad egocéntrica y caprichosa que insiste en que se haga su voluntad. Soy bueno, y sólo deseo lo mejor para ti. Tú no puedes descubrir eso a través de la culpa, la condena o la coerción, sino sólo a través de una relación de amor. Y yo te amo.

Sarayu se paró de la mesa y miró directamente a Mack.

–Mackenzie –propuso–, si te interesa, me gustaría que vinieras a ayudarme en el jardín. Debo hacer algunas cosas ahí antes de la celebración de mañana. Podremos continuar allá los elementos relevantes de esta conversación, ¿te parece?

–Claro –respondió Mack, y se excusó de la mesa–. Un último comentario –añadió, volviéndose–: sencillamente no puedo imaginar ningún resultado final que justifique todo eso.

–Mackenzie –Papá se levantó de su silla y rodeó la mesa para darle un fuerte abrazo–. No lo justificamos. Lo redimimos.

9

HACE MUCHO TIEMPO,
EN UN JARDÍN MUY, MUY LEJANO...

*Aun si encontráramos otro Edén, no seríamos aptos
para disfrutarlo perfectamente ni permanecer
en él para siempre.*
–Henry Van Dyke

Mack siguió de cerca a Sarayu por la puerta trasera y por el camino que pasaba junto a la hilera de abetos. Caminar detrás de un ser como ése era como rastrear un rayo de sol. La luz parecía irradiar a través de ella, y luego reflejar su presencia en múltiples lugares al mismo tiempo. Su naturaleza era más bien etérea, llena de dinámicos matices y tonos de color y movimiento. "No es de sorprender que tantas personas se desconcierten un poco al relacionarse con ella", pensó Mack. "Obviamente no es un ser predecible".

Mack se concentraba en cambio en seguir el camino. Mientras rodeaba los árboles, vio por primera vez un magnífico huerto y jardín contenido de alguna manera en un solar de casi media hectárea. Por alguna razón, Mack esperaba un perfectamente manicurado y ordenado jardín inglés. ¡Éste no era así!

Era un caos de color. Sus ojos trataron sin éxito de hallar algún orden en esta flagrante desconsideración de la certidumbre. Deslumbrantes racimos de flores reventaban entre manchones de hierbas y verduras sembradas al azar, Mack no había visto nunca vegetación parecida. Esto era inquietante, asombroso e increíblemente bello.

–Desde arriba esto es un fractal –dijo Sarayu sobre el hombro, con aire de placer.

–¿Un qué? –preguntó Mack distraído, su mente aún intentaba captar y controlar ese pandemónium visual y los desplazamientos de tonos y matices. Cada paso que daba cambiaban los patrones que por un instante él creía haber visto, y nada era como había sido.

–Un fractal… algo que se considera simple y ordenado pero que en realidad se compone de figuras repetidas, por más que se les magnifique. Un fractal es casi infinitamente complejo. Me gustan los fractales, así que los pongo por todas partes.

–A mí me parece un desastre –susurró Mack por lo bajo.

Sarayu se detuvo y se volvió a él, glorioso el rostro:

–¡Mack! ¡Gracias! ¡Qué maravilloso cumplido! –Ella miró el jardín a su alrededor–. Exactamente *eso* es: un desastre. Pero –volteó hacia Mack y resplandeció– sigue siendo un fractal de todos modos.

Sarayu caminó directo a cierta hierba, arrancó algunos retoños y se volvió hacia Mack:

–Ten –dijo, con voz que sonaba a música más que a cualquier otra cosa–. Papá no bromeaba en el desayuno. Habría sido preferible que hubieras masticado esas verduras durante unos minutos. Esto contrarrestará el "movimiento" natural de las que consentiste, si entiendes lo que quiero decir.

Mack rió mientras aceptaba aquello y empezaba a masticarlo con todo cuidado.

–Sí, ¡pero esas verduras estaban sabrosísimas!

El estómago había empezado a revolvérsele un tanto a Mack, y el desequilibrio producido por la verde fiereza a la que había entrado no era de ninguna ayuda. La hierba no tenía un sabor desagradable: una pizca de menta y otras especias que quizá él había olido antes pero no pudo identificar. Mientras caminaban, el refunfuñar de su estómago empezó a ceder poco a poco, y liberó lo que no se había dado cuenta que apretaba.

Sin decir palabra, intentaba seguir a Sarayu de un lugar a otro en el jardín, pero se distraía con facilidad ante las combinaciones de colores: rojos grosella y bermellón, mandarina y verde pálido divididos por platino y fucsia, lo mismo que innumerables matices de verdes y cafés. Todo era fabulosamente prodigioso y embriagador.

Sarayu parecía muy concentrada en una tarea particular. Pero al igual que su nombre, flotaba como un viento remolineante y juguetón, y él nunca sabía hacia dónde soplaba. Le resultaba más bien difícil seguirle el paso. Esto le recordó cuando trataba de seguir a Nan en un centro comercial.

Ella recorría el jardín cortando diversas flores y hierbas y dándoselas a Mack para que las cargara. El ramo provisional se hizo muy grande, una punzante masa de perfumes. Era improbable que él hubiera olido alguna vez esas mezclas de especias aromáticas, tan fuertes que casi podía saborearlas.

Depositaron el ramo final puerta adentro de un pequeño taller de jardinería que Mack no había visto antes, oculto como estaba entre una espesura de vegetación silvestre que incluía parras que Mack creyó maleza.

–Misión cumplida –anunció Sarayu–, y otra por cumplir.

Le dio a Mack una pala, rastrillo, una guadaña y un par de guantes y flotó en un sendero particularmente lleno de vegetación que parecía ir en dirección al extremo último del jardín. A lo largo del camino, de pronto ella aflojaba el paso para tocar esta planta o esa flor, canturreando entre tanto la obsesiva tonada que había cautivado a Mack la noche anterior. Él la seguía obediente, llevando las herramientas que se le habían dado e intentando mantenerla a la vista mientras se maravillaba con el entorno.

Cuando Sarayu se detuvo, Mack casi chocó con ella, distraído como estaba mirando alrededor. De algún modo ella había cambiado, vestida ahora con ropa de trabajo: jeans con formas silvestres, una camisa de labor y guantes. Se hallaban en un área que habría podido ser un huerto, pero que no lo era en realidad. Pese a todo, el lugar donde estaban era un paraje abierto rodeado en tres lados por duraznos y cerezos, y en medio se alzaba una cascada de arbustos con flores púrpuras y amarillas que casi le quitaron el aliento.

–Mackenzie –ella apuntó directamente al increíble manchón amarillo y púrpura–, me gustaría que me ayudaras a desbrozar este solar. Hay algo muy especial que deseo plantar aquí mañana, y debemos dejarlo listo.

Miró a Mack y tomó la guadaña.

–¿Hablas en serio? Esto es precioso, y está en un lugar tan apartado…

Pero Sarayu no pareció prestar atención. Sin mayor explicación, volteó y empezó a destruir aquel artístico despliegue de flores. Cortaba de tajo, al parecer sin ningún esfuerzo.

Mack se encogió de hombros, se puso los guantes y empezó a barrer y reunir en montones los destrozos que ella hacía. Se esmeraba en no retrasarse. Aquello podía no representar un esfuerzo para ella, pero para él era trabajo. Veinte minutos después, todas las plantas estaban cortadas hasta la raíz, y el terreno parecía una herida en un jardín. Los antebrazos de Mack lucían cortadas de las ramas que había apilado a un lado. Estaba sin aliento y sudoroso, contento de haber terminado. Sarayu recorrió el terreno, examinando la labor de ambos.

–¿No es estimulante? –preguntó.

–Por supuesto que lo fue –replicó Mack con sarcasmo.

–Oh, Mackenzie, si supieras… No es el trabajo, sino el propósito, lo que lo vuelve especial. Y –le dijo, sonriendo– es el único tipo de trabajo que hago.

Mack se apoyó en su rastrillo, miró el jardín a su alrededor, y luego los rojos verdugones de sus brazos.

–Sarayu, sé que eres el Creador, ¿pero también hiciste las plantas venenosas, las ortigas urticantes y los mosquitos?

–Mackenzie –respondió ella, que parecía moverse con la brisa–, un ser creado sólo puede tomar lo que ya existe, y a partir de eso formar algo diferente.

–Así que estás diciendo que tú...

–...creé todo lo que realmente existe, incluido lo que tú consideras malo –terminó Sarayu por él–. Pero cuando lo creé, era sólo bueno, porque eso es lo que yo soy.

Pareció ondular casi en una reverencia antes de reanudar su tarea.

–Pero –continuó Mack, insatisfecho–, ¿por qué tanto de lo "bueno" tiene que volverse "malo"?

Esta vez Sarayu hizo una pausa antes de contestar:

–Ustedes, los seres humanos, son tan pequeños a sus propios ojos... En verdad ignoran su lugar en la creación. Habiendo elegido el ruinoso camino de la independencia, ni siquiera comprenden que arrastran consigo a toda la creación.

Sacudió la cabeza, y el viento suspiró en los árboles cercanos.

–Esto es muy triste; pero las cosas no serán así para siempre.

Disfrutaron de unos momentos de silencio mientras Mack volteaba hacia las diversas plantas que podía ver desde donde se encontraban.

–¿Así que en este jardín hay plantas venenosas? –preguntó.

–¡Oh, sí! –exclamó Sarayu–. Están entre mis favoritas. Incluso, algunas son peligrosas al tacto, como esta.

Tendió la mano a un arbusto cercano y trozó algo que parecía una vara muerta con apenas unas cuantas hojitas brotando del tallo. Se la dio a Mack, quien levantó ambas manos para no tocarla.

Sarayu se rió.

–Aquí estoy, Mack. Hay veces que no es riesgoso tocar, y veces en las que deben tomarse precauciones. Esta es la maravilla y aventura de la exploración, una parte de lo que ustedes llaman ciencia: discernir y descubrir lo que nosotros hemos ocultado para que lo encuentren.

–¿Entonces por qué lo ocultaron? –inquirió Mack.

–¿Por qué a los niños les gusta esconderse y buscar? Pregúntale a cualquier apasionado de la exploración, el descubrimiento y la creación. La decisión de ocultarles tantas maravillas es un acto de amor, un don en el proceso de la vida.

Mack estiró cautelosamente el brazo y tomó la varita venenosa.

–Si no me hubieras dicho que no era riesgoso tocar, ¿me habría envenenado?

–¡Desde luego que sí! Pero si te instruyo tocar, es distinto. Para todo ser creado, la autonomía es locura. La libertad implica confianza y obediencia en una relación de amor. Así, si no oyes mi voz, sería prudente que dedicaras tiempo a comprender la naturaleza de la planta.

–Entonces, ¿por qué crear siquiera plantas venenosas? –indagó Mack, devolviendo la varita.

–Tu pregunta presume que el veneno es malo, que tales creaciones no tienen ningún propósito. Muchas de las así llamadas plantas nocivas, como ésta, poseen increíbles propiedades curativas o son necesarias para espléndidas maravillas cuando se combinan con algo más. Los seres humanos tienen una gran capacidad para declarar que algo es bueno o malo, sin saber si en verdad lo es.

Obviamente el breve receso, en beneficio de Mack, había terminado, y Sarayu le lanzó una pala de mano, tomando el rastrillo.

–Para preparar este terreno, debemos desenterrar las raíces de toda la maravillosa vegetación que estaba aquí. Es un trabajo pesado, pero que bien vale la pena. Si quitamos las raíces, no podrán hacer lo que procede naturalmente ni dañar la semilla que sembraremos.

–Está bien –gruñó Mack, al tiempo que ambos se ponían de rodillas en el terreno recién desbrozado.

Sarayu llegaba hondo bajo la tierra, hallaba las puntas de las raíces y las sacaba sin esfuerzo a la superficie. Le dejó las más cortas a Mack, quien usaba la pala para cavar y sacarlas. Luego sacudían las raíces para quitarles la tierra, y las arrojaban a uno de los montones que Mack había hecho.

—Las quemaré después —dijo ella.

—Decías que los seres humanos declaramos que algo es bueno o malo sin saber… —observó Mack, sacudiendo la tierra de otra raíz.

—Sí. Me refería específicamente al árbol de la ciencia del bien y del mal.

—¿*El* árbol de la ciencia del bien y del mal? —preguntó Mack.

—¡Exacto! —afirmó ella, y pareció casi ensancharse y contraerse de énfasis mientras trabajaba—. Ahora, Mackenzie, empiezas a saber por qué comer el fruto mortal de ese árbol fue tan devastador para tu raza.

—Nunca he reflexionado mucho en eso, la verdad —dijo Mack, intrigado por la dirección que tomaba su conversación—. ¿Así que es cierto que hubo un jardín? Digo, ¿el Edén y todo eso?

—Claro. Te dije que me gustan los jardines.

—Esto va a molestar a algunas personas. Muchos piensan que sólo fue un mito.

—Bueno, su error no es fatal. Rumores de gloria suelen esconderse dentro de lo que muchos consideran mitos y cuentos.

—Yo tengo amigos a los que no les va a gustar esto —observó Mack, mientras forcejeaba con una raíz particularmente obstinada.

—No importa. Yo soy muy afecta a ellos.

—¡Me sorprendes! —dijo Mack un poco sarcásticamente, y sonrió en su dirección—. Pero está bien.

Metió la pala en la tierra, y tomó con la mano la raíz sobre ella.

—Cuéntame entonces del árbol de la ciencia del bien y del mal.

—Justo de eso hablábamos en el desayuno —respondió ella—. Déjame empezar haciéndote una pregunta. Cuando te pasa algo, ¿cómo determinas si es bueno o malo?

Mack pensó un momento antes de contestar:

–Bueno, en realidad no he pensado en eso. Supongo que algo es bueno cuando me agrada, cuando me hace sentir bien o me da una sensación de seguridad. A la inversa, llamaría malo a algo que me causa dolor o me cuesta algo que quiero.

–¿Entonces es muy subjetivo?

–Supongo que sí.

–¿Y qué tan seguro estás de tu capacidad para discernir lo que realmente es bueno para ti, o lo que es malo?

–Para ser honesto –dijo Mack–, tiendo a parecer justificablemente molesto cuando alguien amenaza mi "bien", lo que creo merecer. Pero en realidad no estoy seguro de tener una base lógica para decidir lo que en verdad es bueno o malo, excepto cómo alguien o algo me afecta.

Hizo una pausa para descansar y recuperar un momento el aliento.

–Todo parece demasiado interesado y egocéntrico, supongo. Y mi historial no es muy alentador tampoco. Cosas que en un principio creí buenas resultaron ser horriblemente destructivas, y cosas que pensé malas, bueno, resultaron...

Sarayu lo interrumpió:

–Entonces eres *tú* quien determina el bien y el mal. Te conviertes en juez. Y para complicar aún más las cosas, lo que determinas que es bueno cambiará con el tiempo y las circunstancias. Y luego, peor todavía, hay miles de millones de seres humanos, cada uno de los cuales determina lo que es bueno y lo que es malo. Así que cuando tu bien y tu mal chocan con los de tu vecino, surgen peleas y discusiones, y hasta estallan guerras.

Los colores que se movían dentro de Sarayu se oscurecieron mientras hablaba, fundiéndose negros con grises y ensombreciendo las tonalidades del arco iris.

–Y si la realidad del bien no es absoluta, entonces has perdido toda base para juzgar. Todo se reduce a lenguaje, y se podría de igual manera intercambiar la palabra "bueno" por la palabra "malo".

—Esto podría ser un problema a veces —coincidió Mack.

—¿Un problema? —dijo casi con rudeza Sarayu mientras se erguía y lo miraba. Se había trastornado, pero Mack supo que no era contra él—. ¡Claro! La decisión de comer de ese árbol desgarró al universo, divorciando lo espiritual de lo físico. Aquellos seres murieron, exhalando en el soplo de su decisión el aliento mismo de Dios. ¡Yo diría que eso es definitivamente un problema!

En medio de la intensidad de sus palabras, Sarayu se había levantado lentamente del suelo, pero ahora volvió a agacharse, y su voz se hizo sigilosa pero clara.

—Aquel fue un día deplorable.

Ninguno habló durante casi diez minutos, mientras trabajaban. Al tiempo que seguía desenterrando raíces y arrojándolas sobre un montón, Mack se atareaba en desenmarañar en su mente las implicaciones de lo que ella había dicho. Por fin, él rompió el silencio:

—Ahora comprendo —confesó Mack— que dedico la mayor parte de mi tiempo y energía a tratar de adquirir lo que he determinado que es bueno, ya sea seguridad financiera o salud o retiro o lo que sea. Y dedico gran cantidad de energía y preocupación temiendo a lo que he determinado que es malo. —Suspiró hondo.

—Hay mucha verdad en ello —dijo Sarayu dulcemente—. Recuerda: eso te permite jugar a ser Dios en tu independencia. Por eso una parte de ti prefiere no verme. Y no me necesitas en absoluto para crear tu lista de lo bueno y lo malo. Pero me necesitas si quieres parar tan insensata ansia de independencia.

—¿Hay alguna manera de remediar esto? —preguntó Mack.

—Debes renunciar a tu derecho a decidir qué es bueno y malo en tus propios términos. Ésta es una píldora difícil de tragar: decidir vivir sólo en mí. Para hacer eso, debes conocerme lo suficiente para confiar en mí y aprender a contar con mi inherente bondad.

Sarayu se volvió hacia Mack; al menos esa impresión le dio a él.

–Mackenzie, "mal" es una palabra que usamos para describir la ausencia de bien, así como usamos la palabra "oscuridad" para describir la ausencia de luz, o "muerte" para describir la ausencia de vida. Tanto el mal como la oscuridad sólo pueden comprenderse en relación con la luz y el bien; no tienen existencia real. Yo soy la luz y soy el bien. Soy amor, y no hay oscuridad en mí. Luz y Bien sí existen. Así, separarte de mí te sumirá en la oscuridad. Declarar tu independencia resultará en mal, porque, separado de mí, sólo puedes valerte de ti. Eso es la muerte, porque te has separado de mí: de la Vida.

–¡Guau! –exclamó Mack, acomodándose un momento–. Esto me será de gran ayuda. Pero también preveo que renunciar a mi derecho a la independencia no va a ser un proceso fácil. Podría significar que…

Sarayu interrumpió su frase otra vez:

–Que, en un caso específico, el bien pueda ser la presencia de cáncer o la pérdida de ingresos, o incluso de una vida.

–Sí, pero dile eso a la persona con cáncer o al padre cuya hija ha muerto –dijo Mack, de modo un poco más sarcástico de lo que hubiera querido.

–Oh, Mackenzie –lo tranquilizó Sarayu–, ¿no crees que también los tenemos en mente? Cada uno de ellos fue el centro de otra historia que no ha sido contada.

–Pero –Mack pudo sentir que perdía el control mientras metía duro la pala–, ¿Missy no tenía derecho a ser protegida?

–No, Mack. A un niño se le protege porque se le ama, no porque tenga derecho a ser protegido.

Eso lo hizo detenerse. Por alguna razón, lo que Sarayu acababa de decir parecía poner el mundo de cabeza, y él intentó hacer tierra. Sin duda había derechos que podía defender legítimamente.

–¿Pero y…?

–Los derechos son lo que reclaman los sobrevivientes, para no tener que resolver relaciones –intervino ella.

–Pero si yo renuncié…

–Entonces empezaste a conocer la maravilla y aventura de vivir en mí –dijo ella, interrumpiéndolo de nuevo.

Mack comenzaba a sentirse frustrado. Habló más fuerte:

–Pero, ¿no tengo derecho a…?

–¿Terminar una frase sin ser interrumpido? No, no lo tienes. No en realidad. Pero en tanto pienses que lo tienes, te enojarás cuando alguien te interrumpa, aun si es Dios.

Él se aturdió y se puso de pie, mirándola, sin saber si enojarse o reír. Sarayu le sonrió:

–Mackenzie, Jesús no defendió ningún derecho. Se convirtió voluntariamente en servidor, y vive de su relación con Papá. Renunció a todo para que gracias a su vida dependiente, pudiese abrir la puerta que te permitiera vivir con suficiente libertad para renunciar a tus derechos.

En ese momento Papá emergió por el camino llevando dos bolsas de papel. Sonrió al acercarse.

–Bueno, ustedes dos están teniendo una buena conversación, supongo –le guiñó un ojo a Mack.

–¡La mejor! –exclamó Sarayu–. ¿Y sabes qué? Él dijo que nuestro jardín es un desastre, ¿no es perfecto?

Ambas se mostraron rebosantes de alegría ante Mack, quien todavía no estaba del todo seguro de que no estuvieran jugando con él. Su enojo amainó, aunque aún podía sentir ardor en las mejillas. Las dos mujeres parecieron no darse cuenta.

Sarayu se acercó y besó a Papá en la mejilla.

–Como de costumbre, eliges el momento perfecto. Todo lo que necesitaba que Mackenzie hiciera aquí está terminado. –Se volvió hacia él–: Mackenzie, ¡eres una delicia! ¡Gracias por tu enorme empeño!

–En realidad no hice gran cosa –dijo él, excusándose–. Mira este desastre. –Paseó la mirada por el jardín a su alrededor–. Pero en verdad es muy hermoso, y está lleno de ti, Sarayu.

Aunque parece que aún hay mucho que hacer aquí, me siento extrañamente en casa y cómodo en este lugar.

Las dos mujeres se miraron y sonrieron.

Sarayu avanzó hacia él, hasta invadir su espacio personal.

–Así debía ser, Mackenzie, porque este jardín es tu alma. ¡Este desastre eres *tú*! Tú y yo trabajamos juntos con un propósito en tu corazón. Y éste es silvestre y hermoso y está perfectamente en proceso. A ti te parece un desastre, pero yo veo un modelo perfecto que emerge y crece y está vivo: un fractal viviente.

El impacto de esas palabras casi hizo que se desmoronara toda la reserva de Mack. Él miró otra vez el jardín –su jardín– y realmente era un desastre, pero increíble y maravilloso al mismo tiempo. Además, Papá estaba ahí y Sarayu amaba el desastre. Era casi demasiado como para comprender, y una vez más sus emociones cuidadosamente protegidas amenazaron con desbordarse.

–Mackenzie, a Jesús le gustaría llevarte a pasear, si gustas ir. Les preparé un refrigerio por si les da hambre. Yo los alcanzaré a la hora del té.

Mientras Mack se volvía para recibir las bolsas del almuerzo, sintió que Sarayu se escabullía, besándole la mejilla al pasar, pero no la vio irse. Como el viento, él creyó adivinar su trayectoria, ya que las plantas se inclinaron por turnos, como adorándola. Cuando volteó, Papá también se había marchado, así que se encaminó al taller en busca de Jesús. Parecía que tuvieran una cita.

10

VADEO EN EL AGUA

Nuevo mundo, gran horizonte
Abre los ojos a su exactitud
Nuevo mundo, tras alarmantes
olas de azul
—David Wilcox

Jesús estaba terminando de lijar la última esquina de lo que parecía un cofre sobre una mesa del taller. Pasó sus dedos a lo largo del canto liso, asintió con satisfacción y dejó la lija. Salió sacudiéndose el polvo de los jeans y la camisa mientras Mack se acercaba.

—¡Oye, aquí, Mack! Le estaba dando unos toques finales a mi trabajo para mañana. ¿Te gustaría ir a dar un paseo?

Mack pensó en el rato que habían pasado juntos la noche anterior bajo las estrellas.

—Si vas tú, yo estoy más que dispuesto —respondió—. ¿Por qué todos ustedes no dejan de hablar de mañana?

—Será un gran día para ti, Mack, una de las razones de que estés aquí. Pero vámonos. Hay un lugar especial que quiero mostrarte al otro lado del lago, con un paisaje indescriptible. Desde ahí pueden verse incluso algunos de los picos más altos.

—¡Suena maravilloso! —respondió Mack, entusiasmado.

—Veo que traes nuestro almuerzo, así que estamos listos para irnos.

En vez de doblar a un lado u otro del lago, donde Mack sospechaba que habría una vereda, Jesús echó a andar hacia el muelle. El día era brillante y hermoso. El sol calentaba la piel, aunque no demasiado, y una brisa fresca y perfumada acariciaba suave y amorosamente sus rostros.

Mack supuso entonces que tomarían una de las canoas arrimadas a los postes del muelle, pero le sorprendió que Jesús no vacilara al pasar junto a la tercera y última de ellas, encaminándose al extremo del muelle. Una vez ahí, se volvió hacia Mack y sonrió.

—Después de ti —le dijo, con burlona y ceremoniosa reverencia.

—Estás bromeando, ¿verdad? —soltó Mack—. Creí que íbamos a dar un paseo, no a nadar.

—Vamos a darlo, sólo pensé que atravesar el lago nos llevaría menos tiempo que rodearlo.

—No soy tan buen nadador, y además el agua parece jodidamente fría —se quejó Mack. De pronto se dio cuenta de lo que había dicho, y se sintió sonrojar—. Oh, quiero decir, condenadamente fría.

Volteó a ver a Jesús con una mueca congelada en el rostro, pero éste parecía disfrutar su incomodidad.

—Oye —dijo Jesús, cruzando los brazos—, los dos sabemos que eres muy buen nadador, y que alguna vez fuiste salvavidas, si no mal recuerdo. El agua está fría. Y está hondo. Pero no estoy hablando de nadar. Quiero cruzar caminando contigo.

Mack permitió al fin que lo que Jesús sugería entrara a su conciencia. Se refería a caminar *sobre* el agua. Previendo su vacilación, Jesús afirmó:

—¡Vamos, Mack! Si Pedro pudo hacerlo…

Mack se rió, más de nervios que de otra cosa. Para estar seguro, preguntó una vez más:

—¿Quieres que camine *sobre* el agua hasta el otro lado? Eso es lo que estás diciendo, ¿verdad?

–¡Qué listo eres, Mack! Nadie te hará resbalar, eso es seguro. Anda, ¡es divertido! –se rió.

Mack llegó hasta el borde del muelle y miró hacia abajo. El agua lamía sólo treinta centímetros abajo de donde él se encontraba, pero bien habrían podido ser treinta metros. La distancia parecía enorme. Zambullirse sería fácil, lo había hecho miles de veces, pero ¿cómo saltar de un muelle al agua? ¿Como si se tocara concreto, o pasando sobre la orilla como si se saliera de una lancha? Se volvió hacia Jesús, quien seguía riendo entre dientes.

–Pedro tuvo el mismo problema: cómo bajar de la lancha. Es tan sencillo como bajar un escalón de treinta centímetros de alto. Nada más.

–¿Se me mojarán los pies? –inquirió Mack.

–Claro, el agua no dejará de ser húmeda.

Mack volvió a asomarse al agua, y a voltear hacia Jesús.

–¿Por qué se me hace tan difícil?

–Dime a qué le temes, Mack.

–Déjame ver. ¿A qué le temo? –empezó Mack–. A parecer un idiota. A que te estés burlando de mí y me hunda como una roca. Imagino que…

–Exactamente –lo interrumpió Jesús–: imaginas. ¡Esa poderosa habilidad, la imaginación! Ese solo poder te vuelve parecido a nosotros. Pero sin sabiduría, la imaginación es un cruel capataz. Para explicar lo que quiero decir, ¿crees que los seres humanos fueron destinados a vivir en el presente, el pasado o el futuro?

–Bueno –dijo Mack, titubeando–, creo que la respuesta más obvia es que fuimos destinados a vivir en el presente. ¿Estoy mal?

Jesús se rió.

–Relájate, Mack. Esto no es un examen, es una conversación. Estás en lo correcto, por cierto. Pero ahora dime: ¿dónde pasas la mayor parte del tiempo en tu mente, en tu imaginación: en el presente, el pasado o el futuro?

Mack pensó un momento antes de contestar:

–Supongo que tendría que decir que paso muy poco tiempo en el presente. Paso gran parte en el pasado, aunque casi todo el tiempo restante trato de imaginar el futuro.

–Como la mayoría de la gente… Cuando yo habito en ti, lo hago en el presente; vivo en el presente. No en el pasado, pese a lo mucho que pueda recordarse y aprenderse mirando atrás, aunque sólo de pasada, no para una larga estancia. Y claro, tampoco habito en el futuro que tú visualizas o imaginas. ¿Te das cuenta, Mack, de que la forma como imaginas el futuro (casi siempre dictada por un temor de algún tipo), rara vez, si hay alguna, me describe ahí contigo?

Mack se detuvo a reflexionar de nueva cuenta. Era cierto. Pasaba mucho tiempo inquietándose y preocupándose por el futuro, y en su imaginación éste solía ser muy sombrío y deprimente, si no es que francamente horrible. Jesús también estaba en lo correcto al decir que, en las ideas de Mack acerca del futuro, Dios siempre estaba ausente.

–¿Por qué hago eso? –preguntó Mack.

–Es tu desesperado intento por tener cierto control sobre algo que no puedes controlar. Te es imposible ejercer poder sobre el futuro, porque no es real, y nunca lo será. Intentas jugar a ser Dios imaginando que el mal que temes se vuelve realidad, y luego tratas de hacer planes y estrategias de contingencia para evitar lo que temes.

–Sí, eso es básicamente lo que dijo Sarayu –respondió Mack–. ¿Por qué temo a tantas cosas en mi vida?

–Porque no crees. No sabes que te amamos. Quien vive de sus temores no encontrará libertad en mi amor. No estoy hablando de temores racionales a peligros legítimos, sino de temores imaginarios, y especialmente de su proyección hacia el futuro. Al grado que esos temores tienen lugar en tu vida, ni crees que soy bueno ni sabes en lo más profundo de tu corazón que te amo. Lo cantas, lo dices, pero no lo sabes.

Mack volvió a asomarse al agua y suspiró con el alma.

–Está muy lejos.

–Son sólo treinta centímetros, me parece –dijo Jesús, riéndose y poniéndole la mano en el hombro.

Eso era todo lo que necesitaba: Mack bajó del muelle.

Para intentar sentir que el agua era sólida, y no ser disuadido por su movimiento, lanzó la mirada a la orilla remota, y levantó las bolsas del almuerzo sólo por si acaso.

El descenso fue más suave de lo que había pensado. Sus zapatos se mojaron al instante, pero el agua no le llegó ni siquiera a los tobillos. El lago no dejaba de moverse a su alrededor, y eso casi le hizo perder el equilibrio. Era extraño. Cuando miró abajo, le dio la impresión de que sus pies pisaran algo sólido pero invisible. Al voltear, vio a Jesús parado junto a él, cargando sus zapatos y calcetines en una mano, y con una sonrisa.

Jesús rió.

–Siempre nos quitamos antes los zapatos y los calcetines.

Mack también se rió, sacudió la cabeza y subió al muelle, para sentarse en el borde.

–Supongo que yo también lo haré.

Se los quitó, exprimió sus calcetines y se enrolló el pantalón en las piernas, sólo para estar seguro.

Partieron, calzado y bolsas del almuerzo en mano, en dirección a la orilla opuesta, a unos ochocientos metros de distancia. El agua estaba fría y refrescante, y a Mack le produjo escalofríos en la espalda. Caminar sobre el agua con Jesús parecía lo más natural para atravesar el lago, y Mack sonreía de oreja a oreja de sólo pensar en lo que estaba haciendo. De vez en cuando miraba abajo, con intención de ver una trucha de los lagos.

–¡Esto es absolutamente ridículo e imposible! –exclamó por fin.

–Por supuesto –asintió Jesús, sonriéndole en respuesta.

Llegaron pronto a la otra orilla, y Mack oyó intensificarse el ruido de agua corriente, pero no veía su origen. Se detuvo a veinte metros tierra adentro. A su izquierda, y tras una eleva-da saliente rocosa, pudo ver una magnífica cascada que se ver-tía desde el borde de un risco y caía al menos treinta metros hasta un estanque en el fondo del cañón. Ahí se convertía en un arroyo inmenso, que tal vez desembocaba en el lago más allá de donde alcanzaba su vista. Entre ellos y la cascada se tendía un amplio prado de montaña, repleto de flores silvestres caprichosamente esparcidas y sembradas por el viento. Todo era esplendoroso, y Mack dedicó un momento a aspirarlo. Una imagen de Missy destelló en su mente, sin fijarse en ella.

Una pedregosa ribera los aguardaba, y detrás de ella el te-lón de fondo del opulento y denso bosque se alzaba hasta la base de una montaña, coronada por la blancura de nieve fres-ca. Ligeramente a la izquierda de ambos, en el extremo de un pequeño claro y justo al otro lado de un arroyuelo susurrante, una vereda desaparecía en la oscuridad del bosque. Mack se alejó del agua en dirección a las pequeñas rocas, abriéndo-se cauteloso paso hacia un árbol caído. Ahí se sentó, volvió a exprimir sus calcetines y los puso a secar, junto con sus zapa-tos, bajo un sol próximo al mediodía.

Sólo entonces lanzó la mirada al lago. Su belleza era impre-sionante. Distinguió la cabaña, de cuya roja chimenea de ladrillo, arrimada contra los verdes del huerto y el bosque, se elevaba un humo ocioso. Pero todo se empequeñecía con la enorme cadena de montañas que flotaban arriba y atrás, como centinelas haciendo guardia. Mack simplemente se sentó, Je-sús junto a él, e inhaló esa sinfonía visual.

–¡Haces un gran trabajo! –dijo con suave voz.

–Gracias, Mack, y eso que has visto muy poco. Hasta ahora, la mayor parte de lo que existe en el universo sólo ha sido visto y disfrutado por mí, como cuadros especiales al fondo del estu-dio de un pintor, pero algún día… ¿Podrías imaginar esta esce-na si la Tierra no estuviera en guerra, luchando ferozmente por sobrevivir?

–¿Qué quieres decir exactamente?

—Nuestra Tierra es como un niño que ha crecido sin padres, sin tener quien la guíe y dirija.

Mientras Jesús hablaba, la amortiguada angustia de su voz se hacía cada vez más intensa.

—Algunos han intentado ayudarla, pero la mayoría simplemente ha tratado de usarla. Los seres humanos, que recibieron la tarea de conducir el mundo con amor, en vez de eso lo lastiman, sin otra consideración que sus necesidades inmediatas. Y piensan poco en sus hijos, quienes heredarán su falta de amor. Así que usan y abusan de la Tierra con escasa consideración; pero cuando ella retiembla o sopla, se sienten ofendidos y alzan el puño contra Dios.

—¿Eres ecologista? —preguntó Mack, casi acusándolo.

—Esta bola verdeazul en el oscuro espacio, llena de belleza aún ahora, arruinada y maltratada y encantadora —citó Jesús.

—Conozco esa canción. La creación debe ser muy importante para ti —le dijo Mack, con una sonrisa.

—Bueno, esta "bola verdeazul en el oscuro espacio" me pertenece —afirmó Jesús enfáticamente.

Pasado un momento, abrieron juntos sus almuerzos. Papá había llenado las bolsas de sándwiches y delicias, y ambos comieron con gusto. Mack mordisqueó algo que le agradaba, pero no sabía si era animal o vegetal. Pensó que tal vez era mejor no preguntar.

—Entonces, ¿por qué no la reparas? —inquirió Mack, mordiendo su sándwich—. La Tierra, quiero decir.

—Porque se la dimos a ustedes.

—¿No la pueden recuperar?

—Claro que podríamos, pero entonces la historia terminaría antes de consumarse.

Mack dirigió a Jesús una mirada vacía.

—¿Has notado que aunque me llaman "Señor" y "Rey", en realidad nunca he actuado en ese carácter con ustedes? Nunca he tomado el control de sus decisiones, ni los he obligado a hacer nada, aun si lo que estaban a punto de hacer era destructivo o perjudicial para ustedes y otras personas.

Mack miró el lago antes de replicar:

—Yo habría preferido que a veces hubieras tomado el control. Eso me habría ahorrado, y a la gente que quiero, mucho dolor.

—Imponer mi voluntad sobre ustedes —replicó Jesús— es exactamente lo que el amor no hace. Las relaciones genuinas están marcadas por la sumisión, aun cuando las decisiones de ustedes no sean útiles ni sanas. Ésa es la maravilla que percibes en mi relación con Abba y Sarayu. En realidad nos sometemos unos a otros, y siempre hemos sido así y siempre lo seremos. Papá está tan sometido a mí como yo a él, o Sarayu a mí, o Papá a ella. Esta sumisión no es por autoridad ni por obediencia; es por una relación de amor y respeto. De hecho, estamos sometidos a ustedes de la misma manera.

Mack se sorprendió.

—¿Cómo puede ser? ¿Por qué querría el Dios del universo someterse a mí?

—Porque queremos que tú te unas a nosotros en nuestro círculo de relación. No quiero esclavos de mi voluntad; quiero hermanos y hermanas que compartan la vida conmigo.

—Y así es como quieres que nos amemos unos a otros, supongo. Digo, entre esposo y esposa, padres e hijos. Me imagino que en cualquier relación.

—¡Exacto! Cuando soy tu vida, la sumisión es la expresión más natural de mi carácter y naturaleza, y será la expresión más natural de tu nueva naturaleza en las relaciones.

—Pero lo que yo quería era un Dios que arreglara todo para que nadie saliera lastimado... —Mack sacudió la cabeza ante esa constatación—. No soy muy bueno para eso de la relación, no como Nan.

Jesús terminó el último bocado de su sándwich y, cerrando su bolsa, la puso junto a él en el tronco. Se limpió las migajas que habían quedado prendidas a su bigote y su pequeña barba. Luego, tomando una vara, empezó a garabatear en la tierra y continuó:

—Eso se debe a que, como la mayoría de los hombres, buscas lo que crees tu realización en tus logros; y Nan, como la mayoría de las mujeres, la busca en las relaciones. Es un lenguaje más natural para ellas.

Hizo una pausa para ver a un águila pescadora zambullirse en el lago a menos de quince metros de ellos y alzar lentamente el vuelo otra vez, llevando en las garras una trucha de gran tamaño que aún pugnaba por escapar.

—¿Eso quiere decir que no tengo remedio? Me gusta mucho la forma de compartir entre ustedes, pero no tengo idea de cómo adoptarla.

—Muchas cosas se interponen por ahora en tu camino, Mack, pero no tienes por qué seguir viviendo con ellas.

—Ahora que Missy se ha ido, sé que eso es más cierto que nunca; pero nada ha sido fácil para mí jamás.

—No sólo tienes que hacer frente al asesinato de Missy. Hay una dislocación aún mayor que vuelve difícil compartir la vida con nosotros. El mundo está fracturado porque en el Edén ustedes abandonaron la relación con nosotros para afirmar su independencia. La mayoría de los hombres ha dado expresión a eso tornándose al trabajo de sus manos y el sudor de su frente para hallar su identidad, valor y seguridad. Decidiendo lo que es bueno y lo que es malo, buscan determinar su destino. Esta dislocación es la que ha causado tanto dolor.

Jesús se apoyó en la vara para pararse, e hizo una pausa mientras Mack terminaba su último bocado y se ponía de pie para unírsele. Echaron a andar juntos por la orilla del lago.

—Pero eso no es todo. El deseo de la mujer (o mejor aún, su "tornamiento"), no la condujo al trabajo de sus manos, sino al hombre, cuya respuesta fue gobernar "sobre" ella, tomar el poder sobre ella, convertirse en el gobernante. Antes de esa decisión, ella encontraba su identidad, su seguridad y su comprensión del bien y el mal sólo en mí, como lo hacía el hombre.

—No es de sorprender entonces que yo me sienta un fracaso con Nan. Al parecer, no puedo ser eso para ella.

—No fueron hechos para serlo. Y si lo intentan, sólo estarán intentando jugar a ser Dios.

Mack se agachó, tomó una piedra plana y la lanzó para hacerla rebotar en el lago.

—¿Hay alguna salida a eso?

—Es muy simple, aunque nada fácil para ustedes: re-tornar. Regresar a mí. Renunciar a sus formas de poder y manipulación y sólo regresar a mí. —Jesús parecía quejarse—. A las mujeres en general les será difícil alejarse de un hombre y dejar de exigir que satisfaga sus necesidades, les brinde seguridad y proteja su identidad, y retornar a mí. A los hombres en general se les dificultará mucho alejarse de las obras de sus manos, sus búsquedas de poder y seguridad y significado, y retornar a mí.

—Siempre me he preguntado por qué los hombres hemos estado al mando —ponderó Mack—. Parecemos ser la causa de tanto dolor en el mundo. Somos responsables de la mayor parte de los crímenes, muchos de los cuales son perpetrados contra mujeres y —se detuvo un instante— niños.

—Las mujeres —continuó Jesús mientras recogía una piedra y la lanzaba al lago— pasaron de nosotros a otra relación, mientras que los hombres pasaron a sí mismos y la tierra. El mundo, en muchos sentidos, sería un lugar mucho más sereno y agradable si lo gobernaran las mujeres. Una mucha menor cantidad de niños habrían sido sacrificados a los dioses de la codicia y el poder.

—Ellas habrían ejercido mejor ese papel.

—Mejor, tal vez, pero aun así no habría sido suficiente. En manos de seres humanos independientes, sean hombres o mujeres, el poder corrompe. Mack, ¿no ves que ejercer papeles es lo contrario a la relación? Nosotros queremos que hombres y mujeres sean contrapartes, iguales frente a frente, cada uno único y diferente, distintos en género pero complementarios, cada cual singularmente potenciado por Sarayu, de quien procede todo verdadero poder y autoridad. Recuerda: no me refiero a exigencias de rendimiento ni me ajusto a estructuras de factura humana; me refiero al ser. Cuando tú creces en la relación conmigo, lo que haces se reflejará en lo que eres.

–Pero tú viniste al mundo en forma de hombre. ¿Eso no quiere decir algo?

–Sí, pero no lo que muchos han supuesto. Vine como hombre para completar la maravillosa imagen a semejanza de la cual los hicimos. Desde el primer día ocultamos a la mujer dentro del hombre, para que en el momento indicado pudiéramos retirarla de él. No creamos al hombre para que viviera solo; ella fue destinada a ese propósito desde el principio. Al sacarla de él, en cierto sentido él la parió. Nosotros creamos un círculo de relación, como el nuestro, pero para los seres humanos. Ella surgida de *él*; luego, todos los hombres, yo incluido, nacidos de ella, y todo procedente, o nacido, de Dios.

–Ah, ya entendí –dijo Mack, deteniéndose a medio lanzamiento–. Si la mujer hubiera sido creada primero, no habría habido ningún círculo de relación, y por lo tanto ninguna posibilidad de una relación frente a frente y de plena igualdad entre el hombre y la mujer, ¿verdad?

–Exactamente, Mack. –Jesús lo miró y sonrió–. Nuestro deseo fue crear un ser que tuviera una contraparte plenamente igual y poderosa, el hombre y la mujer. Pero la independencia de los seres humanos, que implica una búsqueda de poder y realización, destruye la relación que su corazón anhela.

–Ahí está ese asunto otra vez –dijo Mack, buscando entre las rocas la piedra más plana–. Esto siempre vuelve al poder, y a lo opuesto que es éste a la relación que tú tienes con las otras dos personas. Me gustaría experimentar eso, contigo y con Nan.

–Por eso estás aquí.

–Me gustaría que ella también estuviera aquí.

–Ojalá hubiera sido posible –dijo Jesús, con tono meditabundo.

Mack no entendió qué había querido decir.

Guardaron silencio unos minutos, salvo por los gruñidos que emitían al arrojar piedras, y el ruido que éstas hacían al saltar en el agua.

Jesús se detuvo cuando estaba a punto de lanzar una piedra.

–Me gustaría que recordaras una última cosa de esta conversación, Mack, antes de que te vayas.

Lanzó la piedra.

Mack volteó, sorprendido:

–¿Antes de que me vaya?

Jesús ignoró su pregunta.

–Al igual que el amor, Mack, la sumisión no es algo que puedas hacer, especialmente no tú solo. Separado de mi vida dentro de ti, no puedes someterte a Nan, ni a tus hijos, ni a nadie más en tu vida, incluido Papá.

–¿Quieres decir –bromeó Mack– que no puedo sólo preguntar: "¿Qué habría hecho Jesús?"?

Jesús rió entre dientes.

–Buena intención, mala idea. Déjame explicarte qué significaría esto para ti, si es el camino que decides tomar.

Hizo una pausa y adoptó un tono grave.

–Hablando en serio, mi vida no fue destinada a ser un modelo a seguir. Ser mi seguidor no es tratar de "ser como Jesús"; significa poner fin a tu independencia. Yo vine a darte vida, vida real, mi vida. Nosotros llegaremos y viviremos nuestra vida dentro de ti, para que empieces a ver con tus ojos, y a oír con tus oídos, y a tocar con tus manos, y a pensar con tu cabeza como nosotros lo hacemos. Pero nunca te impondremos esa unión. Si tú quieres hacer lo tuyo, hazlo. El tiempo está de nuestra parte.

–Ésa debe ser la diaria muerte de la que hablaba Sarayu –dijo Mack, asintiendo con la cabeza.

–Y hablando de tiempo –dijo Jesús, volviéndose y señalando el camino que llevaba al bosque al final del claro–, tienes un compromiso, Mack. Sigue ese camino y entra donde termina. Aquí te espero.

Aunque lo deseaba enormemente, Mack supo que no serviría de nada tratar de proseguir la conversación. En medio de un reflexivo silencio, se puso los calcetines y los zapatos. No estaban totalmente secos aún, pero tampoco resultaban muy incómodos. Parándose sin decir palabra, chapoteó hasta el extremo de la ribera, se detuvo un minuto a mirar una vez más la cascada, saltó sobre el arroyuelo y se internó en el bosque, donde encontró un camino claramente marcado.

11

Ahí viene el juez

*Quienquiera que pretenda erigirse en juez de la Verdad
y el Conocimiento, será arruinado por la risa de los dioses.*
–Albert Einstein

*Oh, alma mía, prepárate a encontrarlo;
quién sabe cómo haga preguntas.*
–T. S. Eliot

Mack siguió la vereda que pasaba junto a la cascada, se alejaba del lago y atravesaba un denso manchón de cedros. Tardó menos de cinco minutos en llegar a un atolladero. El camino lo llevó hasta una roca, apenas visible en la superficie el suave contorno de una puerta. Obviamente debía entrar, así que avanzó titubeante y empujó. Su mano penetró la pared como si ésta no estuviera ahí. Mack siguió moviéndose con cautela hasta que su cuerpo entero pasó por lo que parecía el sólido exterior rocoso de la montaña. Adentro estaba muy oscuro, y no se veía nada.

Tras respirar hondo y tender las manos al frente, Mack se aventuró un par de pasos en la negra oscuridad y se detuvo. El miedo se apoderó de él mientras intentaba respirar, sin saber si continuar o no. Revuelto el estómago, sintió otra vez el peso entero de la *Gran Tristeza* sobre sus hombros, hasta casi sofocarlo. Desesperado, quiso salir a la luz, pero en el fondo creía que Jesús no lo habría enviado ahí sin un buen propósito. Así que avanzó.

Sus ojos se recuperaron poco a poco del impacto de pasar de la luz del día a aquellas profundas tinieblas, y un minuto después se ajustaron lo suficiente para distinguir un pasadizo que se curvaba a su izquierda. Mientras Mack lo seguía, el brillo de la entrada tras de sí se desvaneció, para ser remplazado por una tenue luminosidad que se reflejaba en las paredes desde un punto delante de él.

Menos de una treintena de metros después, el túnel dio abrupta vuelta a la izquierda, y Mack se vio en la orilla de lo que supuso una honda caverna, aunque al principio sólo parecía un vasto espacio vacío. Esa ilusión fue magnificada por la única luz presente, una débil irradiación que lo rodeaba, pero se disipaba menos de tres metros adelante en cada dirección. Más allá de eso no veía nada, sólo una densa negrura. El aire del lugar parecía pesado y opresivo, lo que lo hizo tiritar hasta casi perder el aliento. Al bajar la vista, le alivió ver el pálido reflejo de una superficie: no la tierra y rocas del túnel, sino un suelo liso y oscuro como mica pulida.

Tras dar con valor un paso al frente, notó que el círculo de luz se movía junto con él, iluminando un poco más el área delantera. Sintiéndose más seguro, empezó a caminar, lenta y resueltamente, en la dirección que había seguido hasta entonces, concentrándose en el piso por temor a que en cualquier momento cayera bajo sus pies. Miraba éstos con tanta atención que tropezó con un objeto frente a él, y estuvo a punto de caer.

Era una silla, una silla de madera de apariencia cómoda en medio de… nada. Decidió sentarse y esperar. Mientras lo hacía, la luz que lo había asistido siguió avanzando como si él aún caminara. Entonces pudo distinguir, directamente frente a él, un escritorio de ébano de considerable tamaño, completamente descubierto. Sin embargo, cuando la luz se congregó en un punto, Mack dio un salto. La vio por fin.

Al escritorio estaba sentada una mujer alta, hermosa, de piel aceitunada y cincelados rasgos hispanos, ataviada con un manto suelto de colores oscuros y tan erguida y señorial como juez de corte suprema. Era impresionante.

"¡Qué bella es!", pensó Mack. "Todo lo que la sensualidad quisiera ser, sin conseguirlo jamás, por desgracia". Bajo la pálida luz, era difícil saber dónde comenzaba su cara, ya que su manto y cabellera enmarcaban y se fundían con su semblante. Sus ojos relucían y centellaban como pórticos a la vastedad de la noche estrellada, reflejando una incógnita fuente de luz en su interior.

Mack no se atrevió a hablar, temiendo que su voz fuera absorbida por la intensidad del punto focal del recinto sobre ella.

Pensó: "Soy Mickey Mouse a punto de hablar con Pavarotti". Esta idea le hizo sonreír. Como si de algún modo compartiera un sencillo deleite en lo caricaturesco de esa imagen, ella le sonrió, y el sitio resplandeció en forma notable. Eso bastó para que Mack comprendiera que era esperado y bienvenido ahí. Curiosamente, ella le parecía conocida, como si la hubiera visto o tratado en alguna parte, pero sabía que nunca antes la había abordado ni presentido.

−¿Puedo preguntar quién eres?

Mack trastabilló. Pensó que su voz había sonado como la de Mickey, apenas dejando huella en la quietud del aposento, aunque demorándose después como la sombra de un eco.

Ella ignoró su pregunta.

−¿Sabes por qué estás aquí?

Como brisa que barriera el polvo, esa voz sacó cortésmente de la sala la pregunta de Mack.

Él casi pudo sentir que las palabras de ella llovían sobre su cabeza y se fundían en su espina dorsal, esparciendo por todas partes un delicioso hormigueo. Tembló, y decidió no volver a hablar. Quería que sólo hablara ella, a él o a quien fuera, en tanto él estuviese presente. Pero ella aguardaba.

−No −contestó Mack tranquilo, con voz de pronto tan rica y resonante que estuvo tentado a voltear para ver quién había hablado. Sabía que lo que había dicho era verdad... simplemente pareció así–. No tengo idea –añadió, trastabillando otra vez y fijando la mirada en el suelo–. Nadie me lo dijo.

–Bueno, Mackenzie Allen Phillips –dijo ella entre risas, causando que él rápido alzara la vista–, estoy aquí para ayudarte.

Como un arco iris sonoro, o una flor al crecer, tal fue el acento de su risa. Fue un derroche de luz, una invitación a hablar, y Mack rió junto con ella, sin saber por qué ni interesado en saberlo.

Pronto se hizo de nuevo el silencio, y el rostro de ella, aunque benévolo aún, cobró una intensidad ardiente, como si pudiera asomarse a lo más hondo de él, detrás de vanidades y fachadas, hasta los lugares de los que rara vez, si alguna, se habla.

–Hoy es un día muy serio, con graves consecuencias. –Ella hizo una pausa como para añadir peso a sus palabras, ya tangiblemente pesadas–. Mackenzie, estás aquí, en parte, por tus hijos; pero también estás aquí para...

–¿Mis hijos? –la interrumpió él–. ¿Qué quieres decir con que estoy aquí por mis hijos?

–Amas a tus hijos, Mackenzie, como tu padre nunca fue capaz de amarte a ti, ni de amar a tus hermanas.

–¡Claro que amo a mis hijos! Todos los padres aman a sus hijos –afirmó Mack–. ¿Pero eso qué tiene que ver con el motivo de que yo esté aquí?

–Es verdad, hasta cierto punto, que todos los padres aman a sus hijos –respondió ella, ignorando la segunda pregunta de Mack–. Pero has de saber que algunos de ellos están demasiado destrozados para amarlos como deberían, y otros apenas pueden amarlos siquiera. En cambio, tú amas a tus hijos como se debe, y más que eso aún.

–Aprendí mucho de Nan para lograrlo.

–Lo sabemos. Pero lo aprendiste, ¿no?

–Supongo que sí.

–Entre los misterios de una humanidad fracturada, éste es uno de los más notables: aprender, hacer posible el cambio. –Ella estaba serena como un mar sin viento–. Así que entonces, Mackenzie, ¿puedo preguntar a cuál de tus hijos amas más?

Mack sonrió por dentro. Conforme llegaban sus hijos, él había pugnado por contestar esa misma pregunta.

–No amo a ninguno más que a los otros. Amo a cada cual de diferente manera –contestó, eligiendo con cuidado sus palabras.

–Explícame eso, Mackenzie –dijo ella, interesada.

–Bueno, cada uno de mis hijos es único. Y esa excepcionalidad y especial personalidad exige una respuesta única de mi parte.

Él se acomodó en su silla.

–Recuerdo cuando nació Jon, el primogénito. La maravilla de esa pequeña vida me cautivó tanto que temí que no me quedara amor para un segundo hijo. Pero cuando Tyler llegó, fue como si hubiera traído consigo un don especial para mí, una capacidad enteramente nueva de amarlo en especial. Ahora que lo pienso, es como cuando Papá dice que es especialmente afecta a alguien. Cuando pienso en mis hijos en lo individual, encuentro que soy especialmente afecto a cada uno de ellos.

–¡Bien dicho, Mackenzie!

La aprobación de ella era tangible. Sin embargo, se inclinó ligeramente, con tono aún comedido, pero más serio:

–Pero, ¿y cuando no se portan bien, o toman decisiones distintas a las que tú quisieras, o si son rudos y agresivos? ¿Y cuando te avergüenzan frente a los demás? ¿Cómo afecta eso tu amor por ellos?

Mack respondió lenta y reflexivamente:

–En realidad no me afecta. –Sabía que eso era cierto, aun si Katie a veces no lo creía–. Bueno, admito que me afecta, y que a veces me siento avergonzado o enojado; pero aunque ellos actúen mal, no por eso dejan de ser mi hijo y mi hija, aún son

Josh y Kate, y siempre lo serán. Lo que ellos hacen podría afectar mi orgullo, pero no mi amor por ellos.

Ella se acomodó en su asiento, rebosante de alegría.

—Eres sabio en las formas del amor verdadero, Mackenzie. Muchos creen que el amor crece, pero el que crece es el *conocimiento*, y el amor simplemente se expande para contenerlo. El amor es sólo la piel del conocimiento. Mackenzie, tú amas a tus hijos, a quienes conoces muy bien, con un amor verdadero y maravilloso.

Un poco avergonzado por esos elogios, Mack bajó la mirada.

—Bueno, gracias, pero no soy así con muchas otras personas. Mi amor tiende a ser muy condicional en la mayoría de los casos.

—Pero es un comienzo, ¿no es así, Mackenzie? Además, no fuiste tú quien superó la incapacidad de tu padre de amarte; fueron Dios y tú juntos quienes te cambiaron para que pudieras amar de esa manera. Y ahora amas a tus hijos casi igual que como el Padre ama a los suyos.

Mack sintió apretar involuntariamente la quijada mientras escuchaba, y que su enojo se intensificaba una vez más. Lo que debía haber sido una tranquilizadora alabanza parecía una píldora amarga que ahora él se negaba a tragar. Trató de relajarse para encubrir sus emociones; pero por la mirada en los ojos de ella, supo que era demasiado tarde.

—Hmmmm —reflexionaba la mujer—. ¿Te molestó algo que dije, Mackenzie?

Esta vez su mirada lo hizo sentir incómodo. Se sintió expuesto.

—Mackenzie —lo animó—, ¿hay algo que quieras decir?

El silencio dejó su pregunta flotando en el aire. Mack hizo todo lo posible por mantener la compostura. Escuchó el consejo de su madre resonar en sus oídos: "Si no tienes nada bueno que decir, cállate".

—Ah... este... ¡no! En realidad no.

–Mackenzie –instó ella–, éste no es momento para el sentido común de tu madre. Es momento para la honestidad, para la verdad. ¿No crees que el Padre ama mucho a sus hijos, verdad? En realidad no crees que Dios sea bueno, ¿no es así?

–¿Missy es su hija? –tronó Mack.

–¡Claro! –respondió ella.

–¡Entonces no! –soltó él sin más, poniéndose de pie–. ¡No creo que Dios ame de verdad a todos sus hijos!

Ya lo había dicho, y su acusación reverberó en todas las paredes de la cámara. Mientras permanecía de pie, enojado y listo para estallar, la mujer conservó su tranquila actitud. Abandonó lentamente su silla de respaldo alto, se colocó en silencio detrás de ésta y se la indicó a él.

–¿Por qué no te sientas aquí?

–¿Ése es el premio a tu honestidad, el asiento principal? –musitó él, pero no se movió; sólo fijó en ella la mirada.

–Mackenzie –ella seguía de pie atrás de su silla–, empecé diciéndote por qué estás hoy aquí. Estás aquí no sólo por tus hijos, sino también para el juicio.

Mientras esa palabra resonaba en la cámara, el pánico avanzó sobre Mack como una marejada, y se hundió poco a poco en su silla. De inmediato se sintió culpable, mientras los recuerdos se desparramaban por su mente como ratas que huyeran de la inundación. Se prendió de los brazos de la silla, tratando de conservar el equilibrio en medio de ese alud de imágenes y emociones. Sus fracasos como ser humano cobraron súbita importancia, y en el fondo de su mente casi pudo oír una voz que recitaba el catálogo de sus pecados, aumentando su temor conforme la lista crecía. No tenía defensa alguna. Estaba perdido, y lo sabía.

–Mackenzie... –comenzó ella, sólo para ser interrumpida:

–Ahora comprendo. Estoy muerto, ¿verdad? Por eso puedo ver a Jesús y a Papá: porque estoy muerto.

Él se acomodó en su asiento y miró la oscuridad, sintiendo náuseas.

—¡No lo puedo creer! No sentí nada.

Miró a la mujer, que lo contemplaba pacientemente.

—¿Cuánto tiempo llevo muerto? —preguntó.

—Mackenzie —empezó ella—: lamento desilusionarte, pero aún no caes dormido en tu mundo, y creo que has...

Mack la interrumpió otra vez:

—¿No estoy muerto? —Ahora se mostraba incrédulo, y se paró de nuevo—. ¿Quieres decir que todo esto es real y que sigo vivo? ¡Pero me dijiste que estoy aquí para el juicio!

—Así es —dijo ella, con sentido práctico y una mirada divertida en el rostro—. Pero Macken...

—¿Juicio? ¿Y no estoy muerto? —La atajaba por tercera vez, procesando lo que había oído mientras su cólera remplazaba al pánico—. ¡Qué injusto! —Supo que sus emociones no le estaban sirviendo de nada—. ¿También les hacen esto a otros? ¿Juzgarlos antes de que hayan muerto? ¿Y si cambio? ¿Y si mejoro el resto de mi vida? ¿Y si me arrepiento? ¿Qué con eso?

—¿Hay algo de lo que quieras arrepentirte, Mackenzie? —preguntó ella, imperturbable frente a ese arranque.

Mack se sentó despacio. Miró la lisa superficie del suelo y sacudió la cabeza antes de responder:

—No sé por dónde empezar —farfulló—. Soy un desastre, ¿no?

—Sí.

Alzó la vista y ella le sonrió.

—Eres un glorioso y destructivo desastre, Mackenzie, pero no estás aquí para arrepentirte, al menos no como tú lo entiendes. Mackenzie: no estás aquí para ser juzgado.

—Pero —intervino él—, ¿no me dijiste que estaba...

—...aquí para el juicio? —Terminó ella la pregunta tan plácida y fresca como una brisa de verano—. Así es. Pero no eres la persona a quien se someterá a juicio.

Mack respiró hondo, reanimado por esas palabras.

—¡Serás el juez!

El estómago se le revolvió cuando comprendió lo que ella había dicho. Por fin dirigió la vista a la silla que lo esperaba.

—¿Qué? ¿Yo? Preferiría no serlo. —Hizo una pausa—. No tengo ninguna habilidad para juzgar.

—Ay, eso no es cierto —llegó la réplica veloz, esta vez teñida de una pizca de sarcasmo—. Ya has demostrado ser muy capaz para eso, pese al poco tiempo que hemos pasado juntos. Además, has juzgado a muchas personas a lo largo de tu vida. Has juzgado los actos, e incluso los motivos de los demás, como si supieras cuáles son en realidad. Has juzgado el color de piel y el lenguaje corporal y el olor. Has juzgado la historia y las relaciones. Incluso has juzgado el valor de la vida de una persona por la calidad de tu concepto de belleza. Desde cualquier punto de vista, tienes mucha práctica en esta actividad.

Mack sintió vergüenza y se sonrojó. Tuvo que admitir que había elaborado gran cantidad de juicios en su momento. Pero no era diferente a los demás, ¿no? ¿Quién no llega a conclusiones precipitadas sobre los demás por la forma en que lo afectan? Ahí estaba eso otra vez: su egocéntrica visión del mundo en torno suyo. Volteó, descubrió que ella lo miraba con atención y al instante bajó la vista de nuevo.

—Dime —inquirió ella—, si se me permite preguntar, ¿en qué criterios basas tus juicios?

Mack la buscó con la mirada; pero se percató de que, cuando la veía directo a los ojos, su pensamiento se tambaleaba. Verla a los ojos y mantener una sucesión de ideas lógicas y coherentes parecía imposible. Tuvo que desviar la vista a la oscuridad del rincón de la sala, con la esperanza de serenarse.

—Nada de eso parece tener mucho sentido por el momento —admitió finalmente, con voz vacilante—. Confieso que cuando me formé esos juicios, me sentía más que justificado, pero ahora…

—Claro que te sentías así. —Ella dijo esto como una declaración de hecho, como algo rutinario, sin pretender explotar en ningún momento la evidente vergüenza y aflicción de Mack—. Juzgar requiere que te creas superior a quien juzgas. Bueno, hoy recibirás la oportunidad de hacer uso de toda tu capacidad.

Vamos –dijo ella, palmeando el respaldo de la silla–, quiero que te sientes aquí. Ahora.

Titubeante pero obediente, él caminó hacia ella, y hasta la silla que lo aguardaba. A cada paso él parecía achicarse, o que ambas se agrandaban, no lo sabía. Se arrastró silla arriba y se sintió infantil con el enorme escritorio enfrente, sus pies tocando apenas el suelo.

–¿Y… qué juzgaré? –preguntó, volteando hacia ella.

–No qué. –Ella hizo una pausa y se desplazó a un lado del escritorio–. A quién.

La incomodidad de Mack aumentaba a pasos agigantados, y estar sentado en una silla señorial de gran tamaño no servía para aminorarla. ¿Qué derecho tenía él a juzgar a nadie? Cierto, tal vez era culpable, en alguna medida, de juzgar a casi todas las personas que había conocido, y muchas que no. Supo que era absolutamente culpable de ser egocéntrico. ¿Cómo se atrevía a juzgar a quienquiera? Todos sus juicios habían sido superficiales, basados en actos y apariencias, cosas fáciles de interpretar por cualquier estado anímico o prejuicio que sustentara a la necesidad de exaltarse a sí mismo, sentirse seguro o pertenecer. También supo que empezaba a sentir pánico.

–Tu imaginación –dijo ella, interrumpiendo la secuencia de ideas de él– no te está sirviendo para nada en este momento.

"No bromees, Sherlock", pensó Mack, pero lo único que salió de su boca fue un débil:

–La verdad es que no puedo hacer esto.

–Si puedes o no, está por verse –dijo ella, con una sonrisa–. Y no me llamo Sherlock.

Mack agradeció que la oscuridad de la sala ocultara su vergüenza. El silencio que siguió pareció mantenerlo cautivo mucho más tiempo que los pocos segundos que él realmente tardó en hallar su voz y preguntar al fin:

–Bueno, ¿a quién se supone que voy a juzgar?

–A Dios –ella hizo una pausa– y a la raza humana.

Dijo esto como si no tuviera la menor importancia. Las palabras simplemente rodaron por su lengua, como una ocurrencia ordinaria.

Mack se quedó estupefacto.

–¡Tienes que estar bromeando! –exclamó.

–¿Por qué no? Seguramente hay muchas personas en tu mundo que crees que merecen ser juzgadas. Debe haber al menos unas cuantas a quienes culpar de tanto dolor y sufrimiento. ¿Y los codiciosos que matan de hambre a los pobres del mundo? ¿Y quienes sacrifican a sus hijos para la guerra? ¿Y los hombres que golpean a su esposa, Mackenzie? ¿Y los padres que maltratan a sus hijos sin otra razón que aliviar su propio sufrimiento? ¿Ellos no merecen ser juzgados, Mackenzie?

Mack sintió su hondo e irresuelto enojo aumentar como una crecida de furia. Se hundió en la silla, tratando de mantener el equilibrio contra el asedio de imágenes, pero sintió que su control se desvanecía. El estómago se le revolvió mientras apretaba los puños, con respiración cada vez más rápida y agitada.

–¿Y el hombre que abusa de niñas inocentes? ¿Qué con él, Mackenzie? ¿Es culpable? ¿Debe ser juzgado?

–¡Sí! –gritó Mack–. ¡Que se lo lleve el diablo!

–¿Debe ser culpado de tu pérdida?

–¡Sí!

–¿Y su padre, el hombre que hundió a su hijo en el terror, qué con él?

–¡Sí, él también!

–¿Qué tan lejos debemos retroceder, Mackenzie? Este legado de fracturas llega hasta Adán, ¿qué con él? ¿Pero por qué detenerse ahí? ¿Y Dios? Dios fue el que empezó todo esto. ¿Dios tiene la culpa?

Mack estaba aturdido. No se sentía juez en absoluto, sino el acusado.

La mujer siguió, implacable.

–¿No es eso lo que te obsesiona, Mackenzie? ¿No es eso lo que alimenta a la *Gran Tristeza*? ¿Que no se puede confiar en Dios? Cierto, ¡un padre como tú puede juzgar *al* Padre!

De nuevo el enojo de Mack creció como una llama descomunal. Quiso protestar, pero ella tenía razón y no tenía caso negarlo.

Ella continuó:

–¿No es ése tu justo reclamo, Mackenzie? ¿Que Dios te falló, que le falló a Missy? ¿Que desde antes de la creación Dios sabía que un día tu Missy sería brutalizada, y aun así creó? ¿Y después *permitió* que un alma torcida la arrebatara de tus amorosos brazos cuando él habría podido impedirlo? ¿No tiene Dios la culpa, Mackenzie?

Mack tenía la vista fija en el suelo, un caudal de imágenes tirando de sus emociones en toda dirección. Finalmente dijo, más fuerte de lo que hubiera querido, y señalándola a ella con el dedo:

–¡Sí! ¡Dios tiene la culpa!

Su acusación flotó en la sala mientras el mazo caía sobre su corazón.

–Entonces –dijo ella, en forma concluyente–, si eres capaz de juzgar así de fácil a Dios, sin duda puedes juzgar al mundo. –Otra vez había hablado sin emoción–. Debes elegir a dos de tus hijos para pasar la eternidad en el nuevo cielo y la nueva tierra de Dios. Pero sólo a dos.

–¿Qué? –él hizo erupción, volviéndose incrédulo hacia ella.

–Y debes elegir a tres de tus hijos para pasar la eternidad en el infierno.

Mack no podía creer lo que oía y empezó a sentir pánico.

–Mackenzie –la voz de ella fue en esta ocasión tan sosegada y maravillosa como la primera vez que la oyó–: lo único que te estoy pidiendo es que hagas lo que, según tú, Dios hace. Él conoce a cada persona que haya sido concebida, y la conoce mucho más profunda y claramente de lo que tú conocerás a tus hijos. Él ama a cada uno de acuerdo con su conocimiento del ser de ese hijo o hija. Tú crees que él condenará a la mayoría a una eternidad de tormento, lejos de su presencia y separados de su amor, ¿no es verdad?

–Supongo que sí. Nunca lo he pensado en esos términos. –Tropezaba con las palabras en medio de su conmoción–. Sólo supuse que Dios podía hacerlo. El infierno era siempre un tema abstracto, sin nada que ver con alguien que verdaderamente… –Mack vaciló al darse cuenta de que lo que estaba a punto de decir sonaría feo– que verdaderamente me importara.

–Así que supones que Dios hace esto por gusto, mientras que tú no puedes hacerlo… Anda, Mackenzie, ¿a cuáles de tus cinco hijos sentenciarás al infierno? Deben ser tres. Katie es la que más pelea contigo ahora. Te trata mal y te ha dicho cosas hirientes. Quizá ella sea la primera y más lógica opción. ¿Qué con ella? Tú eres el juez, Mackenzie, y debes decidir.

–No quiero ser el juez –dijo él, parándose.

Su mente corría a toda velocidad. Esto no podía ser real. ¿Cómo podía Dios pedirle que eligiera entre sus hijos? Nada más no podía sentenciar a Katie, ni a ninguno otro de sus hijos, a una eternidad en el infierno sólo porque hubieran pecado contra él. Aun si Katie o Josh o Jon o Tyler cometieran un crimen horrendo, él no lo condenaría. ¡No podía! Para él, lo importante no eran sus actos, sino su amor por ellos.

–No puedo hacer esto –dijo en voz baja.

–Debes hacerlo –replicó ella.

–No puedo hacer esto –dijo él, con más fuerza y vehemencia.

–Debes hacerlo –repitió ella, bajando la voz.

–¡No… lo… haré…! –gritó Mack, hirviéndole la sangre.

–Debes hacerlo –murmuró ella.

–No puedo. No puedo. ¡No lo haré! –aulló Mack, dejando salir en desorden palabras y emociones.

La mujer permaneció de pie, viendo y esperando. Él la miró al fin, con ojos suplicantes.

–¿Podría ir yo a cambio? Si necesitas torturar a alguien para toda la eternidad, yo iré en lugar de ellos. ¿Podría ser así? ¿Podría hacerlo yo?

Cayó a sus pies, llorando y suplicando:

–Por favor, déjame ir en lugar de mis hijos. Por favor, lo haría con gusto… Por favor, te lo ruego. Por favor… Por favor…

–Mackenzie, Mackenzie –murmuró ella, con palabras que sonaron como una cubetada de agua fresca en un día sofocante. Le acarició suavemente las mejillas mientras lo ayudaba a levantarse. Por entre las lágrimas que nublaban su vista, él advirtió la radiante sonrisa de ella–. Ahora te pareces a Jesús. Has juzgado bien, Mackenzie. ¡Estoy tan orgullosa de ti!

–Pero no he juzgado nada –repuso Mack, confundido.

–Claro que lo hiciste. Has juzgado a tus hijos dignos de amor, aun si eso te costara todo. Así es como Jesús ama. –Cuando él oyó estas palabras, pensó en su nuevo amigo esperando en el lago–. Y ahora conoces el corazón de Papá –añadió ella–, quien ama con perfección a todos sus hijos.

La imagen de Missy destelló al punto en su mente, y Mack se descubrió erizándose de nuevo. Sin pensarlo, se levantó otra vez de la silla.

–¿Qué pasa, Mackenzie? –preguntó ella.

Él no vio caso en tratar de ocultarlo:

–Comprendo el amor de Jesús, pero Dios es otra historia. No creo que se parezcan en nada.

–¿No disfrutaste tu rato con Papá? –preguntó ella, sorprendida.

–No, amo a Papá, quienquiera que sea. Es increíble, pero no se parece en nada al Dios que yo he conocido.

–Tal vez tu comprensión de Dios era equivocada.

–Tal vez. Pero el hecho es que no veo cómo Dios amó con perfección a Missy.

–¿Así que el juicio prosigue? –preguntó ella con voz triste.

Eso obligó a Mack a hacer una pausa, aunque sólo un momento.

–¿Qué más puedo pensar? Simplemente no comprendo que Dios haya amado a Missy y haya permitido que sufriera ese horror. Ella era inocente. No hizo nada para merecer eso.

–Lo sé.

Mack continuó:

–¿Dios la usó para castigarme por lo que yo le hice a mi padre? No es justo. Ella no lo merecía. Nan no lo merecía. –Lágrimas comenzaron a correr por su rostro–. Tal vez yo lo merecía, pero ellas no.

–¿Así es tu Dios, Mackenzie? Entonces no es de sorprender que te ahogues en tu pena. Papá no es así, Mackenzie. Ella no te está castigando, ni a Missy, ni a Nan. Eso no fue obra suya.

–Pero no lo impidió.

–No. Él no impide muchas cosas que le causan dolor. El mundo de ustedes está severamente fracturado. Ustedes exigieron su independencia, y ahora están enojados con Quien los amó lo suficiente para concedérselas. Nada es como debería, como Papá quisiera que fuera, y como será algún día. Justo en este momento su mundo está hundido en la oscuridad y el caos, y cosas horribles suceden a aquellos a quienes ella es especialmente afecta.

–¿Entonces por qué no hace nada para remediarlo?

–Ya lo hizo…

–¿Te refieres a lo que hizo Jesús?

–¿No has visto las heridas en Papá también?

–No las entendí. ¿Cómo pudo ella…?

–Por amor. Ella eligió el camino de la cruz, donde la misericordia triunfa sobre la justicia a causa del amor. ¿Habrías preferido que eligiera la justicia para todos? ¿Quiere justicia, Señor Juez? –Sonrió al decir esto.

–No, no la quiero –respondió él, bajando la cabeza–. No para mí, no para mis hijos.

Ella esperó.

–Pero aun así no entiendo por qué Missy tuvo que morir.

–Ella no tuvo que morir, Mackenzie. Ése no era el plan de Papá. Papá nunca ha necesitado el mal para cumplir sus buenos propósitos. Son ustedes, los seres humanos, quienes han abrazado el mal, y Papá ha respondido con bondad. Lo que le pasó a Missy fue obra del mal, y nadie en tu mundo es inmune a él.

–Pero es muy doloroso. Debe haber una manera mejor…

–La hay. Pero no puedes verla ahora. Retorna de tu independencia, Mackenzie. Renuncia a ser su juez y conoce a Papá tal como es. Entonces podrás abrazar su amor en medio de tu dolor, en vez de alejarla con tu egocéntrica percepción de cómo debería ser el universo. Papá se ha introducido en tu mundo para estar contigo, para estar con Missy.

Mack se paró de la silla.

–Ya no quiero ser juez. Quiero confiar en Papá, de veras. –Sin que Mack lo notara, el recinto se iluminó mientras él rodeaba la mesa hacia la modesta silla donde todo había comenzado–. Pero necesitaré ayuda.

Ella tendió las manos y abrazó a Mack.

–Esto parece el principio del viaje de regreso a casa, Mackenzie. Sin duda lo es.

La quietud de la caverna fue traspasada de súbito por el ruido de risas infantiles. Parecían atravesar las paredes, que Mack veía claramente ahora conforme la sala seguía iluminándose. Cuando miró en aquella dirección, la superficie de las rocas se hizo cada vez más traslúcida y la luz del día se filtró en la cueva. Sorprendido, miró entre la neblina, y pudo al fin distinguir vagas formas de niños jugando a la distancia.

–¡Parecen *mis hijos*! –exclamó, abierta la boca de asombro.

Al acercarse a la pared, la niebla se abrió como si alguien hubiera jalado una cortina, y él se asomó inesperadamente a un prado, en dirección al lago. Frente a él apareció el telón de fondo de las altas montañas cubiertas de nieve, perfectas en su majestad, ataviadas con densos bosques. Y arrimada a sus pies, pudo ver con claridad la cabaña, donde sabía que Papá y Sarayu lo esperaban. Un torrente emergía turbulento de quién sabe dónde, directo frente a él, y corría hacia el lago entre campos de espigadas flores y hierbas silvestres. Los pájaros cantaban por todas partes, y el dulce perfume del verano flotaba espeso en el aire.

Todo esto vio, oyó y olió Mack en un instante, pero después su mirada fue atraída por un movimiento, por el grupo que jugaba en un recodo próximo al cauce del torrente hacia el lago, a menos de cincuenta metros de distancia. Vio ahí a sus hijos: Jon, Tyler, Josh y Kate. Pero, ¡un momento! ¡Había alguien más!

Resolló, tratando de concentrarse mejor. Para acercarse a ellos, chocaba con una fuerza inadvertida, como si la pared de piedra fuera invisible frente a él.

Entonces vio claro.

–¡Missy!

Ahí estaba ella, chapoteando descalza.

Como si lo hubiera oído, Missy se desprendió del grupo y corrió por la vereda que terminaba justo frente a él.

–¡Oh, Dios mío! ¡Missy! –gritó Mack, y trató de avanzar, atravesando el velo que los separaba.

Para su consternación, chocó con una potencia que no le permitía acercarse más, como si una fuerza magnética aumentara en oposición directa a su esfuerzo, devolviéndolo a la sala.

–No puede oírte.

A Mack no le importó.

–¡Missy! –gimió.

Estaba tan cerca… El recuerdo que él se había esmerado tanto en no perder pero que había sentido escurrirse lentamente, volvía ahora de golpe. Buscó una manija, como para abrir algo con rudeza y hallar un camino para llegar hasta su hija. Pero no había nada.

Entre tanto, Missy había arribado y estaba parada justo frente a él. Era obvio que no lo veía, fija la mirada en algo que estaba en medio, más grande y visible para ella, pero no para él.

Mack dejó de oponerse por fin al campo de fuerza y dio media vuelta hacia la mujer.

–¿Puede verme? ¿Sabe que estoy aquí? –preguntó desesperado.

–Lo sabe, pero no puede verte. Desde su lado, lo único que ve es la hermosa cascada. Pero sabe que estás detrás de ella.

–¡Cascadas! –exclamó Mack, riendo para sí–. ¡Ella nunca se saciará de cascadas!

Fijó entonces su atención en ella, intentando imprimir de nuevo en su memoria cada detalle de su expresión y su cabello y sus manos. Mientras lo hacía, el rostro de Missy estalló en una sonrisa inmensa, que hizo destacar los hoyuelos de sus mejillas.

En cámara lenta, con toda exageración, Mack la vio pronunciar estas palabras: "Estoy bien, y...", remarcó, "te quiero mucho".

Era demasiado, y Mack rompió a llorar de alegría.

No podía dejar de verla, mirándola a través de la cascada de sus propios ojos. Volver a estar tan cerca de ella era doloroso, verla parada a su muy particular estilo, una pierna adelante y la mano en la cadera, la muñeca doblada.

—De veras está bien, ¿no?

—Más de lo que te imaginas. Esta vida es sólo la antesala a una realidad más grandiosa por venir. Nadie cumple su potencial en tu mundo. Es sólo la preparación para lo que Papá tenía en mente desde el principio.

—¿Puedo acercarme a ella? ¿Darle sólo un abrazo, un beso? —preguntó, con voz baja y suplicante.

—No. Así es como ella lo quiso.

—¿Así lo quiso ella? —Mack estaba confundido.

—Sí. Es una niña muy sabia, nuestra Missy. Soy especialmente afecta a ella.

—¿Estás segura que sabe que estoy aquí?

—Sí, estoy segura —lo tranquilizó—. Estaba muy ilusionada con este día, con jugar con sus hermanos y su hermana, y estar cerca de ti. Le habría gustado muchísimo que su madre también estuviera aquí, pero eso tendrá que esperar para otra ocasión.

Mack se volvió hacia la mujer.

—¿Mis demás hijos están aquí de verdad?

—Están, pero no están. Sólo Missy en verdad está aquí. Los demás están soñando, y cada cual tendrá un vago recuerdo de esto, algunos con mayor detalle que otros, pero nadie total ni completamente. Éste es un sueño apacible para cada uno, excepto Kate. Este sueño no será fácil para ella. Missy, en cambio, está totalmente despierta.

Mack observaba cada movimiento de su preciosa Missy.

—¿Me ha perdonado? —preguntó.

—¿Perdonarte de qué?

—Le fallé —murmuró.

—Estaría en su naturaleza perdonar, si hubiera algo que perdonar, lo cual no es el caso.

—Pero no evité que él se la llevara. Él se la llevó mientras yo no prestaba atención... —su voz se apagó.

—Si bien recuerdas, estabas salvando a tu hijo. Sólo tú, en todo el universo, crees tener la culpa. Missy no lo cree, ni Nan, ni Papá. Quizá sea momento de librarte de eso, de esa mentira. Y Mackenzie: aun si hubieras tenido la culpa, el amor de ella sería mucho más grande que tu falta.

Justo en ese momento alguien llamó a Missy por su nombre, y Mack reconoció esa voz. Ella lanzó un grito de júbilo y echó a correr hacia los demás. Pero se detuvo abruptamente y regresó corriendo hasta su papá. Hizo como si lo abrazara y, cerrados los ojos, le dio un exagerado beso. Detrás de la barrera, él le devolvió el abrazo. Por un momento ella se quedó quieta, como sabiendo que le hacía un regalo a su memoria, y luego agitó la mano, se volvió y corrió adonde estaban los demás.

Mack pudo ver entonces con toda claridad la voz que había llamado a su Missy. Era Jesús, que jugaba con sus hijos. Missy saltó a sus brazos sin vacilar. Él le dio dos vueltas antes de depositarla de nuevo en el suelo, todos rieron, y acto seguido se pusieron a buscar piedras lisas que lanzar y ver saltar en la superficie del lago. La expresión de su gozo era una sinfonía para los oídos de Mack, cuyas lágrimas fluían libremente mientras miraba.

De pronto, sin aviso, cayó el agua rugiente frente a él, que cubrió la vista y ruidos de sus hijos. Instintivamente, Mack dio un salto atrás. Se percató entonces de que las paredes de la cueva se habían disuelto a su alrededor, y de que se hallaba en una gruta atrás de la cascada.

Sintió las manos de la mujer en sus hombros.

–¿Terminó? –preguntó él.

–Por ahora –respondió ella en tono suave–. Mackenzie, el juicio no es para destruir, sino para corregir.

Mack sonrió.

–Ya no me siento estancado.

Ella lo guió dulcemente hacia un lado de la cascada, hasta que él vio de nuevo a Jesús en la orilla, arrojando piedras todavía.

–Creo que alguien te está esperando.

Las manos de ella apretaron con delicadeza sus hombros y se retiraron, y Mack supo, sin verla, que se había marchado. Luego de trepar con cuidado resbaladizas rocas y atravesar piedras mojadas, halló un camino que rodeaba la cascada, atravesaba la refrescante neblina del agua tronante y regresaba a la luz del día.

Exhausto pero muy satisfecho, Mack hizo una pausa y cerró los ojos un momento, tratando de grabar en su mente los detalles de la presencia de Missy, con la esperanza de que, en los días por venir, pudiera revivir cada momento con ella, cada matiz y movimiento.

De pronto extrañó muchísimo a Nan.

12

EN EL VIENTRE DE LAS BESTIAS

*Los hombres nunca hacen el mal tan completa y animosamente
como cuando lo hacen por convicción religiosa.*
–Blaise Pascal

Una vez abolida la divinidad, el gobierno se convierte en Dios.
–G. K. Chesterton

Mientras Mack avanzaba por la vereda hacia el lago, de repente se dio cuenta de que algo faltaba. Su constante compañera, la *Gran Tristeza*, se había ido. Era como si hubiera sido arrastrada por las nieblas de la cascada mientras él emergía detrás de su cortina. Su ausencia parecía extraña, quizás hasta incómoda. En los años anteriores, ella había definido lo normal para él, pero ahora se había desvanecido en forma inesperada. "Lo normal es un mito", pensó para sí.

La *Gran Tristeza* ya no sería parte de su identidad. Ahora sabía que a Missy no le importaba si él se negaba a preservarla. De hecho, ella no quería que se agazapara con ese sudario, y quizás lamentaría que lo hiciera. Mack se preguntaba quién era ahora que se había librado de todo eso, para caminar cada día sin la culpa y desesperación que decoloraron para él todas las cosas.

Al llegar al claro, vio a Jesús esperándolo, todavía arrojando piedras.

—Oye, creo que mi mejor marca fueron trece saltos –dijo Jesús, riendo y acercándose a recibir a Mack–. Pero Tyler me ganó por tres, y Josh lanzó una piedra que brincó tan rápido que todos perdimos la cuenta. –Mientras reían, Jesús añadió–: Tus hijos son especiales, Mack. Nan y tú los han amado mucho. Kate está haciendo un esfuerzo, como bien sabes, pero no hemos terminado aún.

La desenvoltura e intimidad con que Jesús habló sobre sus hijos conmovió profundamente a Mack.

–¿Ya se fueron?

Jesús se alejó y asintió:

–Sí, volvieron a sus sueños, salvo Missy, claro.

–¿Ella está…? –empezó Mack.

–Estaba feliz de haber estado tan cerca de ti, y está muy contenta de saber que estás mejor.

Mack hizo un esfuerzo por conservar la compostura. Jesús comprendió y cambió de tema:

–¿Cómo te fue con Sofía?

–¿Sofía? ¡Ah, era ella! –exclamó Mack. Una mirada de perplejidad cruzó su rostro–. ¿Pero eso no los vuelve cuatro a ustedes? ¿Ella también es Dios?

Jesús rió.

–No, Mack. Somos tres nada más. Sofía es la personificación de la sabiduría de Papá.

–Ah, ¿como en los Proverbios?, donde se describe a la sabiduría como una mujer clamando por las calles, en busca de alguien que la escuche.

–Ésa es ella.

–Pero –Mack hizo una pausa mientras se agachaba para desatar las agujetas de sus zapatos– parecía muy real.

–Es muy real –repuso Jesús. Miró a su alrededor como para ver si alguien los observaba y murmuró–: Forma parte del misterio que rodea a Sarayu.

–Quiero a Sarayu –exclamó Mack mientras se erguía, algo sorprendido de su transparencia.

–¡Yo también! –afirmó Jesús, enfático.

Volvieron a la orilla del lago y se quedaron viendo en silencio hacia la cabaña.

–Fue terrible y maravilloso el rato que pasé con Sofía. –Mack por fin contestaba la pregunta que Jesús le había hecho. De pronto se dio cuenta de que el sol aún estaba alto en el cielo–. ¿Cuánto tiempo me ausenté?

–Menos de quince minutos, no fue mucho tiempo –respondió Jesús. Ante la mirada de asombro de Mack, añadió–: El tiempo con Sofía no es como el tiempo normal.

–¡Ah! –gruñó Mack–. Dudo que algo en ella sea normal.

–En realidad –empezó Jesús, pero hizo una pausa para arrojar una última piedra–, con ella todo es normal y elegantemente sencillo. Ustedes están tan extraviados y son tan independientes que le causan muchas complicaciones, y por lo tanto consideran profunda aun su sencillez.

–Entonces yo soy complejo y ella simple. ¡Fiu! Mi mundo está de cabeza.

Mack se había sentado en un tronco, y ya se quitaba los zapatos y los calcetines para el camino de regreso.

–¿Puedes explicarme esto? ¿Aquí era pleno día, y mis hijos estaban aquí en sueños? ¿Cómo es posible? ¿Algo de esto es real? ¿O yo también estoy soñando?

Jesús se rió de nueva cuenta.

–En cuanto a cómo es posible todo esto, mejor ni preguntes, Mack. Es un poco complicado; tiene algo que ver con el acoplamiento dimensional del tiempo. Más cosas de Sarayu. El tiempo, como sabes, no tiene límites para Aquel que lo creó. Puedes preguntárselo, si quieres.

–Nah, creo que mejor me quedaré con la duda. Era simple curiosidad –dijo Mack entre risas.

–Pero en cuanto a "¿Algo de esto es real?", es mucho más real de lo que te imaginas. –Jesús hizo una pausa para tener toda la atención de Mack–. Una pregunta mejor podría ser: "¿Qué es real?"

—Empiezo a pensar que no tengo la menor idea —replicó Mack.

—¿Todo esto sería menos "real" si ocurriera en un sueño?

—No sé qué pensar.

—¿Por qué? Mack, aquí ocurre mucho más de lo que puedes percibir. Te lo aseguro: todo esto es muy real, mucho más real que la vida como la conoces.

Mack titubeó, pero decidió correr el riesgo y preguntó:

—Hay una cosa que aún me inquieta, sobre Missy.

Jesús se acercó y se sentó a su lado en el tronco. Mack se inclinó y apoyó los codos en las rodillas, mirando más allá de sus manos, hacia los guijarros cerca de sus pies. Dijo por fin:

—No dejo de pensar en ella, sola en esa camioneta, tan aterrada...

Jesús tendió el brazo, puso la mano en el hombro de Mack y lo apretó. Dijo cordialmente:

—Mack, ella nunca estuvo sola. Nunca la abandoné; nosotros jamás la dejamos un instante. Yo no podría abandonarla más a ella, ni a ti, de lo que me abandono a mí mismo.

—¿Supo ella que estabas ahí?

—Sí, Mack. Al principio, no; su temor era apabullante, y ella estaba en choque. Tardó horas en llegar aquí desde el campamento. Pero cuando Sarayu la envolvió, ella se serenó. El largo viaje en realidad nos dio la oportunidad de conversar.

Mack trataba de aceptar todo eso. No podía hablar.

—Aunque sólo tenga seis años, Missy y yo somos amigos. Platicamos. Ella no tenía idea de lo que iba a pasar. En realidad estaba más preocupada por ti y los chicos, pues sabía que no la encontrarían. Pidió por ustedes, para que tuvieran paz.

Mack lloraba, lágrimas nuevas rodando por sus mejillas. Esta vez no le importó. Jesús lo tomó dulcemente entre sus brazos y lo estrechó.

—Mack, no creo que quieras conocer todos los detalles. Estoy seguro de que no te ayudarán. Pero puedo decirte que no hubo un solo momento en que no estuviéramos con ella. Missy conoció mi paz, y tú habrías estado orgulloso de ella. ¡Fue tan valiente!

Las lágrimas corrían libremente ahora, pero aun así Mack notó que esta vez era diferente. Ya no estaba solo. Sin vergüenza, lloraba en el hombro de ese hombre al que estaba terminando por querer. Cada sollozo hacía que la tensión se desvaneciera, remplazada por una honda sensación de alivio. Al fin respiró profundamente y exhaló mientras levantaba la cabeza.

Entonces, sin decir palabra, se paró, se echó los zapatos al hombro y se metió al agua.

Aunque le sorprendió un poco hallar a su primer paso el fondo del lago, y que el agua le llegara hasta los tobillos, no le importó. Se detuvo, subió el pantalón arriba de las rodillas, sólo por si acaso, y dio otro paso en el agua, ofensivamente fría. Esta vez le llegó hasta la mitad de la pantorrilla, y el siguiente justo abajo de las rodillas, sus pies aún en el fondo del lago. Al voltear, vio a Jesús en la orilla, con los brazos cruzados sobre el pecho, mirándolo.

Mack se volvió y miró hacia la orilla opuesta. No sabía por qué en esta ocasión las cosas no marchaban bien, pero estaba resuelto a continuar. Jesús estaba ahí, así que no había de qué preocuparse. La perspectiva de una larga y helada zambullida no era demasiado estimulante, pero Mack estaba seguro de que podría soportarla si tenía que hacerlo.

Por fortuna, cuando dio el siguiente paso, en vez de hundirse más se elevó un poco, y a cada sucesiva zancada subía un poco más, hasta estar de nuevo en la cumbre del agua. Jesús se unió a él, y juntos prosiguieron el camino hacia la cabaña.

—Esto siempre marcha mejor cuando lo hacemos juntos, ¿no crees? —le preguntó Jesús, sonriendo.

—Una cosa más por aprender, supongo —Mack le devolvió la sonrisa.

Ya no le importaba, comprendió, si tenía que nadar o caminar sobre el agua, por maravilloso que fuera esto último.

Lo que importaba era que Jesús estaba con él. Quizás empezaba a confiar en él después de todo, aun si era sólo a pasos de bebé.

–Gracias por estar conmigo, por hablar conmigo sobre Missy. En realidad no había hablado de esto con nadie. Me parecía algo inmenso y aterrador. Ya no parece tener ese mismo poder.

–La oscuridad encubre el verdadero tamaño de los temores, las mentiras y los pesares –explicó Jesús–. La verdad es que son más sombra que realidad, así que parecen más grandes en la oscuridad. Cuando la luz brilla en los rincones que ellos ocupan dentro de ti, empiezas a verlos como realmente son.

–Pero, ¿por qué llevamos dentro toda esa basura? –preguntó Mack.

–Porque creemos que es más seguro tenerla ahí. Y, a veces, cuando eres un chico tratando de sobrevivir, realmente es más seguro tenerla ahí. Creces por fuera entonces, pero por dentro sigues siendo ese chico en la cueva oscura rodeada de monstruos, y, por costumbre, sigues enriqueciendo tu colección. Todos coleccionamos cosas que valoramos, ¿sabes?

Esto hizo sonreír a Mack. Sabía que Jesús se refería a algo que Sarayu había dicho sobre coleccionar lágrimas.

–¿Cómo ocurre un cambio, ya sabes, en alguien que está perdido en las tinieblas como yo?

–En la mayoría de los casos, muy lentamente –respondió Jesús–. Recuerda: no puedes hacerlo solo. Algunos prueban todo tipo de mecanismos de enfrentamiento y juegos mentales. Pero los monstruos siguen ahí, esperando la oportunidad de salir.

–Entonces, ¿qué hago ahora?

–Lo que ya estás haciendo, Mack: aprender a vivir sabiéndote amado. Éste no es un concepto fácil para los seres humanos. Se les dificulta mucho compartir cualquier cosa. –Rió y continuó–: Así que, en efecto, lo que deseamos es que "re-tornes" a nosotros, para que entonces lleguemos y hagamos nuestro hogar dentro de ti, y compartamos. Esta amistad es real, no meramente imaginaria. Deseamos experimentar esta vida, tu vida, juntos, en medio de un diálogo, compartiendo el viaje. Tú terminarás por compartir nuestra sabiduría y por aprender a amar con nuestro amor, y nosotros terminaremos por... oír tus refunfuños y angustias y quejas y...

Mack estalló en carcajadas y le dio un empujón a Jesús.

–¡Espera! –gritó Jesús, y se congeló donde estaba. Mack creyó al principio que lo había ofendido, pero su amigo miraba atentamente el agua–. ¿La viste? Mira, ahí viene otra vez.

–¿Qué? –Mack se acercó, resguardándose los ojos, para tratar de saber qué veía Jesús.

–¡Mira! ¡Mira! –gritó éste, como imponiendo silencio–. ¡Es una belleza! ¡Debe tener casi sesenta centímetros de largo!

Mack vio fulgurar entonces una enorme trucha de los lagos, a apenas una treintena de centímetros bajo la superficie, aparentemente ajena a la conmoción que causaba.

–He intentado atrapar una durante semanas, y aquí llega ésta a provocarme –dijo Jesús, riendo.

Mack vio, sorprendido, que él empezaba a perseguir aquí y allá, tratando de seguir el paso al pez, hasta darse por vencido. Jesús volteó hacia Mack, entusiasmado como un niño:

–¿No era prodigiosa? Tal vez nunca la atraparé.

A Mack le intrigó toda la escena.

–Jesús, ¿por qué no simplemente le ordenas... no sé, saltar a tu lancha o morder tu anzuelo? ¿No eres el Señor de la creación?

–Claro –dijo Jesús, agachándose y pasando la mano por el agua–. ¿Pero qué diversión habría en eso? –alzó la mirada y sonrió.

Mack no supo si reír o llorar. Se dio cuenta de cuánto había terminado por querer a ese hombre, este hombre que también era Dios.

Jesús se irguió de nuevo y juntos continuaron sus serpenteos hacia el muelle. Mack aventuró otra pregunta:

–¿Por qué no me hablaste de Missy antes: anoche, o hace un año, o...?

–No creas que no lo intentamos. ¿Te has dado cuenta de que, en tu pena, supones lo peor de mí? Llevo mucho tiempo hablándote, pero hoy fue la primera vez que me oíste; aunque todas las veces anteriores no fueron tiempo perdido. Como pequeñas grietas en la pared, una por una, pero entretejidas, te prepararon para el día de hoy. Tienes que dedicar tiempo a preparar la tierra si quieres que reciba a la semilla.

–No sé por qué nos resistimos a eso, nos resistimos tanto a *ti* –dijo Mack, con tono meditabundo–. Ahora me parece una tontería.

–Todo se reduce al momento perfecto de la gracia, Mack –continuó Jesús–. Si el universo sólo contuviera un ser humano, elegir ese momento sería muy sencillo. Pero añade un ser más y, bueno... ya sabes la historia. Cada decisión se extiende en el tiempo y en las relaciones, repercutiendo en otras decisiones. Y a partir de lo que parece un embrollo enorme, Papá teje un magnífico tapiz. Sólo Papá puede remediar todo esto, y lo hace con la gracia.

–Así que supongo que todo lo que puedo hacer es seguirla –concluyó Mack.

–Ajá, ésa es la cuestión. Ya empiezas a comprender lo que significa ser verdaderamente humano.

Llegaron al extremo del muelle y Jesús subió de un salto, volteando para ayudar a Mack. Se sentaron en la orilla y metieron los pies al agua, mirando los hipnotizadores efectos del viento en la superficie del lago. Mack fue el primero en romper el silencio:

–¿Vi el cielo cuando vi a Missy? Se parecía mucho a este lugar.

–Bueno, Mack, nuestro destino final no es la imagen del cielo que tienes metida en la cabeza; ya sabes, la imagen de puertas exquisitas y calles doradas. Es, en cambio, una nueva purificación del universo, así que, en efecto, se parecerá mucho a este lugar.

–Entonces, ¿qué hay de las puertas exquisitas y las cosas doradas?

–Esas cosas, hermano –comenzó Jesús, tendiéndose en el muelle y cerrando los ojos contra el calor y brillo del día–, son una imagen de mí y de la mujer de la que estoy enamorado.

Mack lo miró para saber si bromeaba, pero obviamente no era así.

–Es una imagen de mi esposa, la iglesia: individuos que forman una ciudad espiritual con un río de vida que corre por el centro, y en cuyas márgenes crecen árboles con frutos que sanarán la pena y pesar de las naciones. Y esta ciudad siempre está abierta, y cada una de sus puertas está hecha de una sola perla... –Abrió un ojo y miró a Mack–. ¡Yo sería eso! –Vio la confusión de Mack y explicó–: Las perlas, Mack. La única piedra preciosa hecha de dolor, sufrimiento y, finalmente, muerte.

–Ya entiendo. Tú eres la entrada, pero... –Mack hizo una pausa, buscando las palabras correctas–. Hablas de la iglesia como la mujer de la que estás enamorado; pero yo puedo asegurarte que no la conozco. –Desvió ligeramente la mirada–. Ella no es el lugar al que voy los domingos –Mack lo dijo más para sí que para Jesús, inseguro de si no era riesgoso decirlo en voz alta.

–Mack, eso se debe a que sólo ves la institución, un sistema hecho por el hombre. Eso no es lo que yo vine a construir. Lo que yo veo son personas y sus vidas, una comunidad viviente y palpitante de todos aquellos que me aman, no edificios y programas.

A Mack le desconcertó un poco oír a Jesús hablar de la iglesia de esa manera pero, una vez más, en realidad no le sorprendió. Fue un alivio.

–Entonces, ¿cómo puedo formar parte de esa iglesia? –preguntó–. ¿De esa mujer de la que pareces tan prendado?

–Es muy sencillo, Mack. Todo se reduce a las relaciones, y a compartir simplemente la vida. Justo lo que estamos haciendo ahora (sólo hacer esto), y estar abiertos y a la disposición de quienes nos rodean. Mi iglesia se reduce a personas, y la vida se reduce a relaciones. *Tú* no puedes construirla. Es asunto mío, y en realidad soy muy bueno para eso –dijo Jesús riendo.

¡Estas palabras fueron para Mack como una bocanada de aire fresco! Algo simple. No un montón de deberes agotadores y una larga lista de exigencias, ni asistir a reuniones interminables viendo por atrás la cabeza de la gente, personas a las que en realidad ni siquiera conocía. Sólo compartir la vida.

–Pero, espera… –Mack tenía un cúmulo de preguntas que empezaban a salir a la superficie. Tal vez no había entendido bien. ¡Eso parecía *demasiado* simple! De nuevo se contuvo. ¿Quizá era a causa de que los seres humanos estamos tan extraviados y somos tan independientes que volvemos complejo lo simple? Así que lo pensó dos veces antes de embrollarse con lo que empezaba a comprender. Comenzar a plantear en ese momento su revuelto cúmulo de preguntas sería como lanzar un puño de tierra en una fuente de agua clara–. No importa –fue todo lo que dijo.

–Mack, no tienes por qué tener todo resuelto. Sólo permanece conmigo.

Luego de un momento, Mack decidió sumarse a Jesús, y se tendió de espaldas junto a él, protegiendo sus ojos del sol para mirar las nubes dilatarse en las primeras horas de la tarde.

–Bueno, para ser honesto –admitió–, no me decepciona que eso de las "calles doradas" no sea el premio mayor. Siempre me pareció algo aburrido, y para nada tan maravilloso como estar aquí contigo.

Algo parecido a la quietud descendió sobre Mack mientras aceptaba el momento. Pudo oír el susurro del viento acariciando los árboles y la risa del arroyo cercano abriéndose paso hasta el lago. El día era majestuoso, e increíble el paisaje imponente.

–Quiero comprender, de veras. Me pareces tan diferente a todo ese bienintencionado asunto religioso con el que estoy familiarizado.

–Por bienintencionado que sea, ¡tú sabes que esa maquinaria religiosa puede devorar a la gente! –dijo Jesús, simulando una mordida–. Muchísimo de lo que se hace en mi nombre no tiene nada que ver conmigo, y con frecuencia es, aun sin quererlo, muy contrario a mis propósitos.

–¿No eres muy afecto a la religión y las instituciones? –preguntó Mack, sin saber si hacía una pregunta o una observación.

–Yo no creo instituciones; nunca lo he hecho, nunca lo haré.

–¿Y la institución del matrimonio?

–El matrimonio no es una institución. Es una relación. –Jesús hizo una pausa, firme y paciente la voz–. Como ya te dije, yo no creo instituciones; ésa es una ocupación de quienes quieren jugar a ser Dios. Así que no, no soy muy afecto a la religión, ni muy afecto tampoco a la política y la economía. –Su rostro se ensombreció notoriamente–. ¿Por qué había de serlo? Ésa es la trinidad, de factura humana, de terrores que devastan la Tierra y engañan a quienes quiero. ¿Qué turbulencia y angustia mentales de las que enfrentan los seres humanos no está relacionada con alguna de esas tres cosas?

Mack vaciló. No sabía qué decir. Todo eso parecía rebasarlo.

Notando que los ojos de Mack se nublaban, Jesús bajó de nivel.

–Para decirlo simplemente, esos terrores son herramientas que muchos usan para sustentar sus ilusiones de seguridad y control. La gente le teme a la incertidumbre, le teme al futuro. Esas instituciones, esas estructuras e ideologías, son un esfuerzo completamente inútil por producir una sensación de certidumbre y seguridad donde no las hay. ¡Todo eso es falso! Los sistemas no pueden darte seguridad; sólo yo puedo hacerlo.

"¡Vaya!", fue todo lo que Mack pudo pensar. El panorama de cómo él y prácticamente todos los que conocía habían buscado para manejar y navegar sus vidas estaba siendo reducido a poco más que escombros.

–Así que… –Mack procesaba aún, y en realidad no lograba gran cosa–. ¿Entonces? –lo convirtió en pregunta.

–Yo no tengo una agenda en este caso, Mack. Justo lo contrario –dijo Jesús–. Vine a darte vida en abundancia. Mi vida. –Mack aún hacía esfuerzos por comprender–. La sencillez y pureza de disfrutar una amistad cada vez más íntima.

–¡Ah, ya entendí!

–Si tratas de vivir sin mí, sin el diálogo permanente que juntos compartimos en este viaje, será como tratar de caminar solo sobre el agua. ¡No puedes! Y si lo intentas, por bienintencionado que seas, te vas a hundir. –Pese a que sabía perfectamente bien la respuesta, Jesús preguntó–: ¿Alguna vez has tratado de salvar a alguien que se ahoga?

El corazón y los músculos de Mack se tensaron instintivamente. No le gustaba recordar a Josh y la canoa, ni la sensación de pánico que de repente se desbordaba en su memoria.

–Es muy difícil rescatar a alguien a menos que esté dispuesto a confiar en ti.

–Sí, así es.

–Eso es todo lo que te pido. Cuando empieces a hundirte, déjame rescatarte.

Parecía una petición simple, pero Mack estaba acostumbrado a ser el salvavidas, no el que se hundía.

–Jesús, no sé cómo…

–Déjame enseñarte. Sólo sigue dándome lo poco que tienes, y juntos lo veremos crecer.

Mack comenzó a ponerse los calcetines y los zapatos.

–Sentado aquí contigo, en este momento, eso no me parece tan difícil. Pero cuando pienso en mi vida rutinaria en casa, no sé cómo esto puede seguir siendo tan sencillo como sugieres. Me obsesiona el control tanto como a los demás. Política, economía, sistemas sociales, cuentas, familia, compromisos… todo puede ser un tanto abrumador. No sé cómo cambiar todo eso.

–¡Nadie te lo está pidiendo! –exclamó Jesús afablemente–. Ésa es tarea de Sarayu, y ella sabe cómo hacerlo sin brutalizar a nadie. Toda esta cuestión es un proceso, no un hecho. Lo único que quiero de ti es que confíes en mí aunque sea un poco, y ames cada vez más a quienes te rodean con el mismo amor que yo comparto contigo. No te corresponde hacerlos cambiar ni convencerlos. Estás en libertad de amar sin agenda.

—Eso es lo que quiero aprender.

—Ya lo estás haciendo.

Jesús le guiñó un ojo, se paró, se estiró y Mack lo siguió.

—Me han dicho muchas mentiras —admitió.

Jesús lo miró, lo atrajo con un brazo y lo estrechó.

—Lo sé, Mack, a mí también. Pero no las creí.

Echaron a andar juntos sobre el muelle. Mientras se acercaban a la orilla, volvieron a aflojar el paso. Jesús puso una mano en el hombro de Mack y lo volteó suavemente hasta que estuvieron frente a frente.

—Mack, el sistema mundial es lo que es. Instituciones, sistemas, ideologías, y todos los vanos y fútiles esfuerzos de la humanidad que los acompañan, están en todas partes, e interactuar con todo eso es inevitable. Pero yo puedo darte libertad para sortear cualquier sistema de poder en el que estés, sea religioso, económico, social o político. Crecerás en la libertad para estar dentro o fuera de todo tipo de sistemas y moverte libremente entre ellos. Juntos, tú y yo podemos vivir con eso sin vivir de eso.

—¡Pero muchas personas que aprecio parecen vivir con eso tanto como de eso! —Mack pensó en sus amigos, personas de la iglesia que habían expresado amor por él y su familia. Sabía que amaban a Jesús, pero también que estaban entregados a la actividad religiosa y el patriotismo.

—Mack, yo amo a esas personas. Y tú juzgas equivocadamente a muchas de ellas. Para quienes viven con eso tanto como de eso, debemos hallar formas de amarlos y servirlos, ¿no lo crees? —preguntó Jesús—. Recuerda: quienes me conocen están en libertad de vivir y amar sin agendas.

–¿Eso es lo que significa ser cristiano? –Sonó tonto cuando Mack lo dijo, pero era así como intentaba resumir todo en su mente.

–¿Quién ha hablado de ser cristiano? Yo no soy cristiano.

Esta idea le pareció rara a Mack, y tan inesperada que no pudo evitar sonreír.

–No, supongo que no.

Llegaron a la puerta del taller. Jesús se detuvo de nuevo.

–Quienes me aman, proceden de todos los sistemas que existen. Son budistas o mormones, bautistas o musulmanes; algunos son demócratas, otros republicanos, y muchos no votan o no forman parte de ninguna institución de domingos en la mañana o religiosa. Tengo seguidores que fueron asesinos, y muchos que fueron santurrones. Algunos son banqueros y corredores de apuestas, estadounidenses e iraquíes, judíos y palestinos. No tengo el menor deseo de volverlos cristianos, sino de acompañarlos en su transformación en hijos e hijas de Papá, mis hermanos y hermanas, mis Amados.

–¿Eso significa –preguntó Mack– que todos los caminos conducen a ti?

–No precisamente. –Jesús sonrió mientras tendía la mano en busca de la manija de la puerta del taller–. La mayoría de los caminos no llevan a ninguna parte. Lo que eso significa es que yo recorreré todos los caminos que sean necesarios para salir a tu encuentro. –Hizo una pausa–. Mack, tengo algunas cosas que terminar en el taller, así que te alcanzaré más tarde.

–Está bien. ¿Qué quieres que haga?

–Lo que quieras, Mack. La tarde es tuya. –Jesús le palmeó los hombros y sonrió–. Una última cosa: ¿recuerdas que me agradeciste que te haya dejado ver a Missy? Fue idea de Papá.

Dicho esto, se volvió, agitando la mano sobre el hombro mientras entraba al taller.

Mack supo al instante qué quería hacer, y se encaminó a la cabaña en busca de Papá.

13

Encuentro de corazones

La mentira tiene infinidad de combinaciones,
pero la verdad sólo tiene un modo de ser.
–Jean-Jacques Rousseau

Mientras Mack se acercaba a la cabaña, percibió un olor a panecillos, molletes o algo maravilloso. Tal vez sólo había transcurrido una hora desde el almuerzo, pero debido a esa cosa dimensional del tiempo de Sarayu, sintió como si no hubiera comido en horas. Incluso si hubiera estado ciego, no habría tenido dificultad para abrirse paso hasta la cocina. Pero cuando entró por la puerta trasera, le sorprendió y desilusionó descubrir que el lugar estaba vacío.

–¿Hay alguien aquí? –preguntó.

–¡Estoy en el portal, Mack! –La voz de Papá llegó por la ventana abierta–. Toma algo de beber y ven a acompañarme.

Mack se sirvió un poco de café y salió al portal. Papá estaba tendida en un viejo sillón reclinable, cerrados los ojos, dorándose al sol.

–¿Qué es esto? ¿Dios tiene tiempo para tomar el sol? ¿No tienes nada mejor que hacer esta tarde?

–Mack, no tienes idea de lo que estoy haciendo en este momento.

Mack se acercó a otro sillón que había en el lado opuesto y, mientras se sentaba, Papá abrió un ojo. Entre ellos, en una mesita, estaba una charola llena de pastas de deliciosa apariencia, mantequilla y un amplio surtido de mermeladas y jaleas.

–¡Guau, esto huele riquísimo! –exclamó Mack.

–Sírvete. Es una receta que aprendí de tu tatarabuela. Hecha en casa, también –sonrió ella.

Mack no sabía lo que "hecha en casa" podía significar cuando Dios lo decía, pero decidió dejar el asunto por la paz. Tomó uno de los panecillos y lo mordió sin ponerle nada encima. Todavía estaba caliente, y se disolvió de inmediato en su boca.

–¡Guau! ¡Está muy sabroso! ¡Gracias!

–Bueno, tendrás que agradecérselo a tu tatarabuela cuando la veas.

–Que espero –dijo Mack entre una mordida y otra– no sea pronto.

–¿No te gustaría conocerla? –le preguntó Papá, con un guiño pícaro, y luego cerró los ojos de nuevo.

Mientras Mack comía otro panecillo, reunió valor como pudo para hablar con el corazón:

–¿Papá? –preguntó, y por primera vez no le pareció difícil llamar "Papá" a Dios.

–¿Sí, Mack? –respondió ella, abriendo los ojos y sonriendo con delicia.

–He sido muy duro contigo.

–Hmmmm, esa Sofía ya te trabajó.

–¡Y sí que lo hizo! Yo no tenía idea de que me atrevía a ser tu juez. Parece horriblemente arrogante.

–Porque lo es –respondió Papá con una sonrisa.

–Lo lamento mucho. No lo sabía, de veras… –Mack sacudió la cabeza, entristecido.

–Pero eso ya está en el pasado, donde pertenece. No quiero que lo lamentes, Mack. Lo único que quiero es que nuestra relación crezca sin eso.

–Yo también –dijo Mack, tomando otro panecillo–. ¿No vas a comer nada de esto?

–Nah, hazlo tú. Ya sabes cómo son estas cosas: empiezas a cocinar y a probar esto y aquello, y cuando te das cuenta ya se te fue el apetito. Disfrútalo tú –dijo Papá, y le acercó la charola de un codazo.

Él tomó otro bocadillo, y se acomodó en su sillón para saborearlo.

–Jesús me dijo que fue idea tuya concederme un poco de tiempo con Missy esta tarde. ¡No tengo palabras para agradecértelo!

–Ohh, de nada, mi amor. ¡A mí también me dio mucho gusto! Tenía muchas ganas de reunirlos.

–Me habría gustado que Nan estuviera ahí.

–¡Habría sido perfecto! –coincidió Papá, emocionada.

Mack permaneció en silencio, sin saber qué había querido decir ella con eso, o cómo reaccionar.

–¿No es especial Missy? –Papá agitó la cabeza–. ¡Ay, soy especialmente afecta a ella!

–¡Yo también! –dijo Mack, rebosante de alegría, y pensó en su princesa detrás de la cascada.

¿Princesa? ¿Cascada? ¡Un momento! Papá observaba mientras las piezas ocupaban su lugar.

–Obviamente sabes de la fascinación de mi hija por las cascadas, y en especial por la leyenda multnomah de la princesa.

Papá asintió.

–¿Es por eso? ¿Ella tuvo que morir para que tú pudieras hacerme cambiar?

–¡Vaya, Mack! –Papá se inclinó hacia delante–. No es así como hago las cosas.

–Pero a ella le gustaba mucho esa historia.

–Claro que le gustaba. Así fue como llegó a apreciar lo que Jesús hizo por ella y por toda la raza humana. Las historias sobre una persona que da su vida por otra son una veta preciosa en el mundo de ustedes, que revela tanto su apuro como mi corazón.

–Pero si ella no hubiera muerto, yo no estaría aquí ahora…

—Mack, el solo hecho de que yo haga un bien increíble a partir de tragedias abominables no quiere decir que orqueste esas tragedias. Nunca supongas que si utilizo algo significa que lo causé o que lo necesitaba para cumplir mis propósitos. Eso sólo te llevará a falsas nociones sobre mí. La gracia no depende de que exista el sufrimiento, pero donde hay sufrimiento hallarás gracia en muchas facetas y colores.

—Es un alivio saber esto. No soportaría pensar que mi dolor hubiera acortado su vida.

—Missy no fue tu sacrificio, Mack. Ella es y será siempre tu alegría. Eso es suficiente propósito para ella.

Mack se acomodó en su silla, examinando la vista desde el portal.

—¡Me siento tan satisfecho!

—Bueno, te comiste casi todos los panecillos...

—No me refiero a eso —rió—, y tú lo sabes. Ahora el mundo me parece francamente mil veces más brillante, y yo me siento mil veces más ligero.

—¡Lo estás, Mack! No es fácil ser juez del mundo entero.

La sonrisa de Papá dio seguridades a Mack de que este nuevo terreno era inofensivo.

—O juzgarte a ti —añadió él—. Yo era un desastre... peor de lo que pensé. He malinterpretado por completo lo que eres en mi vida.

—No totalmente, Mack. Hemos tenido algunos momentos maravillosos, también. Así que no exageres.

—Pero Jesús siempre me pareció mejor que tú. Parecía tan amable, y tú parecías tan...

—¿Mala? Qué triste, ¿no? Él vino para enseñar quién soy yo, y casi todas las personas creen que las cualidades que encarnó eran exclusivas de él. En la mayoría de los casos siguen pensando en nosotros como el policía bueno/malo, en especial la gente religiosa. Cuando ésta quiere que los demás hagan lo que ella piensa que es correcto, necesita a un Dios severo. Cuando necesita perdón, acude a Jesús.

—Así es —dijo Mack, apuntando con el dedo.

—Pero todos nosotros estábamos en él. Él reflejaba exactamente mi corazón. Yo te amo y te invito a amarme.

—¿Pero por qué yo? Quiero decir, ¿por qué Mackenzie Allen Phillips? ¿Por qué amas a alguien tan descarriado? Después de todas las cosas que he sentido en mi corazón por ti y todas las acusaciones que he hecho, ¿por qué molestarte siquiera en seguir tratando de comunicarte conmigo?

—Porque eso es lo que hace el amor —respondió Papá—. Recuerda, Mackenzie: yo no me pregunto qué harás o qué decisiones tomarás. Ya lo sé. Digamos, por ejemplo, que trato de enseñarte a no esconderte detrás de mentiras, hipotéticamente desde luego —dijo ella, guiñándole un ojo—. Y digamos que sé que necesitarás cuarenta y siete situaciones y hechos para escucharme de verdad; es decir, para oír con claridad suficiente para estar de acuerdo conmigo y cambiar. Así que cuando no me oyes la primera vez, no me frustro ni me decepciono: me emociono. ¡Ya sólo me faltan cuarenta y seis veces para lograr mi objetivo! Y esa primera vez será un fundamento para construir un puente de sanación que un día (el de hoy) tú atravesarás.

—Está bien, pero ahora me siento culpable —admitió Mack.

—¿No me digas? —dijo Papá, riendo entre dientes—. Ya en serio, Mackenzie: esto no es para que te sientas culpable. La culpa jamás te ayudará a encontrar libertad en mí. Lo más que puede hacer es obligarte a hacer un mayor esfuerzo por adecuarte a una ética exterior. Y yo tengo que ver con el interior.

—Pero eso que dijiste de esconderme en mentiras. Supongo que lo he hecho de una forma u otra la mayor parte de mi vida.

—Cariño, eres un sobreviviente. No hay vergüenza en eso. Tu papá te hizo mucho daño. La vida te lastimó. Las mentiras son uno de los recursos más comunes de los sobrevivientes. Te dan una sensación de seguridad, un sitio en el que sólo dependes de ti. Pero es un lugar oscuro, ¿no?

—Muy oscuro —susurró Mack, sacudiendo la cabeza.

–Pero, ¿estás dispuesto a renunciar al poder y seguridad que eso te ofrece? Ésa es la pregunta.

–¿Qué quieres decir? –preguntó Mack, volteando hacia ella.

–Las mentiras son pequeñas fortalezas; dentro de ellas puedes sentirte seguro y poderoso. Mediante tu pequeña fortaleza de mentiras, tú tratas de conducir tu vida y manipular a otros. Pero la fortaleza necesita muros, así que levantas algunos. Ésas son las justificaciones de tus mentiras. Ya sabes, como la de que haces algo para proteger a alguien que amas, impedir que sienta dolor. Sea lo que sea, ingenuamente te sientes bien con las mentiras.

–Pero la razón de que yo no le haya hablado a Nan de la nota fue que le habría causado mucho dolor.

–¿Ya ves? Ahí vas otra vez, Mackenzie, a justificarte. Lo que dijiste fue una mentira descarada, pero no puedes verlo. –Papá se inclinó hacia delante–. ¿Me quieres decir cuál es la verdad?

Mack supo que Papá estaba llegando lejos, y que en alguna parte dentro de sí se sentía tanto aliviado por hablar de esto como tentado a romper a reír. Ya no sentía vergüenza.

–No-o-o-o –respondió él lentamente, y sonrió con presunción–. Pero sigue adelante de todas maneras.

Ella también sonrió, pero luego se puso seria.

–La verdad, Mack, es que la razón de que no le hayas hablado de eso a Nan no fue que trataras de ahorrarle una pena. La verdadera razón fue que temiste hacer frente a las emociones que encontrarías, tanto en ella como en ti. Las emociones te asustan, Mack. ¡Mentiste para protegerte a ti, no a ella!

Él se acomodó en su silla. Papá estaba absolutamente en lo cierto.

–Y además –continuó ella–, esa mentira fue poco amorosa. En nombre del amor por ella, tu mentira se convirtió en un inhibidor en tu relación con ella, y en su relación conmigo. Si le hubieras dicho la verdad, tal vez ella estaría ahora aquí con nosotros.

Estas palabras de Papá fueron para Mack como un puñetazo en el estómago.

–¿También tú hubieras querido que ella viniera?

–Ésa era una decisión tuya y suya, si se le hubiera dado la oportunidad de tomarla. La cuestión es, Mack, que no sabes qué habría pasado, porque estabas muy ocupado "protegiendo" a Nan.

Él se sintió hundir otra vez en la culpa.

–¿Y ahora qué hago?

–Díselo, Mackenzie. Enfrenta el temor a salir de la oscuridad y díselo, y pídele perdón y deja que su perdón te cure. Pídele que rece por ti, Mack. Corre el riesgo de la honestidad. Cuando vuelvas a fallar, pídele perdón otra vez. Esto es un proceso, cariño, y la vida es suficientemente real para tener que oscurecerla con mentiras. Y recuerda: yo soy más grande que tus mentiras. Puedo trabajar más allá de ellas. Pero eso no las vuelve correctas, ni impide el daño que hacen ni el dolor que les causan a otros.

–¿Y si ella no me perdona?

Mack sabía que vivía con este profundo temor. Era más seguro seguir arrojando nuevas mentiras en el creciente montón de las antiguas.

–Ah, ése es el riesgo de la fe, Mack. La fe no prospera en el hogar de la certidumbre. Yo no estoy aquí para decirte que Nan te perdonará. Quizá no lo haga, o no pueda hacerlo, pero mi vida dentro de ti se adueñará del riesgo y de la incertidumbre para transformarte, mediante tus propias decisiones, en un decidor de verdades, y ése será un milagro mayor que resucitar a los muertos.

Mack se acomodó en su sillón y dejó que esas palabras se asentaran en él.

–Perdóname, por favor –dijo finalmente.

–Ya lo hice hace mucho tiempo, Mack. Si no me crees, pregúntaselo a Jesús. Él estuvo ahí.

Mack tomó un sorbo de café, y le sorprendió descubrir que seguía tan caliente como cuando se sentó.

–Pero he hecho muchas cosas para echarte de mi vida.

–La gente es tenaz cuando se trata del tesoro de su independencia imaginaria. Atesora su mal y se aferra a él con puño
firme. Encuentra su identidad y valor en su fractura, y la protege con todas sus fuerzas. No es de sorprender entonces que la
gracia posea tan escaso atractivo. En ese sentido, tú has tratado de cerrar la puerta de tu corazón desde adentro.

–Pero no tuve éxito.

–Eso se debe a que mi amor es mucho mayor que tu nece-
dad –dijo Papá, guiñándole un ojo–. Usé tus decisiones para
hacerlas embonar perfectamente con mis propósitos. Hay muchas personas como tú, Mackenzie, que terminan encerrándo-
se en un lugar muy pequeño con un monstruo que al final las
traicionará, que no cumplirá o no rendirá lo que pensaban.
Encarceladas con ese terror, tienen una nueva oportunidad de
retornar a mí. El tesoro mismo en el que confiaban se conver-
tirá en su ruina.

–¿Entonces te sirves del dolor para obligar a la gente a
regresar a ti? –era obvio que Mack no aprobaba eso.

Papá se inclinó hacia delante y tocó suavemente la mano
de Mack.

–Cariño, ya te perdoné también por creer siquiera que yo
podía ser así. Comprendo lo difícil que es para ti, extraviado
en tus percepciones de la realidad pero tan seguro de tus juicios, empezar siquiera a percibir, y ya no digamos imaginar,
cómo son el amor y la bondad verdaderos. El verdadero amor
nunca obliga.

Le apretó la mano y se recostó.

–Pero, si entiendo lo que dices, las consecuencias de nuestro egoísmo forman parte del proceso que pone fin a nuestras
ilusiones y que nos ayuda a encontrarte. ¿Por eso no impides el
mal? ¿Por eso ni siquiera me avisaste que Missy estaba en peligro ni nos ayudaste a encontrarla?

La voz de Mack ya no tenía un tono acusador.

–Ojalá fuera así de simple, Mackenzie. Nadie sabe de qué
horrores he salvado al mundo, porque la gente no puede ver lo

que no sucedió. Todo el mal se deriva de la independencia, y la independencia es decisión de ustedes. Si yo sólo revocara todas las decisiones de independencia, el mundo dejaría de existir tal como ustedes lo conocen, y el amor no tendría ningún significado. Este mundo no es un patio de recreo donde protejo del mal a todos mis hijos. El mal es el caos de esta era, forjada por ustedes, pero no tendrá la última palabra. Toca a todos los que amo, quienes me siguen y quienes no. Si yo eliminara las consecuencias de las decisiones de las personas, destruiría la posibilidad del amor. El amor a fuerzas no es amor en absoluto.

Mack se pasó las manos por el cabello y suspiró.

—Esto es muy difícil de comprender.

—Cariño, déjame decirte una de las razones de que esto no tenga sentido para ti. Tienes una visión muy reducida de lo que significa ser humano. Tú y esta creación son increíbles, lo comprendan o no. Son maravillosos más allá de lo imaginable. El solo hecho de que tomes decisiones horrendas y destructivas no significa que merezcas menos respeto por lo que inherentemente eres: el pináculo de mi creación y centro de mi afecto.

—Pero... —empezó Mack.

—De igual forma —interrumpió ella—, no olvides que, en medio de todo tu dolor y pesar, estás rodeado de belleza, la maravilla de la creación, el arte, tu música y cultura, los sonidos de la risa y el amor, murmuradas esperanzas y celebraciones, nueva vida y transformación, reconciliación y perdón. Éstos también son resultados de tus decisiones, y cada decisión importa, incluso las ocultas. Así que, ¿cuáles decisiones deberíamos invalidar, Mackenzie? ¿Quizá nunca debí haber creado? ¿Quizá Adán debió haberse detenido antes de elegir la independencia? ¿Y tu decisión de tener otra hija, o la decisión de tu padre de golpear a su hijo? Exiges tu independencia, pero después te quejas de que te ame tanto y te la haya dado.

Mack sonrió.

–Ya he oído eso antes.

Papá sonrió también, y tomó una pasta.

–Te dije que Sofía te había trabajado. Mackenzie, mi propósito no es mi confort, o el tuyo. Mis propósitos son siempre y únicamente una expresión de amor. Me propongo extraer vida de la muerte, extraer libertad de la fractura y convertir la oscuridad en luz. Lo que tú ves como caos, yo lo veo como fractal. Todas las cosas deben desarrollarse, aunque eso coloque a todos los que amo en un mundo de horribles tragedias, aun al más cercano a mí.

–Hablas de Jesús, ¿verdad? –preguntó Mack, en voz baja.

–Ajá, amo a ese muchacho. –Papá desvió la vista y sacudió la cabeza–. Todo es por él, ya sabes. Un día ustedes comprenderán a qué renunció. Sencillamente no hay palabras para eso.

Mack sintió manar sus propias emociones. Algo le conmovió en lo profundo mientras oía a Papá hablar de su hijo. Dudó en preguntar, pero finalmente rompió el silencio:

–Papá, ¿podrías ayudarme a comprender algo? ¿Qué logró exactamente Jesús al morir?

Ella seguía mirando el bosque.

–Oh –sacudió la mano–, no mucho. Sólo la sustancia de todo el amor propuesto desde antes de los cimientos de la creación –afirmó Papá con frialdad, y luego se volvió y sonrió.

–¡Guau!, ésos sí que son grandes brochazos. ¿Podrías dar unos retoques? –preguntó Mack con cierta osadía, o así lo pensó después de que las palabras habían salido de su boca.

Papá, en vez de molestarse, se mostró radiante.

–¡Oye, nada te sacia! Dale un centímetro a un hombre y se creerá gobernante.

Mack devolvió la sonrisa, pero tenía la boca llena y no dijo nada.

–Como ya te dije, todo es por él. La creación y la historia son por Jesús. Él es el centro mismo de nuestro propósito, y en él somos ahora plenamente humanos, así que nuestro propósito y el destino de ustedes siempre están vinculados. Podría decirse que hemos puesto todos los huevos en la canasta humana. No hay un plan B.

—Parece demasiado arriesgado —propuso Mack.

—Tal vez para ti, pero no para mí. Nunca ha cabido la menor duda de que, lo que yo quise desde el principio, lo conseguiré. —Papá se irguió y cruzó los brazos en la mesita. Cariño, me preguntaste qué logró Jesús en la cruz, así que ahora escucha con atención: gracias a su muerte y resurrección, yo estoy ahora plenamente reconciliada con el mundo.

—¿Con todo el mundo? Te refieres a quienes creen en ti, ¿verdad?

—Con todo el mundo, Mack. Yo sólo te digo que la reconciliación es una calle de dos sentidos, y yo he hecho mi parte total, completa y definitivamente. No está en la naturaleza del amor forzar una relación, pero sí abrir brecha.

Dicho esto, Papá se puso de pie y juntó los platos para llevarlos a la cocina.

Mack sacudió la cabeza y alzó la vista.

—Entonces no comprendo la reconciliación, y en realidad las emociones me asustan. ¿Tiene que ver con eso?

Papá no respondió de inmediato, sino que sacudió la cabeza mientras se volvía y marchaba en dirección a la cocina. Mack la oyó gruñir y susurrar, como sólo para sí: "¡Ay, los hombres! ¡Qué idiotas son a veces!"

Él no podía creerlo.

—¿Oí a Dios llamarme idiota? —gritó por la puerta mosquitera.

La vio encogerse de hombros antes de desaparecer en la esquina, y luego la oyó gritar en su dirección:

—A quien le quede el saco, cariño. Sí, señor: a quien le quede el saco…

Mack rió y se sentó de nuevo. Se sentía molido. El tanque de su cerebro estaba más que lleno, como su estómago. Llevó el resto de los platos a la cocina, los puso junto al fregadero, besó a Papá en la mejilla y se dirigió a la puerta trasera.

14

Verbo y otras libertades

Dios es un verbo.
–Buckminster Fuller

Mack salió al sol de media tarde. Sintió la extraña mezcla de estar deshecho como un jirón y sin embargo entusiastamente vivo. ¡Qué día tan increíble había sido éste, y apenas pasaba de la mitad! Por un momento permaneció indeciso antes de echar a andar hacia el lago. Cuando vio las canoas atadas al muelle, supo que quizás eso siempre sería agridulce, pero el pensamiento de tomar una para pasear por el lago lo energizó por primera vez en años.

Desatando la última en el extremo del muelle, se deslizó con cautela en ella y empezó a remar hacia el otro lado. Durante el par de horas siguientes dio vueltas al lago, explorando sus rincones y hendiduras. Encontró dos ríos y un par de arroyos alimentados desde arriba o que desaguaban hacia las cuencas bajas, y descubrió un lugar perfecto para dejarse llevar por la corriente y mirar la cascada. Flores alpinas brotaban por todas partes, añadiendo manchones de color al paisaje. Ésta era la más sosegada y consistente sensación de paz que Mack hubiera experimentado en siglos, si alguna vez lo había hecho.

Entonó incluso algunas canciones, un par de himnos antiguos y otro de viejas canciones populares, por puro gusto. Cantar era algo que no hacía en mucho tiempo. Remitiéndose al distante pasado, empezó a tararear la tonta cancioncita que acostumbraba cantarle a Kate: "K-K-K-Katie... hermosa Katie, la única mujer a la que adoro..." Sacudió la cabeza mientras pensaba en su hija, tan fuerte y al mismo tiempo tan frágil; se preguntó cómo hallaría la manera de llegar a su corazón. Ya no le sorprendía lo fácil que las lágrimas podían acudir a sus ojos.

En cierto momento se volvió para mirar los remolinos y espirales formados por la paleta y la codera del remo, y cuando volteó, Sarayu estaba sentada en la proa, mirándolo. Su repentina presencia lo hizo dar un salto.

–¡Oye! –exclamó–. Me asustaste.

–Perdón, Mackenzie –se disculpó ella–, pero la cena está casi lista, y es hora de invitarte a que te encamines a la cabaña.

–¿Has estado conmigo todo este tiempo? –preguntó Mack, algo atarantado por el susto.

–Claro. Siempre estoy contigo.

–Entonces, ¿por qué yo no lo sabía? –preguntó él–. Últimamente he podido saber cuando estás ahí.

–Que lo sepas o no –explicó ella– no tiene absolutamente nada que ver con el hecho de que yo en verdad esté aquí o no. Siempre estoy contigo; a veces quiero que lo sepas en forma especial, más intencional.

Mack asintió con la cabeza en señal de que entendía, y dirigió la canoa a la orilla distante y la cabaña. Sintió entonces en forma manifiesta la presencia de ella en el hormigueo que bajaba por su espina dorsal. Ambos sonrieron a la vez.

–¿Siempre podré verte u oírte como ahora, incluso si estoy en casa?

Sarayu sonrió.

–Mackenzie, podrás hablar conmigo en cualquier momento, y yo siempre estaré contigo, sientas mi presencia o no.

–Ahora lo sé, pero, ¿cómo voy a oírte?

–Aprenderás a oír mis pensamientos en los tuyos, Mackenzie –lo tranquilizó ella.

–¿Será claro eso? ¿Y si te confundo con otra voz? ¿Y si cometo errores?

Sarayu rió, con sonido como de agua al caer, ya vuelto música.

–Claro que cometerás errores; todos cometen errores, pero empezarás a reconocer mejor mi voz conforme nuestra relación siga creciendo.

–No me gusta cometer errores –gruñó Mack.

–Oh, Mackenzie –repuso Sarayu–, los errores forman parte de la vida, y Papá obra su propósito en ellos también.

Estaba contenta y Mack no pudo evitar sonreír con ella. Había entendido a la perfección su argumento.

–Esto es muy diferente a todo lo que he conocido, Sarayu. No me malinterpretes; me encanta todo lo que ustedes me han dado este fin de semana. Pero no tengo idea de cómo regresar a mi vida. Parecía más fácil vivir con Dios cuando yo lo concebía como el capataz exigente, o incluso enfrentar la soledad de la *Gran Tristeza*.

–¿Eso crees? –preguntó ella–. ¿De veras?

–Al menos entonces yo parecía controlar las cosas.

–"Parecía" es la palabra correcta. ¿Qué conseguías con eso? La *Gran Tristeza* y más dolor del que podías soportar, dolor que se derramaba incluso sobre quienes más quieres.

–Según Papá, eso es porque me asustan las emociones –reveló él.

Sarayu soltó una carcajada.

–Creí que ese pequeño intercambio había sido muy divertido.

–Temo a las emociones –admitió Mack, un poco perturbado porque ella parecía burlarse de él–. No me gusta su sensación. He lastimado a otros con ellas y no puedo confiar en ellas en absoluto. ¿Ustedes las crearon todas, o sólo las buenas?

–Mackenzie –daba la impresión de que Sarayu se había elevado en el aire. A él todavía se le dificultaba mirarla directamente, pero era peor todavía con el sol de las últimas horas de la tarde reflejándose en el agua–, las emociones son los colores del alma: son espectaculares e increíbles. Cuando no sientes, el mundo se vuelve opaco y aburrido. Sólo piensa en cómo la *Gran Tristeza* redujo la gama de color en tu vida a grises y negros monótonos y deslustrados.

–Entonces ayúdame a comprenderlas –suplicó Mack.

–En realidad no hay mucho que comprender. Simplemente son. No son buenas ni malas; sólo existen. He aquí algo que te ayudará a aclarar esto en tu mente, Mackenzie. *Los paradigmas activan la percepción, y las percepciones activan las emociones.* La mayoría de las emociones son respuestas a la percepción, lo que piensas que es cierto en una situación dada. Si tu percepción es falsa, entonces tu respuesta emocional a ella también será falsa. Así que revisa tus percepciones, y más allá de eso revisa la veracidad de tus paradigmas, aquello en lo que crees. El solo hecho de que creas firmemente algo no lo vuelve realidad. Muéstrate dispuesto a reexaminar lo que crees. Cuanto más vivas en la verdad, más te ayudarán tus emociones a ver con claridad. Pero incluso entonces, no debes confiar en ellas más que en mí.

Mack permitió que el remo girara en sus manos mientras lo dejaba jugar en los movimientos del agua.

–Parece que vivir en relación (ya sabes, confiar y platicar contigo) es un poco más complicado que sólo seguir reglas.

–¿Qué reglas, Mackenzie?

–Ya sabes, todas las cosas que las Escrituras dicen que deberíamos hacer.

–Está bien… –dijo ella, con cierta vacilación–. ¿Y cuáles podrían ser?

–Ya sabes –respondió él con sarcasmo–. Sobre hacer cosas buenas y evitar el mal, ser buenos con los pobres, leer la Biblia de ustedes, orar e ir a la iglesia. Cosas como ésas.

–Ya veo. ¿Y cómo te va con eso?

Él rió.

–Bueno, nunca lo he hecho muy bien. Tengo momentos que no son demasiado malos, pero siempre hay algo con lo que batallo o por lo que me siento culpable. Sólo pensaba que tenía que esforzarme más, pero me parece difícil sostener esa motivación.

–¡Mackenzie! –lo increpó ella, con palabras llenas de afecto–. La Biblia no te enseña a seguir reglas. Es un retrato de Jesús. Y aunque las palabras te digan cómo es Dios e incluso qué podría desear de ti, no puedes hacer solo nada de eso. La vida y el vivir están *en él* y en nadie más. ¡Santo Dios!, ¿no pensaste que podías vivir por ti solo la rectitud de Dios, verdad?

–Bueno, pensé algo así… –contestó él, con timidez–. Pero debes admitir que las reglas y los principios son más simples que las relaciones.

–Sí, las relaciones son mucho más embrolladas que las reglas, pero las reglas nunca te darán respuestas a las profundas preguntas del corazón, y nunca te amarán.

Él jugaba metiendo la mano al agua, mirando las figuras que hacían sus movimientos.

–Me doy cuenta de qué pocas respuestas tengo… para cualquier cosa. Ya sabes, ustedes me han volteado de cabeza, o de adentro para afuera o algo.

–Mackenzie, la religión es para tener las respuestas correctas; y, en efecto, algunas de sus respuestas son correctas. Pero yo me refiero al proceso que te lleva a la *respuesta viva*; y una vez que lo alcanzas, él te cambiará desde adentro. Muchas personas inteligentes pueden decir muchas cosas correctas con el cerebro, porque les han dicho cuáles son las respuestas correctas, pero no me conocen en absoluto. Así que, en realidad, ¿cómo pueden ser correctas sus respuestas, incluso siendo correctas?, ¿sí entiendes mi divagación? –Su juego de palabras la hizo sonreír–. Así que, aunque estén en lo correcto, están equivocadas.

–Comprendo lo que dices. Yo hice eso durante años después del seminario. Tenía las respuestas correctas a veces, pero no te conocía. Este fin de semana, compartir la vida con ustedes ha sido mucho más iluminador que cualquiera de esas respuestas. –Ambos seguían moviéndose perezosamente con la corriente–. Así que, ¿volveré a verte? –preguntó él, titubeante.

–¡Claro que sí! Podrías verme en una obra de arte, o musical, o en el silencio, o en la gente, o en la creación, o en tu alegría y tu dolor. Mi capacidad para comunicarme es ilimitada, viviente y transformadora, y siempre estará en sintonía con la bondad y el amor de Papá. Y me oirás y verás en la Biblia de nuevas maneras. No busques sólo reglas y principios; busca relación, un modo de lograr estar con nosotros.

–De todas maneras no será lo mismo que tenerte sentada en la proa de mi lancha.

–No, será mucho mejor de lo que te imaginas, Mackenzie. Y cuando finalmente caigas dormido en este mundo, tendremos una eternidad juntos, frente a frente.

En ese momento, ella desapareció. Pero él sabía que en realidad no era así.

–Entonces, por favor ayúdame a vivir en la verdad –dijo él en voz alta.

"Tal vez esto cuente como oración", pensó.

❧ ❦ ❧ ❦ ❧ ❧ ❦

Cuando Mack entró a la cabaña, vio que Jesús y Sarayu ya estaban ahí, sentados a la mesa. Como de costumbre, Papá llevaba fuentes con platillos de maravilloso olor, sólo unos cuantos de los cuales Mack reconoció, como siempre, e incluso ésos tenía que mirarlos dos veces para estar seguro de que fueran algo con lo que estuviera familiarizado. Las verduras estaban notoriamente ausentes. Fue al baño a lavarse, y cuando regresó los tres ya habían empezado a comer. Mack jaló la cuarta silla y se sentó.

–En realidad ustedes no necesitan comer, ¿o sí? –preguntó, mientras servía en su tazón algo que parecía una sopa de mariscos, con calamar y pescado y otras exquisiteces más ambiguas.

–No necesitamos hacer nada –afirmó Papá, de modo más bien enérgico.

–¿Entonces por qué comen? –inquirió Mack.

–Para estar contigo, cariño. Tú tienes que comer, así que cuál mejor excusa para estar juntos.

–De todas maneras, a todos nos gusta cocinar –añadió Jesús–. Y a mí me gusta mucho comer. Nada como un poco de shaomai, ugali, nipla o kori bananje para hacer felices a tus papilas gustativas. Sigue eso con un espeso budín de toffee o un tiramisú y té caliente y ¡ñam, ñam! No puede haber nada mejor.

Todos rieron, y luego siguieron afanosos pasando las fuentes y sirviéndose. Mientras Mack comía, escuchaba las bromas entre los tres. Hablaban y reían como viejos amigos que se conocieran íntimamente. Pensándolo bien, eso era sin duda más cierto de sus anfitriones que de cualquiera dentro o fuera de la creación. Sintió envidia de esa despreocupada pero respetuosa conversación, y se preguntó qué sería necesario para compartir algo así con Nan, y quizás incluso con algunos amigos.

Le impresionó de nuevo la maravilla y extremo absurdo del momento. Su mente vagaba por las increíbles conversaciones en las que había participado durante las veinticuatro horas anteriores. ¡Guau! ¿Sólo llevaba un día ahí? ¿Y qué se suponía que debía hacer con todo eso cuando volviera a casa? Sabía que le contaría todo a Nan. Tal vez ella no le creería, y no la culpaba por eso; quizás él tampoco creería nada de esto.

Mientras su mente se encarreraba, sintió que se alejaba de los demás. Nada de esto podía ser real. Cerró los ojos y trató de acallar el intercambio que ocurría a su alrededor. De pronto se hizo un silencio absoluto. Abrió despacio un ojo, con la vaga esperanza de despertar en casa. En cambio, Papá, Jesús y Sarayu lo miraban con sonrisas tontas adheridas al rostro. Él ni siquiera trató de explicarse. Sabía que ellos sabían.

En vez de eso, señaló uno de los platillos y preguntó:

–¿Podría probar un poco de eso?

Las interacciones se reanudaron, y esta vez él escuchó. Pero sintió otra vez que se alejaba. Para contrarrestar eso, decidió hacer una pregunta:

–¿Por qué ustedes nos aman a los seres humanos? Supongo que… –Mientras hablaba, se dio cuenta de que no había formulado muy bien su pregunta–. Creo que lo que quiero preguntar es por qué me aman a mí, si no tengo nada que ofrecerles.

–Si piensas eso, Mack –contestó Jesús–, te será muy liberador saber que no puedes ofrecernos nada, al menos nada que pueda añadirse o quitarse a lo que somos… Eso debería aliviar cualquier presión para actuar.

–¿Tú amas más a tus hijos cuando se portan bien? –añadió Papá.

–No, ya entiendo. –Mack hizo una pausa–. Pero me siento más realizado por el hecho de que ellos estén presentes en mi vida, ¿y ustedes?

–No –dijo Papá–. Nosotros estamos plenamente realizados en nosotros mismos. Ustedes fueron creados para estar en comunidad, hechos como están a nuestra imagen. Así que, para ustedes, sentir eso por sus hijos, o por cualquier otra cosa que les "aporte" algo, es por completo natural y correcto. Ten en mente, Mackenzie, que yo no soy humano, no por naturaleza, pese a que hayamos decidido estar contigo este fin de semana. Soy humano pero en Jesús, aunque soy otro totalmente distinto por naturaleza.

–Tú sabes, claro que sabes –dijo Mack excusándose–, que sólo puedo seguir esa línea de razonamiento hasta cierto punto, y que luego me pierdo y mi cerebro no da para más.

–Lo comprendo –reconoció Papá–. No puedes ver en tu imaginación algo que no puedes experimentar.

Mack pensó eso un momento.

–Eso creo… De todas maneras… ¿Ya ves? Mi cabeza no da para más.

Cuando los demás dejaron de reír, Mack continuó:

—Ustedes saben lo muy agradecido que les estoy por todo, pero han puesto demasiadas cosas en mis manos este fin de semana. ¿Qué haré al volver a casa? ¿Qué esperan de mí ahora?

Jesús y Papá voltearon a ver a Sarayu, quien dirigía un tenedor lleno de algo a su boca. Lo bajó despacio a su plato y dio respuesta a la confundida mirada de Mack:

—Mack —empezó—, debes perdonar a estos dos. Los seres humanos tienden a reestructurar el lenguaje de acuerdo con su independencia y necesidad de actuar. Así que cuando oigo que se abusa del lenguaje a favor de reglas para compartir la vida con nosotros, me es difícil guardar silencio.

—Lo cual está muy bien —añadió Papá.

—Entonces, ¿qué fue exactamente lo que dije? —preguntó Mack, picado ahora por la curiosidad.

—Mack, termina tu bocado. Podemos hablar mientras comes.

Mack se dio cuenta de que él también dirigía el tenedor a su boca; masticaba en actitud agradecida al tiempo que Sarayu empezó a hablar. Mientras lo hacía, ella parecía elevarse sobre su silla y resplandecer con una danza de sutiles tonos y matices, y la habitación se llenó delicadamente de diversos aromas embriagadores semejantes al incienso.

—Permíteme contestar haciéndote una pregunta: ¿por qué crees que ideamos los Diez Mandamientos?

Mack fue sorprendido de nuevo con el tenedor hacia la boca, pero de todas maneras comió mientras pensaba cómo contestar a Sarayu.

—Supongo, o al menos eso me enseñaron, que son una serie de reglas que ustedes esperaban que los seres humanos obedecieran para vivir con rectitud en su gracia.

—Si eso fuera verdad, que no lo es —replicó Sarayu—, ¿cuántas personas crees que hayan sido suficientemente rectas para entrar en nuestra gracia?

—No muchas, si la gente es como yo —observó Mack.

–En realidad, sólo una lo logró: Jesús. Él no sólo obedeció al pie de la letra la Ley, sino que además cumplió con integridad su espíritu. Pero comprende esto, Mackenzie: para hacerlo, tuvo que depender y apoyarse por completo en mí.

–¿Entonces por qué nos dieron los mandamientos? –preguntó Mack.

–Queríamos que renunciaran a ser rectos por sí solos. Sólo fueron un espejo para revelar lo sucia que se les pone la cara cuando viven en forma independiente.

–Pero estoy seguro de que saben que hay muchos –respondió Mack– que creen ser rectos siguiendo las reglas.

–Pero, ¿puedes limpiar tu cara con el mismo espejo que te muestra lo sucio que estás? No hay misericordia ni gracia en las reglas, ni siquiera por un error. Por ello Jesús hizo todo eso por ustedes; para que tales mandamientos ya no tuvieran jurisdicción sobre ustedes. Y la Ley que alguna vez contuvo exigencias imposibles ("No pronunciarás el nombre de Dios en vano", etcétera), se convierte en una promesa que nosotros cumplimos en ustedes.

Ella se había encarrerado, imponente y gestual el semblante.

–Pero ten en mente que si vives tu vida solo e independiente, esa promesa está vacía. Jesús enterró la exigencia de la Ley; ésta ya no tiene poder para acusar u ordenar. Jesús es tanto la promesa como su cumplimiento.

–¿Estás diciendo que no tengo que seguir las reglas? –Mack había dejado de comer y se concentraba en la conversación.

–Sí. En Jesús ya no estás bajo ninguna ley. Todo es lícito.

–¡No puedes estar hablando en serio! Me confundes otra vez –se quejó Mack.

–Hijo –dijo Papá–, no has oído nada todavía.

–Mackenzie –continuó Sarayu–, quienes temen a la libertad no pueden confiar en que vivimos entre ellos. Tratar de mantener la Ley es en realidad una declaración de independencia, una manera de mantener el control.

–¿Por eso nos gusta tanto la Ley, para que nos dé cierto control? –preguntó Mack.

–Es mucho peor que eso –reanudó Sarayu–. Les concede el poder de juzgar a los demás y sentirse superiores a ellos. Ustedes creen vivir de acuerdo con una norma superior a la de aquellos a quienes juzgan. Hacer cumplir reglas, especialmente en expresiones más sutiles como la responsabilidad y las expectativas, es un vano intento por crear certidumbre a partir de la incertidumbre. Y contra lo que podrían pensar, yo soy muy afecta a la incertidumbre. Las reglas no pueden dar libertad; sólo tienen el poder de acusar.

–¡Ah! –Mack se dio cuenta de pronto de lo que Sarayu había dicho–. ¿Estás diciéndome que la responsabilidad y las expectativas son sólo otra forma de las reglas bajo las que ya no estamos? ¿Te oí bien?

–Ajá –afirmó Papá–. Ya llegamos adonde teníamos que llegar; Sarayu, ¡es todo tuyo!

Mack ignoró a Papá, optando por concentrarse en Sarayu, lo cual no era tarea fácil.

Sarayu le sonrió a Papá y se volvió hacia Mack. Empezó a hablar lenta y concienzudamente:

–Mackenzie, me asumo como verbo, no como sustantivo, en cualquier momento.

Se detuvo y esperó. Mack ignoraba por completo lo que se suponía que debía comprender con ese críptico comentario, y dijo lo único que le vino a la mente:

–¿Eh?

–Yo –extendió ella las manos para incluir a Jesús y Papá– soy un verbo. Soy el que soy. Seré lo que seré. ¡Soy un verbo! Estoy vivo, soy dinámico, siempre activo y en movimiento. Soy un verbo que es.

Mack no dejaba de sentir que tenía una mirada vacía en el rostro. Entendía las palabras de Sarayu, pero no terminaba de asimilarlas.

–Y como mi esencia misma es un verbo –continuó ella–, estoy más en sintonía con los verbos que con los sustantivos. Verbos como "confesar", "arrepentir", "vivir", "amar", "responder", "crecer", "cosechar", "cambiar", "sembrar", "correr", "bailar", "cantar", etcétera. Los seres humanos, por el contrario, tienen la manía de tomar un verbo que está vivo y lleno de gracia, y convertirlo en un sustantivo muerto, o un principio que huele a reglas: entonces algo vivo y creciente muere. Los sustantivos existen porque hay un universo creado y una realidad física; pero si el universo fuera sólo una masa de nombres, estaría muerto. A menos que "yo sea", no hay verbos, y los verbos son lo que da vida al universo.

Mack no acababa de digerir aquello, aunque un rayo de luz parecía empezar a brillar en su cabeza.

–¿Y esto qué quiere decir exactamente?

Sarayu parecía imperturbable ante su falta de comprensión.

–Para que algo pase de la muerte a la vida, debe introducirse algo viviente y en movimiento en la mezcla. Pasar de algo que es sólo un sustantivo a algo dinámico e impredecible, a algo viviente y en tiempo presente, es pasar de la Ley a la gracia. ¿Puedo darte un par de ejemplos?

–Por favor –asintió Mack–. Soy todo oídos.

Jesús rió, y Mack lo miró con severidad antes de volverse a Sarayu. Una débil sombra de una sonrisa cruzó el rostro de ella mientras reanudaba su razonamiento:

–Entonces usemos tus dos palabras: "responsabilidad" y "expectativas". Para que tus palabras se convirtieran en sustantivos, primero fueron mis palabras, sustantivos con movimiento y experiencia dentro de ellos: la posibilidad de responder y esperar. Mis palabras son vivas y dinámicas; están llenas de vida y posibilidad; las tuyas están muertas, llenas de ley y temor y juicio. Por eso no encontrarás la palabra "responsabilidad" en las Escrituras.

–¡Ah, caray! –Mack hizo una mueca, empezando a ver adónde iba todo esto–. Al parecer, nosotros la usamos mucho.

—La religión debe usar la ley para potenciarse y controlar a la gente que necesita para sobrevivir. Yo te doy la posibilidad de responder, tu respuesta es estar en libertad de amar y servir en toda situación, por lo tanto cada momento es diferente, único y maravilloso. Dado que soy tu posibilidad de responder, tengo que estar presente en ti. Si simplemente te diera una *responsabilidad*, no tendría que estar en ti para nada. Ésa sería entonces una tarea por ejecutar, una obligación por cumplir, algo en lo cual fallar.

—¡Ah, caray, caray! —dijo Mack de nuevo, sin mucho entusiasmo.

—Usemos el ejemplo de la amistad y cómo quitar el elemento de vida de un sustantivo puede alterar drásticamente una relación. Mack, si tú y yo somos amigos, en nuestra relación existe un esperar. Cuando nos vemos el uno al otro o estamos separados, esperamos estar juntos, reír y hablar. Este esperar no tiene una definición concreta; está vivo y dinámico, y todo lo que emerge de nuestro estar juntos es un don único que nadie más comparte. ¿Pero qué sucede si yo cambio ese esperar por una "expectativa", franca o velada? De pronto, la ley ha entrado en nuestra relación. De ti se espera ahora que actúes en una forma que cumpla mis expectativas. Nuestra amistad viva se deteriora rápidamente para convertirse en una cosa muerta con reglas y requisitos. Ya no es algo acerca de tú y yo, sino de lo que se supone que los amigos deben hacer, o de las responsabilidades de un buen amigo.

—O —señaló Mack— de las responsabilidades de un esposo, padre, empleado o lo que sea. Ya entendí. Yo preferiría vivir en el esperar.

—Como yo —dijo Sarayu con entonación meditativa.

—Pero —argumentó Mack—, si no hubiera expectativas y responsabilidades, ¿no se vendría abajo todo?

—Sólo si tú eres del mundo, separado de mí, y bajo la ley. Las responsabilidades y expectativas son la base de la culpa, la vergüenza y el juicio, y aportan el marco esencial que promueve el desempeño como la base de la identidad y el valor. Tú sabes bien cómo es no cumplir las expectativas de alguien.

–¡Claro que lo sé! –masculló Mack–. No es mi idea de un buen momento. –Hizo una breve pausa, una nueva idea destellaba en su mente–. ¿Estás diciendo que no tienes expectativas de mí?

Papá habló ahora:

–Cariño, yo nunca he puesto una expectativa en ti ni en nadie más. La idea detrás de las expectativas requiere desconocer el futuro o resultado e intentar controlar la conducta para obtener el resultado deseado. Los seres humanos tratan de controlar la conducta en gran medida a través de expectativas. Yo te conozco y sé todo sobre ti. ¿Por qué habría de tener otra expectativa que no fuera lo que ya sé? Sería absurdo. Y además, como no tengo expectativas, nunca me defraudas.

–¿Qué? ¿Nunca te he defraudado? –Mack hacía todo lo posible por asimilar esto.

–¡Nunca! –afirmó Papá enfáticamente–. Lo que tengo es un constante y viviente esperar en nuestra relación, y te doy la posibilidad de responder a cualquier situación y circunstancia en la que te encuentres. En la medida en que recurres a expectativas y responsabilidades, no me conoces ni confías en mí.

–Y –añadió Jesús– en esa medida vivirás en el temor.

Mack no estaba convencido.

–¿Pero ustedes no quieren que pongamos prioridades? ¿Ya saben: primero Dios, después lo que sea, seguido por lo que sea?

–El problema de vivir con prioridades –respondió Sarayu– es que todo se ve como una jerarquía, una pirámide; tú y yo ya hablamos de eso. Si pones a Dios en la cima, ¿qué significa eso en realidad, y cuánto es suficiente? ¿Cuánto tiempo me das antes de que puedas seguir con el resto del día, la parte que te interesa mucho más?

Papá interrumpió de nuevo:

–¿Ya ves, Mackenzie? Yo no deseo una parte de ti y una parte de tu vida. Inclusive si pudieras darme la mayor parte, lo cual no es el caso, no es eso lo que quiero. Lo quiero todo de ti, y cada parte de ti y de tu día.

Jesús retomó la palabra:

—Mack, no quiero ser el primero en una lista de valores: quiero estar en el centro de todo. Cuando vivo en ti, juntos podemos vivir todo lo que te ocurre. Más que en la punta de una pirámide, quiero estar en el centro de un móvil, donde todo en tu vida (tus amigos, familia, ocupación, pensamientos, actividades) se relacione conmigo pero se mueva con el viento, dentro y fuera y a un lado y al otro, en una increíble danza del ser.

—Y yo —concluyó Sarayu— soy el viento.

Sonrió e hizo una reverencia.

Hubo silencio mientras Mack se reponía. Se había tomado de la orilla de la mesa con ambas manos como prendiéndose de algo tangible de cara a tal embate de ideas e imágenes.

—Bueno, basta ya —declaró Papá, parándose de su silla—. ¡Es hora de un poco de diversión! Vayan todos mientras yo guardo estas cosas para que no se echen a perder. Me encargaré de los platos después.

—¿Y el rezo? —preguntó Mack.

—Nada es un ritual, Mack —contestó Papá, recogiendo algunas fuentes—. Así que esta noche haremos otra cosa. ¡Te va a gustar!

Mientras Mack se ponía de pie y se volvía para seguir a Jesús por la puerta trasera, sintió una mano en su hombro y volteó. Sarayu estaba a su lado, atenta, mirándolo.

—Mackenzie, si me lo permites, me gustaría darte un regalo esta tarde. ¿Puedo tocar tus ojos y sanarlos, sólo por esta noche?

Mack se sorprendió.

—Veo bien, ¿no es así?

—En realidad —dijo Sarayu como disculpándose —ves muy poco, aunque como humano veas muy bien. Pero sólo por esta noche me gustaría que vieras un poco de lo que nosotros vemos.

–Entonces, con todo gusto –accedió Mack–. Por favor toca mis ojos, y más si quieres.

Mientras ella tendía las manos hacia él, Mack cerró los ojos y se inclinó. El tacto de ella fue como hielo, inesperado y vivificante. Un delicioso estremecimiento lo recorrió, y él levantó las manos para fijar las de ella en su cara. Pero no había nadie, así que abrió los ojos lentamente.

15

FIESTA DE AMIGOS

Puedes despedirte a besos de tus familiares y amigos
y poner kilómetros entre ellos y tú, pero al mismo tiempo
los llevas en tu corazón, tu mente, tu estómago, porque
no sólo vives en un mundo, sino que también
un mundo vive en ti.
–Frederick Buechner, *Decir la verdad*

Cuando Mack abrió los ojos, tuvo que protegerlos de inmediato contra una luz cegadora que lo arrolló. Entonces oyó algo.

–Te será muy difícil mirarme directamente –dijo la voz de Sarayu–, o a Papá. Pero conforme tu mente se acostumbre a los cambios, te será más fácil.

Estaba donde había cerrado los ojos, pero la cabaña había desaparecido, lo mismo que el muelle y el taller. Se hallaba afuera, posado en la cima de una pequeña colina bajo un brillante cielo nocturno sin luna. Vio que las estrellas se movían, no de prisa, sino suavemente y con precisión, como si grandes directores celestiales coordinaran sus movimientos.

De vez en cuando, en el momento justo, lluvias de cometas y meteoros atravesaban de manera tumultuosa las filas de las estrellas, añadiendo variación a la danza desenvuelta. Mack vio entonces que algunas estrellas crecían y cambiaban de color, como si se convirtieran en novas o enanas blancas. Era como si el tiempo mismo se hubiese vuelto dinámico y volátil, contribuyendo así a esa aparentemente caótica pero meticulosamente manejada exhibición celestial.

Se volvió hacia Sarayu, que seguía de pie a su lado. Aunque todavía le era difícil mirarla directamente, pudo distinguir simetría y colores incrustados en dibujos, como si diminutos diamantes, rubíes, zafiros y gemas de todos colores se hubieran cosido a una prenda de luz, que se movía primero en oleadas y luego se dispersaba en partículas.

–Todo es increíblemente bello –murmuró Mack, rodeado como estaba por aquella vista sagrada y majestuosa.

–Es cierto –dijo la voz de Sarayu desde la luz–. Ahora, Mackenzie, mira a tu alrededor.

Lo hizo, y resolló. Incluso en la oscuridad de la noche, todo poseía claridad y resplandecía con halos de luz en varios tonos y matices. El bosque mismo ardía de luz y color, pero cada árbol era nítidamente visible, cada rama, cada hoja. Aves y murciélagos creaban una estela de fuego colorido mientras volaban o se perseguían. Incluso pudo ver a la distancia la presencia de un ejército de la creación: venados, osos, carneros monteses y magníficos alces cerca del límite del bosque, nutrias y castores en el lago, cada cual reluciente en sus propios colores y esplendor. Innumerables criaturas pequeñas retozaban y volaban por todas partes, viva cada una en su propia gloria.

En un torrente de llamas rojizas, durazno y grosella, un águila pescadora se arrojó a la superficie del lago, pero se elevó en el último instante para sobrenadar su superficie, chispas de sus alas cayendo como nieve a las aguas al pasar. Detrás de ella, una inmensa trucha de los lagos, ataviada de arco iris, quebró la superficie como para provocar al pasajero cazador, y cayó después en medio de un derroche de colores.

Mack se sentía sobrenatural, como si pudiera estar presente dondequiera que mirara. Dos oseznos que jugaban entre las patas de su madre llamaron su atención, despidiendo ocres, mentas y avellanas mientras rodaban y reían en su lengua nativa. Desde donde estaba, sintió que podía tender la mano y tocarlos, y sin pensarlo estiró el brazo. Lo retrajo, sorprendido, al ver que también él brillaba. Miró sus manos, maravillosamente trabajadas y claramente visibles en los cascadeantes colores de la luz que parecían envolverlas. Examinó el resto de su cuerpo, para descubrir que la luz y el color lo invadían por doquier: un ropaje de pureza que le concediera tanto libertad como propiedad.

Se percató también de que no sentía dolor, ni siquiera en sus habitualmente contristadas articulaciones. De hecho, nunca se había sentido tan bien, tan sano. Su cabeza estaba despejada, y él aspiraba profundamente los perfumes y aromas de la noche y de las durmientes flores en el jardín, muchas de las cuales habían empezado a despertar a esta celebración.

Delirante y deliciosa alegría manó de él, y Mack saltó, flotando despacio en el aire, para regresar suavemente al suelo. "Tan similar", pensó, "a volar en sueños".

Entonces vio las luces: puntos móviles que emergían del bosque convergían en el prado bajo el que Sarayu y él se encontraban. Las vio elevarse luego en las montañas circundantes, apareciendo y desapareciendo mientras se abrían paso hacia ellas, ocultándose en caminos y veredas.

Un ejército de niños irrumpió en el prado. No había velas: ellos mismos eran luces. Y en su propia irradiación, cada cual llevaba prendas distintas, que Mack imaginó que representaban a cada tribu y lengua. Sólo pudo identificar unas cuantas, pero eso no importaba. Eran los hijos de la Tierra, los hijos de Papá. Llegaron con serena dignidad y gracia, rostros llenos de paz y contento, jóvenes llevando de la mano a jóvenes más jovenes aún.

Por un momento Mack se preguntó si Missy estaría ahí, y aunque la buscó un minuto, se dio por vencido. Se persuadió de que, si estuviera ahí, y quisiera correr hasta él, lo haría. Los niños habían formado para entonces un enorme círculo en el prado, dejando abierto un camino desde cerca de donde Mack estaba hasta el centro. Pequeños estallidos de fuego y luz, como un estadio de focos que se encendieran apenas, hacían ignición cuando los niños reían o murmuraban. Aunque Mack no tenía idea de lo que ocurría, ellos obviamente sí, y la expectación era casi excesiva para ellos.

Emergiendo del claro a sus espaldas y formando un círculo de luces más altas, estaban aquellos que Mack presumió adultos como él, coloridamente brillantes y sin embargo suavizados.

De repente, llamó la atención de Mack un movimiento inusual. Parecía que uno de los seres de luz en el círculo exterior tenía un problema. Relámpagos y lanzas de violeta y marfil hicieron breve arco en la noche, en su dirección. Mientras se retiraban, fueron remplazados por orquídeas, dorados y bermellones flamantes, ardientes y brillantes rocíos de irradiación que estallaran de nuevo hacia ellos, flameando contra la inmediata oscuridad, sólo para aquietarse y regresar a su fuente.

Sarayu rió para sí.

–¿Qué sucede? –murmuró Mack.

–Hay un hombre ahí con cierta dificultad para controlar lo que siente.

Quien forcejeaba no podía contenerse, y perturbaba a algunos a su alrededor. El efecto de expansión era claramente visible, pues el relámpago de luz se extendía al circundante anillo de niños. Los más próximos al instigador parecían reaccionar, ya que color y luz fluían de ellos a él. Las combinaciones que emergían de cada cual eran únicas, y a Mack le pareció que contenían una respuesta distinta a quien causaba la conmoción.

–Sigo sin entender –murmuró Mack otra vez.

–Mackenzie, el modelo de color y luz es único en cada persona; no hay dos iguales, y ningún modelo es nunca el mismo. Aquí podemos *vernos* unos a otros de verdad, y una parte de *ver* significa que la personalidad y emoción individuales son visibles en luz y color.

–¡Esto es increíble! –exclamó Mack–. Entonces, ¿por qué los colores de los niños son en su mayoría blancos?

–Cuando te acerques a ellos verás que tienen muchos colores individuales que se han fusionado en el blanco, que contiene a todos. Mientras maduran y crecen para convertirse en lo que realmente son, los colores que exhiben serán cada vez más distintivos, y tonos y matices únicos emergerán.

–¡Increíble! –fue lo único que se le ocurrió decir a Mack, quien miró con mayor atención. Se dio cuenta así de que detrás del círculo de adultos, habían emergido otros, igualmente espaciados en torno al perímetro entero. Llamas más altas parecían volar con las corrientes del viento, y eran de zafiro y azul agua similares, con fragmentos únicos de otros colores incrustados en cada uno.

–Ángeles –respondió Sarayu antes de que Mack pudiera preguntar–. Sirvientes y vigías.

–¡Increíble! –dijo Mack por tercera vez.

–Hay más, Mackenzie, y eso te ayudará a comprender el problema que tiene ése en particular.

Apuntó hacia la aún vigente conmoción.

Incluso para Mack, era obvio que aquel hombre, quienquiera que fuese, seguía en dificultades. Súbitas y abruptas lanzas de luz y color salían disparadas a veces a lo lejos, hacia ellos.

–No sólo podemos ver la singularidad de cada cual en color y luz, sino que también podemos responder por el mismo medio. Pero esta respuesta es muy difícil de controlar, y usualmente la intención no es que se le restrinja, como ése intenta hacer. Lo más natural es permitir que la expresión simplemente sea.

–No comprendo. –Mack titubeó–. ¿Quieres decir que podemos respondernos unos a otros con colores?

–Sí –asintió Sarayu, o al menos así lo creyó Mack–. Cada relación entre dos personas es absolutamente singular. Por eso no puedes amar igual a dos personas. Sencillamente no es posible. Amas diferente a cada persona a causa de lo que ella es y la singularidad que atrae de ti. Y entre más se conocen, más ricos son los colores de su relación.

Mack escuchaba, pero no dejaba de ver la exhibición frente a ellos.

Sarayu continuó:

–Quizá lo comprendas mejor con una breve ilustración. Supongamos, Mack, que vas con un amigo a la cafetería local. Te concentras en tu compañero, y si tuvieran ojos para ver, los dos estarían envueltos en una serie de colores y luces que señalan no sólo su singularidad como individuos, sino también la sigularidad de la relación entre ustedes y las emociones que experimentan en ese momento.

–Pero… –empezó a preguntar Mack, sólo para ser interrumpido:

–Pero supongamos –siguió Sarayu– que otro individuo al que aprecias llega a la cafetería; y aunque estás envuelto en una conversación con tu primer amigo, notas la entrada del otro. De nueva cuenta, si tuvieran ojos para ver la realidad mayor, he aquí lo que presenciarían: que mientras sigues con tu conversación en curso, una única combinación de color y luz sale de ti y envuelve a la persona que acaba de llegar, representándote en otra forma de amor y recibiendo a esa persona. Y algo más, Mackenzie: esto no sólo es visual, sino también sensual. Puedes sentir, oler y hasta gustar esa singularidad.

–¡Me encanta! –exclamó Mack–. Pero, excepto por ese de allá –señaló en dirección a las agitadas luces entre los adultos–, ¿cómo es que todos están tan tranquilos? Yo pensaría que habría colores en todas partes. ¿No se conocen?

–La mayoría se conocen muy bien, pero están aquí para una celebración que no es por ellos, ni por sus relaciones entre sí, al menos no directamente –explicó Sarayu–. Están esperando.

–¿Qué? –preguntó Mack.

–Lo verás muy pronto –replicó Sarayu, y fue obvio que no estaba dispuesta a decir nada más sobre el asunto.

–Entonces –la atención de Mack regresaba al alborotador–, ¿por qué ése tiene tantas dificultades y parece tan atento a nosotros?

–Mackenzie –dijo Sarayu cortésmente–, no está atento a nosotros, está atento a ti.

–¿Qué? –Mack se quedó atónito.

–El que tiene tantas dificultades para contenerse es tu padre.

Una ola de emociones, una mezcla de enojo y añoranza, arrastró a Mack y, justo en ese momento, los colores de su padre atravesaron velozmente el prado y lo envolvieron. Él quedó cubierto por un baño de rubí y bermellón, magenta y violeta, mientras la luz y el color giraban a su alrededor y lo abrazaban. En medio de esa explosiva tormenta, Mack cruzó a toda prisa el prado para reunirse con su padre, corriendo hacia la fuente de colores y emociones. Era un niño que quería a su papá, y por primera vez no tuvo miedo. Corría, sin pensar en nada más que en el objeto de su corazón, y lo encontró. Su padre estaba de rodillas, bañado en luz, y lágrimas chispeaban como cascada de joyas y diamantes en las manos que cubrían su rostro.

–¡Papá! –gritó Mack, y se arrojó sobre el hombre, incapaz siquiera de mirar a su hijo.

En medio del aullido del viento y las llamas, Mack tomó el rostro de su padre entre sus manos, obligándolo a mirarlo a la cara para que pudiera pronunciar las palabras que siempre había querido decir:

–¡Papá, perdóname! ¡Papá, te amo!

La luz de sus palabras pareció expulsar la oscuridad de los colores de su padre, volviéndolos rojo sangre. Intercambiaron sollozadas palabras de confesión y perdón, mientras un amor más grande que el de los dos los curaba.

Por fin podían estar juntos, un padre abrazando a su hijo como nunca lo había creído posible. Mack percibió entonces el crecer de una canción que los inundó a ambos al penetrar el lugar sagrado donde estaba con su padre. Con los brazos en torno a cada cual escucharon, incapaces de hablar entre sus lágrimas, una canción de reconciliación que iluminó el cielo nocturno. Una arqueada fuente de brillantes colores se originó entre los niños, especialmente entre quienes más habían sufrido, y se extendió después como trasladada de uno a otro por el viento, hasta que el campo entero se llenó de canto y luz.

Mack supo de alguna manera que ése no era momento para hablar, y que su momento con su padre pasaría pronto. Sintió que, por algún misterio, eso era suficiente para su papá tanto como para él. En cuanto a Mack, la nueva ligereza que sintió era eufórica. Tras besar a su padre en los labios, se volvió y se abrió camino de nuevo hasta la pequeña colina donde Sarayu lo esperaba. Mientras pasaba por las filas de niños, sintió que sus manos y colores lo abrazaban rápidamente y se retiraban. Por alguna razón, él ya era conocido y amado ahí.

Cuando llegó hasta Sarayu, ella también lo abrazó, y él sencillamente se lo permitió mientras seguía llorando. Cuando recuperó cierta coherencia, se volvió para mirar el prado, el lago y el cielo nocturno. Se hizo un silencio. La expectación era palpable. De pronto, a la derecha de ellos y de entre la oscuridad emergió Jesús, y el pandemónium estalló. Llevaba puesto un sencillo y brillante manto blanco, y en su cabeza una sobria corona de oro, pero era en todos los sentidos el Rey del universo.

Recorrió el camino frente a él hasta el centro, el centro de toda la creación, el hombre que es Dios y el Dios que es hombre. Luz y color danzaban y tejían un tapiz de amor por él a su paso. Algunos exclamaban palabras de amor, mientras que otros simplemente se erguían con las manos levantadas. Muchos de aquellos cuyos colores eran los más ricos y profundos estaban tendidos boca abajo. Todo lo que tenía aliento entonaba una canción de interminable amor y gratitud. Esa noche el universo era lo que debía ser.

Cuando Jesús llegó al centro, hizo una pausa para mirar a su alrededor. Su vista se detuvo en Mack, de pie en la pequeña colina en la orilla exterior, y oyó a Jesús murmurar en su oído:

—Mack, soy especialmente afecto a ti.

Mack no pudo más y cayó al suelo, disolviéndose en un baño de lágrimas y dicha. No podía moverse, atrapado como estaba en el abrazo de amor y ternura de Jesús.

Luego oyó a Jesús decir con claridad y fuerza, pero, ay, también con gentileza y generosidad:

–¡Acérquense!

Y ellos lo hicieron, los niños primero y luego los adultos, uno por uno tanto tiempo como fuera necesario, para reír y hablar y abrazar y cantar con su Jesús. El tiempo parecía haberse detenido por completo mientras la danza y exhibición celestial continuaba. Y cada cual se retiró después, hasta no quedar ninguno, excepto los ardientes centinelas azules y los animales. Jesús caminó incluso entre éstos, llamando a cada uno por su nombre, hasta que ellos y sus crías se volvieron para dirigirse a sus guaridas y nidos y camas de paja.

Mack permanecía inmóvil, tratando de asimilar esta experiencia, más allá de su comprensión.

–Yo no tenía idea –murmuró, sacudiendo la cabeza y mirando a la distancia–. ¡Increíble!

Sarayu rió una lluvia de colores.

–Sólo imagina, Mackenzie, si yo hubiera tocado no sólo tus ojos, sino también tu lengua y tu nariz y tus oídos.

Al final se quedaron solos otra vez. El bullicioso, persistente chillido de un somormujo que resonó en el lago pareció señalar el fin de la celebración, y los centinelas se desvanecieron al unísono. El único ruido que subsistía era el de un coro de grillos y ranas que reanudaban sus cantos de adoración desde la orilla del agua y prados circundantes. Sin decir palabra, los tres se volvieron y enfilaron hacia la cabaña, nuevamente visible para Mack. Como una cortina que hubiera sido corrida ante sus ojos, de pronto él se quedó ciego otra vez: su visión había vuelto a la normalidad. Sintió una pérdida y una añoranza, e incluso un poco de tristeza, hasta que Jesús llegó a su lado y tocó su mano, apretándola para que Mack supiera que todo era como debía ser.

16

UNA MAÑANA DE PESARES

Un Dios infinito puede dar todo de Sí a cada uno de Sus hijos.
Él se distribuye no para que cada cual tenga una parte,
sino para darse a cada uno por completo,
como si no hubiera otros.
–A. W. Tozer

Parecía que apenas acabara de caer en un profundo reposo sin sueño cuando Mack sintió una mano que lo despertaba a sacudidas.

–Mack, levántate. Es hora de irnos.

La voz era conocida, pero más grave, como si ella misma acabara de levantarse.

–¿Eh? –se quejó él–. ¿Qué horas son? –farfulló, como si tratara de saber dónde estaba y qué hacía.

–¡Es hora de irnos! –regresó el murmullo.

Aunque pensó que eso no respondía a su pregunta, se levantó de la cama rezongando y tentaleando hasta que encontró el apagador y encendió la luz. Cegado tras la densa oscuridad, pasó otro momento antes de que Mack pudiera abrir un ojo y mirar de soslayo a su temprano visitante.

El hombre que estaba junto a él se parecía un poco a Papá: digno, de edad mayor, delgado y más alto que Mack. Tenía una cabellera plateada recogida en una cola de caballo, que hacía juego con un bigote y barba de candado salpicados de gris. Una camisa a cuadros y arremangada, jeans y botas de excursionista completaban el atuendo de alguien listo para emprender la marcha.

–¿Papá? –preguntó Mack.

–Sí, hijo.

Mack sacudió la cabeza.

–Sigues confundiéndome, ¿verdad?

–Siempre –dijo él, con una sonrisa cálida, y luego contestó la pregunta sucesiva de Mack antes de que fuera formulada–: Esta mañana vas a necesitar un padre. Anda, vámonos. Tengo todo lo que necesitas en la silla y la mesa junto a tu cama. Te veré en la cocina, donde podrás comer algo antes de que partamos.

Mack asintió con la cabeza. No se molestó en preguntar adónde irían. Si Papá hubiera querido que lo supiera, se lo habría dicho. Se puso a toda prisa prendas que le quedaron a la perfección, semejantes a las que Papá llevaba, y se calzó un par de botas de excursionista. Luego de una rápida escala en el baño para reanimarse, entró a la cocina.

Jesús y Papá estaban junto al tablero, y se veían mucho más descansados de lo que Mack se sentía. Estaba a punto de hablar cuando entró Sarayu por la puerta trasera, con un gran paquete enrollado. Parecía una bolsa de dormir alargada, apretadamente amarrada con una cuerda prendida a cada extremo para cargarse con facilidad. Se lo dio a Mack, quien percibió de inmediato la maravillosa mezcla de fragancias que salían del atado. Era una combinación de hierbas y flores aromáticas que creyó reconocer. Olía a canela y menta, junto con sales y frutas.

–Éste es un regalo, para después. Papá te enseñará a usarlo.

Ella sonrió y lo abrazó. O ésa fue la única manera en que él podía describirlo. Siempre era muy difícil saber con ella.

–Llévalo tú –añadió Papá–. Las recogiste ayer con Sarayu.

–Mi regalo esperará aquí hasta que regreses. –Jesús sonrió y también abrazó a Mack, sólo que con él sí lo sintió como un abrazo.

Los dos salieron por la puerta trasera y Mack se quedó solo con Papá, quien revolvía un par de huevos y freía dos tiras de tocino.

–Papá –preguntó Mack, sorprendido de lo fácil que era ahora llamarlo así–, ¿tú no vas a comer nada?

–Nada es un ritual, Mackenzie. Tú necesitas esto, yo no. –Sonrió–. Y no devores. Tenemos mucho tiempo, y comer demasiado rápido no es bueno para tu digestión.

Mack comió despacio y en relativo silencio, disfrutando simplemente de la presencia de Papá.

En cierto momento, Jesús asomó la cabeza al comedor para informar a Papá que había dejado afuera las herramientas que necesitaban, justo junto a la puerta. Papá le dio las gracias a Jesús, quien lo besó en los labios y salió por la puerta trasera.

Mack ayudaba a lavar los trastes cuando preguntó:

–Lo quieres mucho, ¿verdad? A Jesús, quiero decir.

–Sé a quién te refieres –contestó Papá, riendo. Hizo una pausa mientras lavaba el sartén–. ¡Con todo mi corazón! Supongo que hay algo muy especial en un Hijo único. –Papá le guiñó el ojo a Mack y continuó–: Esto es parte de la singularidad con que lo conozco.

Terminaron de lavar los trastes y Mack siguió a Papá afuera. Rompía el alba sobre las cimas de las montañas, y los colores de la aurora empezaban a identificarse contra el gris cenizo de la noche en fuga. Mack tomó el regalo de Sarayu y se lo colgó al hombro. Papá le dio un pequeño zapapico que estaba junto a la puerta y se echó una mochila a la espalda. Tomó una pala con una mano y un bastón con la otra, y sin decir palabra atravesó el jardín y el huerto en dirección al lado derecho del lago.

Cuando llegaron al nacimiento de la vereda, había luz suficiente para avanzar con facilidad. Papá se detuvo ahí y señaló con su bastón un árbol justo a un lado del camino. Mack pudo distinguir apenas que alguien había marcado el árbol con un pequeño arco rojo. Eso no significaba nada para Mack, y Papá no ofreció ninguna explicación. En cambio, se volvió y echó a andar, a paso moderado.

El regalo de Sarayu era relativamente ligero para su tamaño, y Mack usaba el zapapico como bastón. El camino los llevó a través de un arroyo y hasta lo hondo del bosque. Mack agradeció que sus botas fueran a prueba de agua cuando un mal paso lo hizo resbalar en una roca y sumergirse en el agua hasta los tobillos. Oía a Papá canturrear algo mientras caminaba, pero no reconoció la melodía.

Mientras avanzaban, Mack pensaba en el sinfín de cosas que había experimentado en los dos días previos. Las conversaciones con cada uno de los tres, juntos y por separado; el rato con Sofía; el rezo en el que había participado; la contemplación del cielo estrellado con Jesús; el camino sobre el lago. Y luego, la celebración de la noche anterior para rematarlo todo, incluida la reconciliación con su padre, demasiada sanación con tan pocas palabras. Era difícil asimilar todo eso.

Al reflexionar en todo aquello y considerar lo que había aprendido, Mack se dio cuenta de cuántas preguntas tenía aún. Quizá tendría la oportunidad de hacer algunas, pero sintió que ése no era el momento. Sólo sabía que nunca volvería a ser el mismo, y se preguntó qué significarían esos cambios para Nan y él y los chicos, en especial Kate.

Pero había algo que de todas maneras quería preguntar, y que seguía inquietándolo mientras caminaban. Finalmente, rompió el silencio:

–¿Papá?

–¿Sí, hijo?

–Sofía me ayudó a comprender mucho sobre Missy ayer. Y en verdad me sirvió hablar con Papá. Ah, quiero decir, hablar contigo también. –Mack se sentía confundido, pero Papá hizo un alto y sonrió como si comprendiera, así que Mack continuó–: ¿Es extraño que también necesite hablar de esto contigo? Quiero decir, tú eres más un padre-padre, ¿me explico?

—Comprendo, Mackenzie. Estamos cerrando el círculo. Perdonar ayer a tu papá fue una parte significativa para que pudieras conocerme como Padre hoy. No tienes por qué explicar nada más.

Por alguna razón, Mack supo que se acercaban al fin de un largo viaje, y que Papá hacía un esfuerzo para ayudarlo a dar los últimos pasos.

—No se puede crear libertad sin un costo, como tú sabes.

Papá bajó la vista, las cicatrices visible e indeleblemente escritas en sus muñecas.

—Supe que mi creación se rebelaría, elegiría la independencia y la muerte, y supe que eso me costaría abrir un camino de reconciliación. Su independencia ha desatado lo que a ustedes les parece un mundo de caos, arbitrario y alarmante. ¿Yo habría podido impedir lo que le sucedió a Missy? La respuesta es sí.

Mack volteó a ver a Papá, con ojos que hacían la pregunta que él no necesitaba formular. Papá continuó:

—Primero, no habiendo creado en absoluto, todas estas cuestiones serían sólo palabrería. Y segundo, habría podido tomar la decisión de interferir activamente en su circunstancia. Pero lo primero nunca estuvo en consideración, y lo segundo no era una opción, para efectos que quizá no puedas comprender ahora. En este momento lo único que puedo darte como respuesta es mi amor y bondad, y mi relación contigo. No me propuse la muerte de Missy, pero eso no significa que no pueda usarla para bien.

Mack agitó la cabeza, entristecido.

—Tienes razón. No lo entiendo muy bien. Creo ver un atisbo durante un segundo, luego toda la añoranza y pérdida que siento parece aumentar y decirme que lo que creí ver simplemente no podía ser cierto. Pero confío en ti... —De pronto, éste fue como un nuevo pensamiento, maravilloso y sorpresivo—. ¡Papá, *confío* en ti!

Papá le sonrió a su vez.

—Lo sé, hijo, lo sé.

Dicho esto, se volteó, echó a andar y Mack lo siguió, el corazón un poco más ligero y sosegado. Pronto iniciaron una escalada relativamente fácil, y el paso se aflojó. Papá hacía pausas ocasionales y daba un ligero golpe a una roca o un árbol de gran tamaño a un lado del camino, indicando cada vez la presencia del pequeño arco rojo. Antes de que Mack pudiera hacer la pregunta obvia, Papá se volvía y reanudaba la marcha.

Llegó un momento en que los árboles empezaron a hacerse más ralos, y Mack vislumbró campos de pizarra donde deslaves habían arrancado secciones del bosque antes de que se hubiera abierto la vereda. Se detuvieron una vez para hacer un breve receso, y Mack tomó un poco del agua fresca que Papá había vertido en cantimploras.

Poco después de su pausa, el camino se volvió más escarpado, y el paso se retardó aún más. Mack calculó que llevaban casi dos horas de camino cuando cruzaron el límite de la vegetación arbórea. Podía ver el camino perfilado contra la ladera frente a ellos, pero primero tendrían que atravesar un enorme campo rocoso.

Papá se detuvo de nuevo y bajó su mochila para buscar agua.

—Ya casi llegamos, hijo —aseguró, dándole a Mack la cantimplora.

—¿Ya? —inquirió Mack, mirando otra vez el solitario y desolado campo rocoso tendido ante ellos.

—¡Sí! —fue todo lo que dijo Papá, y Mack no supo si quería preguntar adónde exactamente estaban por llegar.

Papá eligió una pequeña roca cerca del camino y, poniendo junto a ella su mochila y su pala, se sentó. Parecía preocupado.

—Quiero enseñarte algo que va a ser muy doloroso para ti.

—Está bien.

El estómago empezó a revolvérsele a Mack mientras bajaba su zapapico y acomodaba el regalo de Sarayu en su regazo y se sentaba. Los aromas, acentuados por el sol de la mañana, llenaron de belleza sus sentidos y le transmitieron cierta dosis de paz.

—¿Qué es?

—Para ayudarte a verlo, quiero quitar una cosa más que ensombrece tu corazón.

Mack supo de inmediato qué era y, desviando la mirada de Papá, empezó a perforar un agujero con los ojos en el suelo entre sus pies.

Papá habló amable y tranquilizadoramente:

—Hijo, no se trata de avergonzarte. Yo no humillo, culpo ni condeno. Estas cosas no producen una pizca de integridad ni rectitud, y por eso fueron clavadas con Jesús en la cruz.

Aguardó, para permitir que este pensamiento penetrara y eliminara parte de la sensación de vergüenza de Mack antes de continuar:

—Hoy estamos en un sendero de sanación para cerrar esta parte de tu viaje, no sólo para ti, sino para otros también. Hoy lanzaremos al lago una piedra enorme, y las ondas resultantes llegarán a lugares que no esperarías. Ya sabes qué quiero, ¿verdad?

—Me temo que sí —masculló Mack, sintiendo avanzar sus emociones mientras se desbordaban desde un recinto cerrado en su corazón.

—Hijo, debes hablar de eso, decirlo.

Esta vez no hubo contención mientras tibias lágrimas se derramaban por su rostro, y entre sollozos Mack clamó:

—Papá, ¡cómo podría perdonar alguna vez a ese hijo de puta que mató a mi Missy! Si estuviera aquí hoy, no sé qué haría. Sé que esto no está bien, pero quiero lastimarlo como él me lastimó a mí... Si no puedo obtener justicia, aún deseo venganza.

Papá permitió simplemente que ese torrente saliera de Mack, y esperó a que pasara la ola.

—Mack, debes perdonar a ese hombre para entregármelo y permitirme redimirlo.

–¿Redimirlo? –Mack volvió a sentir el fuego de la ira y el dolor–. ¡No quiero que lo redimas! Quiero que lo lastimes, lo castigues, lo hundas en el infierno… –su voz se apagó.

Papá esperó con paciencia a que esas emociones se apaciguaran.

–Estoy obsesionado, Papá. Simplemente no puedo olvidar lo que hizo. ¿O acaso puedo? –imploró Mack.

–Perdonar no es olvidar, Mack. Es soltar la garganta del otro.

–Creí que tú olvidabas nuestros pecados…

–Mack, soy Dios. No olvido nada. Lo sé todo. Así que olvidar es para mí decidir limitarme. Hijo –la voz de Papá se hizo suave, y Mack volteó para verlo directamente a sus ojos de color café oscuro–, gracias a Jesús, ya no hay ley que me exija recordar tus pecados. Desaparecen para ti y para mí, y no interfieren en nuestra relación.

–Pero este hombre…

–Él también es mi hijo. Quiero redimirlo.

–¿Entonces qué? ¿Lo perdono y asunto arreglado y nos hacemos amigos? –preguntó Mack, suave pero rencorosamente.

–Tú no tienes una relación con ese hombre, al menos no todavía. El perdón no establece relación. En Jesús, he perdonado a todos los seres humanos de sus pecados contra mí, pero sólo algunos eligen la relación. Mackenzie, ¿no ves que el perdón es un poder increíble, un poder que ustedes comparten con nosotros, un poder que Jesús da a todos aquellos en quienes habita para que la reconciliación pueda prosperar? Cuando Jesús perdonó a quienes lo clavaron en la cruz, ellos dejaron de estar en deuda con él, y conmigo. En mi relación con esos hombres, nunca sacaré a relucir lo que hicieron, ni los avergonzaré, ni los fastidiaré.

–No creo poder hacerlo –murmuró Mack.

–Quiero que lo hagas. El perdón va primero para ti, el que perdona –repuso Papá–, para liberarte de algo que te comerá vivo, que destruirá tu alegría y tu capacidad de amar plena y abiertamente. ¿Crees que a ese hombre le importan el dolor y el tormento que has sufrido? Si algo, se alimenta de saber que los sufriste. ¿No quieres librarte de eso? Y al hacerlo, lo liberarás de una carga que lleva consigo, lo sepa o no, lo reconozca o no. Cuando decides perdonar a otro, lo amas como debe ser.

–Yo no lo amo.

–No hoy, no tú. Pero yo sí, Mack, y no por aquello en lo que se convirtió, sino por el niño destrozado que ha sido afligido por el dolor. Quiero ayudarte a adoptar la naturaleza que encuentra más poder en el amor y el perdón que en el odio.

–Entonces eso es… –A Mack le molestaba de nuevo la dirección que seguía la conversación–. ¿Debo perdonarlo para dejar que juegue con Kate o con mi primera nieta?

–Mackenzie –Papá se puso firme y enérgico–: ya te dije que el perdón no crea una relación. A menos que las personas hablen con la verdad sobre lo que han hecho y cambien su opinión y conducta, no es posible una relación de confianza. Cuando perdonas a alguien, ciertamente lo liberas de tu juicio; pero sin un cambio verdadero no puede establecerse una relación real.

–¿Entonces el perdón no me obliga a fingir que lo que él hizo no sucedió?

–¿Cómo podrías hacerlo? Perdonaste a tu papá anoche. ¿Alguna vez olvidarás lo que te hizo?

–No lo creo.

–Pero ahora puedes amarlo de cara a ello. Su cambio te permite eso. El perdón no te exige de ninguna manera confiar en quien perdonas. Pero si finalmente esa persona confiesa y se arrepiente, descubrirás un milagro en tu corazón que te permitirá tender la mano y empezar a construir entre ustedes un puente de reconciliación. Y a veces (y esto te puede parecer incomprensible ahora) ese camino podría llevarlos incluso al milagro de la confianza plenamente restaurada.

Mack se deslizó hasta el suelo y se recostó en la roca en que se había sentado. Examinó la tierra entre sus pies.

–Papá, comprendo lo que dices. Pero parece que si perdono a este tipo, él quedará absuelto. ¿Cómo puedo excusar lo que hizo? ¿Es justo para Missy que yo deje de estar encolerizado con él?

–Mackenzie, el perdón no excusa nada. Créeme: lo último que podría pasarle a este hombre es quedar absuelto. Y tú no tienes ningún derecho a la justicia en este aspecto. Yo me ocuparé de eso. En cuanto a Missy, ella ya lo perdonó.

–¿Lo perdonó? –Mack no alzó la vista siquiera–. ¿Cómo pudo hacerlo?

–Gracias a mi presencia en ella. Ésa es la única manera en que el verdadero perdón es posible.

Mack sintió que Papá se sentaba junto a él en el suelo, pero aun así no volteó. Mientras los brazos de Papá lo envolvían, empezó a llorar.

–Sácalo todo –oyó murmurar a Papá, y por fin pudo hacer precisamente eso.

Cerró los ojos mientras las lágrimas salían a raudales. El recuerdo de Missy volvió a inundar su mente: visiones de cuadernos para colorear y crayones, vestidos destrozados y sanguinolentos. Lloró hasta sacar toda la oscuridad, toda la añoranza y toda la pérdida, sin que quedara nada.

Cerrados los ojos, meciéndose adelante y atrás, rogó:

–Ayúdame, Papá. ¡Ayúdame! ¿Qué hago? ¿Cómo lo perdono?

–Díselo.

Mack volteó, como si esperara ver ahí a un hombre que no conocía.

–¿Cómo, Papá?

–Sólo dilo en voz alta. Hay poder en lo que mis hijos declaran.

Mack empezó a murmurar, primero en tono a medias sincero y vacilante, pero después con creciente convicción:

–Te perdono. Te perdono. Te perdono.

Papá lo estrechó.

–Mackenzie, eres una gran alegría para mí.

Cuando Mack terminó de reponerse, Papá le dio un paño húmedo para que se limpiara la cara. Luego se puso de pie, al principio un poco tambaleante.

—¡Guau! —dijo Mack animadamente, tratando de encontrar una palabra que pudiera describir el viaje emocional que acababa de hacer. Se sintió vivo. Le devolvió el paño a Papá y preguntó—: ¿Entonces está bien que siga enojado?

Papá respondió al instante:

—¡Claro! Lo que él hizo fue terrible. Causó increíble dolor a muchas personas. Eso estuvo mal, y el enojo es la reacción correcta a algo tan perverso. Pero no permitas que el enojo y el dolor y la pérdida que sientes te impidan perdonarlo y quitarle las manos del cuello.

Papá tomó su mochila y se la echó encima.

—Hijo, quizá tengas que declarar tu perdón un centenar de veces el primer día y el segundo día, pero al tercer día será menos y así cada día posterior, hasta que un día te des cuenta de que has perdonado por completo. Y entonces un día orarás por su integridad, y me lo entregarás para que mi amor consuma en su vida todo vestigio de corrupción. Por incomprensible que te parezca en este momento, tú bien podrías conocer a este hombre en un contexto diferente algún día.

Mack gruñó. Pero por más que lo que Papá decía le revolviera el estómago, en su corazón sabía que era la verdad. Se pararon juntos y Mack se volvió hacia la vereda para regresar por el camino por donde habían llegado.

—Mack, no hemos terminado aún —aseguró Papá.

Mack se detuvo y volteó:

—¿De veras? Pensé que ése era el motivo por el que me habías traído aquí.

—Así es, pero te dije que tenía algo que enseñarte, algo que me has pedido hacer. Estamos aquí para llevar a Missy a casa.

De pronto todo cobró sentido. Mack miró el regalo de Sarayu y comprendió para qué era. En algún lugar de este desolado paisaje el asesino había ocultado el cuerpo de Missy, y ellos habían ido a recuperarlo.

–Gracias –fue todo lo que Mack pudo decir a Papá mientras, una vez más, una cascada rodaba por sus mejillas, como procedente de un depósito inagotable–. Odio todo esto, este llanto y sollozo de idiota, todas estas lágrimas –se quejó.

–¡Ay, hijo! –habló Papá tiernamente–. Nunca menosprecies la maravilla de tus lágrimas. Pueden ser aguas sanadoras y un torrente de dicha. A veces son las mejores palabras que el corazón puede decir.

Mack retrocedió y miró a Papá a la cara. Tan pura bondad y amor y esperanza y viva alegría no había contemplado nunca.

–Pero prometiste que algún día ya no habrá lágrimas. Lo espero con ansia.

Papá sonrió, llevó suavemente el dorso de sus dedos hasta el semblante de Mack y limpió con delicadeza sus mejillas, marcadas por los surcos de las lágrimas.

–Mackenzie, este mundo está lleno de lágrimas; pero, si lo recuerdas, prometí ser yo quien las enjugue.

Mack logró esbozar una sonrisa mientras su alma seguía derritiéndose y sanando en el amor de su Padre.

–Ten –dijo Papá, y le dio una cantimplora–. Toma un buen trago. No quiero que te arrugues como ciruela antes de que esto termine.

Mack no pudo menos que echar a reír, lo cual pareció completamente fuera de lugar; pero después, al pensarlo bien, supo que era perfecto. Aquella era una risa de esperanza y restaurada alegría... del proceso de clausura.

Papá echó a andar. Antes de dejar el camino principal y seguir una vereda hacia el disperso montón de rocas, hizo una pausa y golpeó una enorme piedra con su bastón. Volteó a ver a Mack y le hizo un gesto para que se acercara. Ahí estaba otra vez, el mismo arco rojo. Mack reparó entonces en que el sendero que seguían había sido marcado por el hombre que raptó a su hija. Mientras caminaban, Papá le explicó que nunca se había encontrado ningún cuerpo porque ese hombre buscaba lugares para esconderlos, a veces meses antes de secuestrar a las niñas.

A la mitad del campo rocoso, Papá abandonó el camino y entró en un laberinto de piedras y paredes montañosas, no sin antes señalar una vez más la ahora ya conocida marca en una cercana superficie rocosa. Mack comprendió que, a menos que se supiera qué se buscaba, las marcas podían pasar fácilmente inadvertidas. Diez minutos después, Papá se detuvo ante una hendedura donde se unían dos afloramientos. Había una pequeña pila de piedras en la base, una de las cuales llevaba el símbolo del asesino.

–Ayúdame con éstas –le dijo a Mack mientras empezaba a quitar las piedras más grandes–. Todo esto oculta la entrada a una cueva.

Una vez retiradas las piedras de la cubierta, picaron y palearon la tierra y grava endurecidas que bloqueaban la entrada. Los escombros restantes cedieron de pronto, y se hizo visible la abertura de una pequeña cueva; probablemente alguna vez había sido la guarida de un animal hibernante. Se esparció entonces el rancio olor de la descomposición, y Mack se encogió por la náusea. Papá metió la mano en uno de los extremos del rollo que Sarayu le había dado a Mack y sacó una pieza del lino del tamaño de una mascada. La ató para cubrir la boca y nariz de Mack, y de inmediato su dulce olor atajó el hedor de la cueva.

Había espacio apenas suficiente para que se arrastraran. Luego de sacar una potente lámpara de mano de su mochila, Papá se introdujo en la cueva seguido por Mack, quien llevaba el regalo de Sarayu.

Tardaron apenas unos minutos en hallar su agridulce tesoro. Sobre el pequeño afloramiento de una roca, Mack vio lo que supuso que era el cuerpo de su Missy: boca arriba, cubierto por una sábana sucia y deteriorada. Supo que, como un viejo guante sin una mano que lo anime, la verdadera Missy no estaba ahí.

Papá desenrolló lo que Sarayu había enviado con ellos, y la guarida se llenó al instante de maravillosos aromas y fragancias de vida. Aunque la sábana bajo el cuerpo de Missy era frágil, aguantó lo suficiente para que Mack la levantara y la pusiera en medio de las flores y especias. Papá la envolvió entonces tiernamente y la cargó a la entrada. Mack salió primero, y Papá le pasó su tesoro. Se paró mientras Papá salía y se echaba la mochila sobre los hombros. No se había dicho palabra alguna, excepto que Mack susurraba ocasionalmente por lo bajo:

—Te perdono… Te perdono…

Antes de abandonar el lugar, Papá recogió la piedra con el arco rojo y la puso en la entrada. Mack lo notó, pero no prestó mucha atención, ocupado como estaba en sus propios pensamientos y sosteniendo amorosamente el cuerpo de su hija cerca de su corazón.

17

DECISIONES DEL CORAZÓN

La tierra no tiene penas que el cielo no pueda curar.
–Anónimo

Aunque Mack llevó el cuerpo de Missy hasta la cabaña, el tiempo pasó rápido. Cuando llegaron a la cabaña, Jesús y Sarayu esperaban en la puerta trasera. Jesús liberó gentilmente a Mack de su carga, y juntos fueron al taller donde trabajaba. Mack no había entrado ahí desde su llegada, y le sorprendió su sencillez. La luz, que se colaba por grandes ventanas, atrapaba y reflejaba aserrín aún suspendido en el aire. Las paredes y mesas de trabajo, cubiertas de todo tipo de herramientas, estaban organizadas para facilitar sin problemas las actividades del taller. Ése era a todas luces el santuario de un maestro artesano.

Directamente frente a ellos se alzaba el trabajo de Jesús, una obra maestra en la cual reposarían los restos de Missy. Mientras Mack rodeaba la caja, reconoció de inmediato las inscripciones en la tabla. Tras un atento examen, descubrió detalles de la vida de Missy que fueron tallados en la madera. Halló un grabado de Missy con su gato, Judas. Había otro en el que Mack, sentado en una silla, le leía a Missy un libro del Dr. Seuss. Toda la familia aparecía en escenas trabajadas a los lados y encima: Nan y Missy haciendo galletas, el viaje al lago Wallowa con el funicular subiendo la montaña, e incluso Missy coloreando en la mesa del campamento junto a una fiel representación del prendedor de catarina dejado por el asesino. Había incluso una minuciosa versión de Missy parada y sonriente mirando la cascada, sabiendo que su papá estaba al otro lado. Intercaladas por todas partes estaban las flores y animales favoritos de Missy.

Mack volteó y abrazó a Jesús; mientras se estrechaban Jesús murmuró en su oído:

—Missy ayudó; ella escogió lo que quería ahí.

Mack cerró el puño. No pudo aflojarlo durante un largo rato.

—Tenemos el lugar perfecto preparado para su cuerpo —dijo Sarayu, pasando rápidamente—. Mackenzie, se halla en *nuestro* jardín.

Con todo cuidado, colocaron amorosamente los restos de Missy en la caja, tendiéndola en un lecho de blandas hierbas y musgo, que luego llenaron con las flores y especias de la porción de Sarayu. Cerrando la tapa, Jesús y Mack levantaron cada cual un extremo, con facilidad, y la sacaron, siguiendo a Sarayu al jardín hasta el sitio en el huerto que Mack había ayudado a desbrozar. Ahí, entre cerezos y duraznos, rodeado por orquídeas y azucenas amarillas, un agujero había sido cavado justo donde Mack había extirpado el floreciente arbusto el día anterior. Papá los estaba esperando. Una vez que la ornada caja fue delicadamente puesta en el suelo, Papá le dio a Mack un fuerte abrazo, que él correspondió de igual manera.

Sarayu pasó al frente.

—Yo —dijo, haciendo un gesto ceremonioso y una reverencia— tendré el honor de entonar la canción de Missy, que ella escribió justo para esta ocasión.

Y empezó a cantar, con una voz como viento de otoño: el sonido de hojas agitadas y bosques que dormitan suavemente, los tonos de la noche que se acerca y la promesa de un nuevo amanecer. Era la obsesiva tonada que Mack les había oído canturrear a ella y a Papá, y escuchó entonces las palabras de su hija:

Alienta en mí... con hondura,
haz que yo respire... y viva
y que duerma en la estrechura
de tu abrazo y cortesía.

Bésame, viento, y respira de mí
para que uno seamos.
Entre las tumbas bailemos el fin
de la muerte que penamos.

Nadie sepa que existimos
uno en los brazos del otro;
sólo Aquel que ha protegido
mi vida con sutil soplo.

Bésame, viento, y respira de mí
para que uno seamos.
Entre las tumbas bailemos el fin
de la muerte que penamos.

Cuando Sarayu terminó, se hizo un silencio; y entonces Dios, los tres, dijeron simultáneamente:

–Amén.

Mack coreó el amén, alzó una de las palas y, con ayuda de Jesús, empezó a llenar el agujero, cubriendo la caja en que descansaba el cuerpo de Missy.

Concluida la tarea, Sarayu buscó bajo su atuendo y sacó su frágil frasquito. Virtió en su mano unas cuantas gotas de su preciosa colección, y empezó a dispersar cuidadosamente las lágrimas de Mack en la fértil tierra negra bajo la cual dormía el cuerpo de Missy. Las gotitas cayeron como diamantes y rubíes, y donde descendían brotaban al instante flores que se elevaban y abrían bajo el sol brillante. Sarayu hizo entonces una pausa, mirando atenta una perla en su mano, una lágrima especial, que arrojó al centro del solar. De inmediato, un arbolito horadó la tierra y empezó a crecer en ese sitio, joven, frondoso y sorprendente, desarrollándose y madurando hasta romper en flores y botones. Sarayu, a manera de susurro, como de soplo de brisa, se volvió entonces y sonrió a Mack, que miraba transfigurado.

—Es un árbol de vida, Mack, que crece en el jardín de tu corazón.

Papá se acercó a él y rodeó el hombro de Mack con su brazo.

—Missy es increíble; tú lo sabes. Te ama de verdad.

—La extraño enormemente… Aún me duele mucho.

—Lo sé, Mackenzie. Lo sé.

❧❧❧❧❧❧❧❧

Era poco después de mediodía, en el trayecto del sol, cuando los cuatro abandonaron el jardín y volvieron a la cabaña. No había nada preparado en la cocina, ni alimentos en la mesa del comedor. Papá los condujo a todos a la sala, donde, en la mesita del café, se hallaban una copa de vino y una hogaza de pan recién horneado. Todos se sentaron, menos Papá, que permaneció de pie. Dirigió sus palabras a Mack:

—Mackenzie —comenzó—, quisiéramos que consideraras algo más. Mientras has estado con nosotros, has sanado mucho y aprendido mucho.

—Te quedas corto —le dijo Mack, riendo entre dientes.

Papá sonrió.

—Somos especialmente afectos a ti, lo sabes. Pero he aquí la decisión que debes tomar: puedes quedarte con nosotros y seguir creciendo y aprendiendo, o puedes volver a tu otro hogar, con Nan y tus hijos y amigos. De una forma u otra, te prometemos que siempre estaremos contigo, aunque esta forma sea un poco más explícita y obvia.

Mack se acomodó en su asiento y lo pensó.

—¿Y Missy? —preguntó.

–Bueno, si decides quedarte –continuó Papá–, la verás esta tarde. Vendrá. Pero si decides abandonar este lugar, también decidirás dejar atrás a Missy.

–No es una decisión fácil –dijo Mack, con un suspiro.

Se hizo el silencio en la habitación durante varios minutos, mientras Papá concedía espacio a Mack para batallar con sus ideas y deseos. Finalmente, Mack preguntó:

–¿Qué querría Missy?

–Aunque a ella le encantaría estar contigo hoy, donde ella vive no hay impaciencia. A ella no le importa esperar.

–Me encantaría estar con ella. –Mack sonrió ante la idea–. Pero eso sería muy difícil para Nan y mis demás hijos. Déjame preguntarte algo: ¿lo que hago en casa es importante? ¿Sirve de algo? En realidad no hago mucho más que trabajar y ocuparme de mi familia y mis amigos…

Sarayu lo interrumpió:

–Mack, si algo importa, todo importa. Dado que tú eres importante, todo lo que haces es importante. Cada vez que perdonas, el universo cambia; cada vez que te esfuerzas y tocas un corazón o una vida, el mundo cambia; con cada bondad y favor, visto o no, mis propósitos se cumplen, y nada volverá a ser lo mismo.

–Está bien –dijo Mack en forma concluyente–. Regresaré. Supongo que nadie creerá nunca mi historia, pero sé que haré una diferencia, por pequeña que sea. Debo… no, quiero hacer unas cuantas cosas de todas maneras. –Hizo una pausa, los miró de uno en uno y sonrió–. Ya saben…

Todos rieron.

–Creo de verdad que ustedes nunca me abandonarán ni dejarán, así que no tengo miedo de regresar. Bueno, tal vez un poco.

–Ésa –dijo Papá– es una muy buena decisión.

Rebosante de alegría, miró a Mack y se sentó junto a él.

Entonces Sarayu se paró ante Mack y dijo:

–Mackenzie, ya que vas a regresar, tengo un regalo más para ti.

–¿Qué es? –preguntó Mack, curioso de cualquier cosa que Sarayu pudiera darle.

–Es para Kate –dijo ella.

–¿Kate? –exclamó Mack, percatándose de que aún la llevaba como una carga en su corazón–. Dime qué es, por favor.

–Kate cree tener la culpa de la muerte de Missy.

Mack se sorprendió. Lo que Sarayu había dicho era muy obvio. Tenía perfecto sentido que Kate se culpara. Ella fue la que levantó el remo, iniciando la secuencia de hechos que culminaron en el rapto de Missy. Mack no podía creer que esa idea nunca hubiera cruzado por su mente. En un momento, las palabras de Sarayu abrieron una nueva vista sobre el conflicto de Kate.

–¡Muchas gracias! –dijo él, lleno de gratitud el corazón.

Era indudable que tenía que volver, así fuera sólo por Kate. Sarayu asintió, le sonrió y se sentó a medias. Finalmente, Jesús se puso de pie y se acercó a uno de los estantes para tomar la cajita de hojalata de su amigo.

–Mack, pensé que podrías querer esto...

Mack tomó la cajita de manos de Jesús y la sostuvo entre las suyas un momento.

–Creo que ya no la voy a necesitar –dijo–. ¿Podrías guardármela? Ahora mis mejores tesoros están guardados en ti de todas formas. Quiero que estés presente en mi vida.

–Lo estoy –dijo la clara y genuina voz de confirmación.

❧❦❧❦❧❦❧

Sin ningún ritual, sin ceremonia, saborearon el tibio pan y compartieron el vino y rieron por los extraños momentos del fin de semana. Mack supo que todo había terminado, y que llegaba para él la hora de regresar y descubrir cómo contarle todo a Nan.

No tuvo que empacar nada. Las escasas pertenencias que aparecieron en su cuarto se habían esfumado, lo más seguro devueltas a su auto. Se quitó su atuendo de excursionista y se puso la ropa con la que había llegado, recién lavada y pulcramente doblada. Mientras terminaba de vestirse, descolgó su abrigo de un gancho en la pared y echó un último vistazo a su cuarto antes de salir.

–Dios, el servidor. –Rió entre dientes, pero entonces sintió algo emerger de nuevo mientras la idea lo obligaba a hacer una pausa–. Más bien: Dios, mi servidor.

Cuando Mack volvió a la sala, los tres habían desaparecido ya. Una humeante taza de café lo esperaba junto a la chimenea. No había tenido la oportunidad de despedirse, pero, mientras pensaba en ello, le pareció que despedirse de Dios era un poco ridículo. Esto lo hizo sonreír. Se sentó en el suelo, la espalda contra la chimenea, y tomó un sorbo de café. Estaba exquisito, y sintió su calor descender por el pecho. De pronto se sintió exhausto; el cúmulo de emociones había cobrado su cuota. Como si tuvieran voluntad propia, sus ojos se cerraron, y Mack se deslizó suave y dulcemente a un reconfortante sueño.

La siguiente sensación que experimentó fue de dedos fríos y congelados entre sus ropas que hacían estremecer su piel. Despertó de golpe y se puso torpemente de pie, adoloridos y rígidos los músculos de tanto estar en el suelo. Luego de mirar a su alrededor, pronto descubrió que todo había vuelto a como estaba dos días antes, inclusive la mancha de sangre cerca de la chimenea, donde se había quedado dormido.

Dio un salto y salió corriendo por la destartalada puerta al ruinoso portal. La cabaña lucía otra vez vieja y fea, sus puertas y ventanas rotas y oxidadas. El invierno cubría el bosque y la vereda que conducía al Jeep de Willie. El lago era apenas visible entre la vegetación circundante de enmarañados brezos y abrojos. La mayor parte del muelle se había hundido, y sólo unos cuantos de los postes más grandes y las secciones unidas seguían en pie. Él había vuelto a la realidad. Sonrió para sí. Era más probable que hubiera vuelto a la irrealidad.

Se puso el abrigo y marchó hacia el auto, siguiendo sus antiguas pisadas, aún visibles en la nieve. Mientras se acercaba al Jeep, empezó a caer una nieve ligera. El camino de regreso a Joseph trancurrió sin incidentes, y llegó allá en medio de la oscuridad de una noche de invierno. Llenó el tanque de gasolina, comió algo insípido e intentó llamarle a Nan, pero fue en vano. Ella probablemente iba camino a casa, se dijo, y la cobertura celular podía ser deficiente en el mejor de los casos. Resolvió pasar por la estación de policía para ver si Tommy estaba ahí, pero luego de que una lenta vuelta reveló que no había actividad dentro, decidió no entrar. ¿Cómo podría explicarle a Nan lo que había sucedido, y menos aún a Tommy?

En el siguiente crucero, se detuvo ante una luz roja. Estaba cansado, pero en paz y extrañamente revigorizado. No pensó tener ningún problema para mantenerse despierto durante el largo trayecto al hogar. Estaba ansioso de llegar a casa con su familia, en especial con Kate.

Perdido en sus pensamientos, sencillamente atravesó la intersección cuando se puso la luz verde. No vio que otro conductor se pasaba la luz roja opuesta. Hubo sólo un brillante relámpago y luego nada, salvo silencio y densa negrura.

En una fracción de segundo el Jeep rojo de Willie quedó destruido, en minutos llegaron los bomberos y la policía, y en horas el destrozado e inconsciente cuerpo de Mack fue trasladado por Life Flight al Emmanuel Hospital, en Portland, Oregon.

18

Ondas expansivas

La fe nunca sabe dónde la llevan,
pero conoce y ama a Quien la conduce.
–Oswald Chambers

Y finalmente, como llegada de muy lejos, él oyó una voz conocida aullar de deleite:

–¡Me apretó el dedo! ¡Lo sentí! ¡Lo juro!

Ni siquiera pudo abrir los ojos, pero supo que Josh sostenía su mano. Trató de apretar otra vez, pero la oscuridad lo abrumó y él se desvaneció. Fue necesario un día entero para que Mack recuperara por completo la conciencia. Apenas podía mover otro músculo de su cuerpo. Incluso el esfuerzo de levantar un párpado parecía abrumador, aunque hacerlo era recompensado por gritos y alaridos y risas. Una tras otra, un desfile de personas se precipitó hasta su único ojo apenas abierto, como si miraran un profundo y oscuro agujero que contuviera un tesoro increíble. Vieran lo que viesen, eso parecía complacerlas inmensamente, y se retiraban para transmitir la noticia.

Él reconocía algunas caras; pero las que no, se enteró pronto Mack, eran de sus médicos y enfermeras. Dormía mucho, pero parecía que cada vez que abría los ojos provocaba no poco entusiasmo. "Sólo esperen a que pueda sacar la lengua", pensó. "Eso sí los va a estremecer."

Todo parecía doler. Ya estaba penosamente consciente cuando una enfermera movía su cuerpo contra su voluntad, para terapia física y para evitar que desarrollara llagas. Ése era aparentemente el tratamiento de rutina para personas que habían estado inconscientes más de un día o dos, pero saber eso no volvió más soportable la experiencia.

Al principio Mack no tenía idea de dónde estaba o cómo había terminado en ese predicamento. Apenas se acordaba de quién era él. Las medicinas no ayudaban, aunque él agradecía que la morfina le quitara un poco el dolor. En el curso del par de días siguientes, su mente se despejó poco a poco y empezó a recuperar su voz. Un ininterrumpido desfile de familiares y amigos llegaba para desearle una pronta recuperación, o quizá para entresacar un poco de información, que no fluía. Josh y Kate eran asiduos, haciendo a veces la tarea mientras Mack dormitaba o respondiendo las preguntas que, en el primer par de días, él hacía una y otra y otra vez.

En algún momento Mack comprendió al fin, aunque se lo habían dicho muchas veces, que había estado prácticamente inconsciente durante casi cuatro días luego de un terrible accidente en Joseph. Nan le dejó en claro que tenía muchas explicaciones que dar, aunque por lo pronto estaba más concentrada en su recuperación que en la necesidad de respuestas de él. Pero eso casi no importaba. La memoria de Mack era muy difusa; y aunque recordaba piezas y fragmentos, no podía unirlo todo para que cobrara sentido.

Recordaba vagamente el viaje a la cabaña, pero todo era incompleto más allá de eso. En sus sueños, las imágenes de Papá, Jesús, Missy jugando junto al lago, Sofía en la cueva y la luz y el color de la fiesta en el prado regresaban a él como pedazos de un espejo roto. Cada uno era acompañado por oleadas de deleite y alegría, pero él no sabía si eran reales o alucinaciones evocadas por colisiones entre neuronas dañadas o de algún modo irregulares y los medicamentos que corrían por sus venas.

En la tercera tarde después de haber recobrado el conocimiento, al despertar encontró a Willie, quien lo miraba con aspecto algo enojado.

–¡Eres un idiota! –le dijo Willie con voz áspera.

–A mí también me da gusto verte –respondió Mack entre bostezos.

–¿Dónde aprendiste a manejar? –lo reprendió Willie–. Ah, sí, ya recuerdo, el chico de granja no acostumbrado a las intersecciones. Mack, hasta donde sé, debías haber podido oler la respiración del otro tipo a un kilómetro de distancia.

Ahí tendido, viendo divagar a su amigo, Mack trataba de escuchar y comprender cada palabra, lo cual no hacía.

–Y ahora –continuó Willie–, Nan está más enojada que una avispa y no quiere hablar conmigo. Me culpa de haberte prestado el Jeep y dejarte ir a la cabaña.

–¿Por qué fui a la cabaña? –preguntó Mack, haciendo un esfuerzo por ordenar sus ideas–. Todo es muy confuso.

Willie gruñó de desesperación:

–Tienes que decirle que traté de convencerte de no hacerlo.

–¿Lo hiciste?

–No me hagas esto, Mack. Traté de decirte…

Mack sonreía mientras oía despotricar a Willie. Si recordaba algo, era que este hombre lo estimaba, y el solo hecho de tenerlo cerca lo hacía sonreír. Mack se asustó al darse cuenta de que Willie se había inclinado hasta muy cerca de su cara.

–¿De veras *él* estaba ahí? –murmuró Willie, y echó un rápido vistazo alrededor para cerciorarse de que nadie estuviera oyendo.

–¿Quién? –murmuró Mack–. ¿Y por qué hablamos en voz baja?

–Ya sabes, Dios –insistió Willie–. ¿Estaba en la cabaña?

Mack se divertía.

–Willie –murmuró–, no es un secreto. Dios está en todas partes. Así que también estuvo en la cabaña.

–Ya lo sé, bruto –estalló Willie–. ¿No recuerdas nada? ¿Ni siquiera la *nota*? La que recibiste de Papá y que estaba en tu buzón cuando resbalaste en el hielo y te pegaste.

Fue entonces cuando Mack empezó a atar cabos, y la desarticulada historia empezó a cristalizar en su mente. Todo cobró sentido de súbito mientras su mente empezaba a unir los puntos y llenar los detalles: la nota, el Jeep, el arma, el viaje a la cabaña y cada faceta de ese glorioso fin de semana. Imágenes y recuerdos empezaron a fluir de nuevo tan poderosamente que él sintió que podían elevarlo y arrebatarlo de su cama y este mundo. Y mientras recordaba empezó a llorar, hasta que las lágrimas rodaron por sus mejillas.

—Perdóname, Mack. —Willie le suplicaba ahora y se disculpaba—. ¿Qué dije?

Mack alzó la mano y tocó la cara de su amigo.

—Nada, Willie. Ahora lo recuerdo todo. La nota, la cabaña, Missy, Papá. Lo recuerdo todo.

Willie no se movió, sin saber qué pensar o decir. Temía haber llevado al límite a su amigo, por la forma en que divagaba sobre la cabaña y Papá y Missy. Finalmente preguntó:

—¿Quieres decir que estuvo ahí? Dios, digo.

Ahora Mack reía y lloraba.

—Willie, ¡estuvo ahí! ¡Oh, estuvo ahí! Espera a que te cuente. Nunca lo creerás. ¡Hombre, tampoco sé si lo creo yo! —Mack se detuvo, perdido un momento en sus recuerdos—. Ah, sí —dijo por fin—. Me pidió que te dijera algo.

—¿Qué? ¿A mí? —Mack vio la preocupación y la duda intercambiar lugares en el rostro de Willie—. ¿Qué cosa? —se inclinó otra vez.

Mack hizo una pausa, buscando las palabras indicadas.

—Dijo: "Dile a Willie que soy especialmente afecto a él".

Mack se detuvo y vio la cara y quijada de su amigo apretarse, y charcos de lágrimas llenar sus ojos. Le temblaban los labios y la barbilla, y Mack supo que su amigo hacía un gran esfuerzo por controlarse.

—Debo irme —murmuró Willie ásperamente—. Tendrás que contarme todo después.

Dicho esto, simplemente dio vuelta y salió del cuarto, dejando a Mack sumido en preguntas, y recuerdos.

Cuando Nan regresó, halló a Mack erguido en la cama y sonriendo de oreja a oreja. Él no sabía por dónde comenzar, así que la dejó hablar primero. Ella le proporcionó algunos detalles que seguían confundiéndolo, encantado de poder retener información al fin. Había estado a punto de perder la vida a causa de un conductor ebrio, y lo habían sometido a cirugía de emergencia en razón de varios huesos fracturados y lesiones internas. Se temió que cayera en un coma prolongado, pero despertó y eso alivió toda inquietud.

Mientras ella hablaba, Mack pensaba en lo realmente extraño de haberse visto involucrado en un accidente inmediatamente después de haber pasado un fin de semana con Dios. "El aparentemente casual caos de la vida", ¿no era así como lo había dicho Papá?

Entonces oyó a Nan decir que el accidente había ocurrido el viernes en la noche.

—¿No fue el domingo? —preguntó él.

—¿El domingo? ¿Crees que no sé cuál noche fue? Fue la noche del viernes cuando te trajeron en avión aquí.

Esas palabras lo confundieron, y por un momento se preguntó si los acontecimientos de la cabaña habían sido un sueño después de todo. Quizá habían sido una de esas cosas de desplazamiento de la curvatura del tiempo de Sarayu, afirmó para sí.

Cuando Nan terminó de contar su versión de los hechos, Mack le relató todo lo que le había sucedido. Pero primero le pidió perdón, confesando cómo y por qué le había mentido. Esto sorprendió a Nan, quien atribuyó la nueva transparencia de Mack al trauma y la morfina.

La historia entera de ese fin de semana, o día como Nan no dejaba de recordarle, se desenvolvió en forma lenta y tendida a lo largo de varios episodios. A veces los medicamentos vencían a Mack y se deslizaba a un descanso sin sueño, en ocasiones a media frase. Al principio, Nan se concentró en ser paciente y atenta, haciendo todo lo posible por suspender el juicio, aunque sin considerar seriamente que esos desvaríos fueran algo más que remanentes de daño neurológico. Pero la viveza y profundidad de los recuerdos de Mack la conmovieron, y minaron poco a poco su resolución de mantener la objetividad. Había vida en lo que él le contaba, y ella comprendió pronto que, cualquier cosa que hubiera pasado, había impactado enormemente a su esposo y lo había hecho cambiar.

El escepticismo de Nan se erosionó al punto de que aceptó buscar la manera en que Mack y ella pasaran un rato juntos con Kate. Mack no le dijo por qué y eso la puso nerviosa, pero estaba dispuesta a confiar en él en ese asunto. Josh fue enviado a hacer un encargo, para que los tres se quedaran solos.

Mack tendió la mano, y Kate se la tomó.

—Kate —empezó él, su voz aún un poco débil y ronca—, quiero que sepas que te amo con todo mi corazón.

—Yo también te amo, papá.

Verlo así evidentemente la había ablandado un poco.

Él sonrió, pero se puso serio otra vez, aún tomado de la mano de Kate.

—Quiero hablar contigo sobre Missy.

Kate retrocedió de golpe, como si la hubiera picado una avispa, y su rostro se ensombreció. Instintivamente, trató de retirar la mano, pero Mack se la apretó, lo que le consumía una considerable porción de su fuerza. Ella miró alrededor. Nan se acercó y la rodeó con su brazo. Kate temblaba.

—¿Por qué? —preguntó en un suspiro.

—Katie, no fue culpa tuya.

Ella titubeó, como si hubiera sido sorprendida en un secreto.

—¿Qué no fue culpa mía?

De nuevo se necesitó un gran esfuerzo para sacar las palabras, pero ella lo oyó claramente:

—Que hayamos perdido a Missy.

Lágrimas rodaron por las mejillas de Mack mientras forcejeaba con esas simples palabras.

Ella retrocedió de nueva cuenta, desviando la vista de él.

—Cariño, nadie te culpa de lo que pasó.

El silencio de ella duró apenas unos segundos antes de que la presa se desbordara:

—Pero si yo no hubiera tenido ese descuido en la canoa, tú no habrías tenido que… —su voz se llenó de reproches contra ella misma.

Mack la interrumpió, poniendo una mano en el brazo de Kate.

—Eso es lo que trato de decirte, cariño. No fue culpa tuya.

Kate sollozó mientras las palabras de su padre penetraban su destrozado corazón.

—Pero siempre he pensado que fue culpa mía. Y pensé que mamá y tú me culpaban, y yo no quise…

—Ninguno de nosotros quiso que eso pasara, Kate. Simplemente pasó, y aprenderemos a superarlo. Pero aprenderemos juntos. ¿Está bien?

Kate no supo qué responder. Abrumada y sollozante, soltó la mano de su padre y salió corriendo del cuarto. Nan, con lágrimas rodando por sus mejillas, dirigió a Mack una desvalida pero alentadora mirada y salió al instante en persecución de su hija.

La siguiente vez que Mack despertó, Kate dormía junto a él en la cama, acurrucada y segura. Evidentemente Nan le había ayudado a remediar parte de su dolor.

Cuando Nan vio que él había abierto los ojos, se acercó en silencio, para no despertar a su hija, y lo besó.

—Te creo —murmuró, y él asintió y sonrió, sorprendido de lo importante que era oír eso. Quizá los medicamentos lo habían vuelto muy sensible, pensó.

⚘⚘⚘

Mack mejoró rápido en las semanas posteriores. Apenas un mes después de haber sido dado de alta en el hospital, Nan y él llamaron al recién nombrado subjefe de policía de Joseph, Tommy Dalton, para hablarle de la posibilidad de volver a recorrer el área más allá de la cabaña. Como ésta y sus alrededores habían vuelto a su original desolación, Mack había empezado a preguntarse si acaso el cuerpo de Missy aún estaría en la cueva. Podía ser complicado explicar a los agentes de la ley cómo supo dónde estaba oculto el cuerpo de su hija, pero Mack estaba seguro de que un amigo le concedería el beneficio de la duda sin importar lo que hubiera ocurrido.

Y, en efecto, Tommy se mostró amable. Aun después de oír la historia del fin de semana de Mack, que atribuyó a los sueños y pesadillas de un padre aún afligido, estuvo de acuerdo en regresar a la cabaña. Quería ver a Mack de todas maneras. Se habían recuperado artículos personales del desastre del Jeep de Willie, y devolverlos era una buena excusa para pasar un rato juntos. Así que una clara y fresca mañana de sábado de principios de noviembre, Willie llevó a Mack y Nan a Joseph en su nueva camioneta usada, donde se encontraron con Tommy y los cuatro se dirigieron a la Reserva.

A Tommy le sorprendió ver que Mack pasaba más allá de la cabaña, hasta un árbol cerca del nacimiento de una vereda. Justo como se lo había explicado de camino allá, Mack encontró y señaló un arco rojo en la base del árbol. Todavía con una leve cojera, los guió en una excursión de dos horas al bosque. Nan no decía palabra, pero su rostro revelaba claramente la intensidad de las emociones con que batallaba a cada paso. A lo largo del camino siguieron hallando el mismo arco rojo grabado en árboles y superficies rocosas. Para cuando llegaron a una amplia extensión de rocas, Tommy empezaba a convencerse, quizá no de la veracidad de la descabellada historia de Mack, sino de que seguían una senda cuidadosamente marcada, dejada tal vez por el asesino de Missy. Sin vacilar, Mack entró directamente al laberinto de rocas y paredes montañosas.

Probablemente jamás habrían encontrado el lugar exacto si no hubiera sido por Papá. Dispuesta en la punta de una pila de rocas frente a la cueva estaba la piedra con la marca roja hacia fuera. Al comprender lo que Papá había hecho, Mack estuvo a punto de echar a reír.

Pero lo encontraron, y cuando Tommy se convenció por completo de lo que hacían, los detuvo. Mack entendió por qué era importante hacerlo y, un poco a regañadientes, estuvo de acuerdo en que la cueva debía volver a sellarse para protegerla. Regresarían a Joseph, donde Tommy notificaría el caso a especialistas forenses y a las agencias de la ley correspondientes. En el viaje de vuelta, Tommy escuchó otra vez la historia de Mack, en esta ocasión con una nueva actitud de apertura. Aprovechó también la oportunidad de asesorar a su amigo sobre la mejor manera de manejar los interrogatorios a los que pronto se le sometería. Aunque la versión de Mack era impecable, había preguntas serias por resolver.

Al día siguiente, expertos descendieron al sitio como buitres, recuperando los restos de Missy y cargando con todo lo que pudieron encontrar. Bastaron unas semanas para reunir evidencias suficientes y rastrear y arrestar al Matachiquitas. A partir de los indicios que el hombre había dejado para encontrar la cueva de Missy, las autoridades pudieron localizar y recuperar los cuerpos de las otras niñas asesinadas.

EPÍLOGO

Bueno, ahí lo tienes, al menos como a mí me lo contaron. Estoy seguro de que habrá quienes se pregunten si todo sucedió de verdad tal como Mack lo recuerda, o si el accidente y la morfina sencillamente lo volvieron un poco loco. En cuanto a Mack, él continúa viviendo su normal vida productiva, y sigue insistiendo en que cada palabra de esta historia es cierta. Todos los cambios en su vida, me dice, son evidencias suficientes para él. La *Gran Tristeza* se ha marchado, y él experimenta casi cada día una profunda sensación de dicha.

Así que la pregunta que enfrento al escribir estas líneas es cómo terminar un relato como éste. Quizá lo mejor sea platicarte un poco cómo me ha afectado. Como dije en el prólogo, la historia de Mack me cambió. No creo que haya un solo aspecto de mi vida, y en especial de mis relaciones, que no haya sido profundamente tocado y alterado en formas que de veras importan. ¿Creo que esta historia es verídica? Quisiera que lo fuera por completo. Y quizá si no lo es en parte, lo es de todas maneras, si entiendes lo que quiero decir. Supongo que Sarayu y tú tendrán que deducirlo.

¿Y Mack? Bueno, él es un ser humano que sigue pasando por un proceso de cambio, como el resto de nosotros. Sólo que él le da la bienvenida, mientras que yo tiendo a resistirme. He notado que Mack ama más que la mayoría, es rápido para perdonar y aún más rápido para pedir perdón. Las transformaciones en él han tenido importantes consecuencias en su comunidad de relaciones, no todas ellas fáciles. Pero debo decirte que nunca he estado con un adulto que viva la vida con tanta sencillez y alegría. De alguna manera, él se ha vuelto niño de nuevo. O, mejor aún, se ha vuelto el niño que no se le permitió ser, fijo en la simple confianza y maravilla. Acepta incluso las áreas más oscuras de la vida como parte de un increíble, rico y profundo tapiz, magistralmente creado por invisibles manos de amor.

Mientras escribo esto, Mack testifica en el juicio del Matachiquitas. Espera poder visitar al acusado, aunque todavía no recibe autorización. Pero está resuelto a verlo, incluso si eso ocurre mucho después de dictada la sentencia.

Si alguna vez tienes la oportunidad de reunirte con Mack, pronto te enterarás de que él espera una nueva revolución de amor y bondad; una revolución que gira en torno a Jesús y lo que hizo por todos nosotros, y lo que sigue haciendo en quien anhela la reconciliación y la vuelta a casa. Ésta no es una revolución que derribará algo; o si lo hace, lo hará en formas que no podemos prever. En cambio, tendrá que ver con las tranquilas facultades diarias de morir y servir y amar y reír, o la simple ternura e inadvertida bondad; porque *si algo importa, todo importa*. Y un día, cuando todo sea revelado, todos y cada uno de nosotros doblaremos las rodillas y confesaremos, por el poder de Sarayu, que Jesús es el Señor de toda la creación, para la gloria de Papá.

Ah, una última observación. Estoy convencido de que Mack y Nan aún van allá a veces –a la cabaña, ya sabes–, únicamente para estar solos. No me sorprendería que él se dirigiera al viejo muelle, se quitara los zapatos y los calcetines y pusiera los pies sobre el agua sólo para ver si... bueno, ya sabes...

–Willie

La tierra está llena de cielo,
y Dios arde en cada arbusto común.
Pero sólo quien lo ve se quita los zapatos;
el resto se sienta a recoger zarzamoras.

–Elizabeth Barrett Browning

AGRADECIMIENTOS

Llevé una piedra a tres amigos. Era un trozo de roca que había sacado de las cuevas de mi experiencia. Ellos tres, Wayne Jacobsen, Brad Cummings y Bobby Downes, con enorme y atenta bondad, me ayudaron a cincelar esa roca hasta que pudimos ver una maravilla bajo su superficie.

Wayne fue el primero en ver esta historia y tomarse la molestia de alentarme a publicarla. Su entusiasmo involucró a los otros para refinar la historia y prepararla para compartirla con un público más amplio, tanto en su versión impresa como, esperamos, cinematográfica. Él y Brad asumieron la parte del león del trabajo en las tres principales versiones que llevaron esta historia a su forma definitiva, añadiendo ideas sobre las formas en que Dios opera y manteniendo fiel la historia al dolor de Mack y su sanación. Ellos aportaron energía, creatividad y habilidad a la escritura, y la calidad de la obra que ahora tienes en las manos se debe en gran medida a sus dones y sacrificio. Bobby aportó su excepcional experiencia en el cine para mejorar la fluidez de la historia y acentuar su dramatismo. Puedes visitar a Wayne en www.lifestream.org, a Brad en www.thegodjourney.com y a Bobby en www.christiancinema.com. ¡Soy especialmente afecto a cada uno de ustedes tres! ¡KMW!

Muchas personas intervinieron en este proyecto y dieron tiempo y corazón para limar su superficie o trazar una figura o expresar una opinión, aliento u objeción, dejando una parte de su vida en esta historia y su desenvolvimiento. Entre ellas están Marisa Ghiglieri y Dave Aldrich como colaboradores de diseño, y Kate Lapin y, especialmente, Julie Williams, quien asistió en la producción. Varios amigos dedicaron parte de su tiempo a estimularme e incitarme y ayudarme a editar, en especial en las primeras versiones. Entre ellos están Australia Sue, el brillante Jim Hawley en Taiwán y, especialmente, mi primo Dale Bruneski en Canadá.

Hay muchas personas cuyo discernimiento, perspectiva, compañía y aliento fueron de importancia. Gracias a Larry Gillis en Hawai, mi amigo Dan Polk en DC, MaryKay y Rick Larson, Micheal y Renee Harris, Julie y Tom Rushton, y la familia Gunderson en Boring, Oregon (ése es un sustantivo, no un adjetivo), junto con la gente de DCS, mi gran amigo Dave Sargent en Portland, los individuos y familias de la comunidad del noreste de Portland y la parentela Closner/Foster/Weston/Dunbar en Estacada.

Estoy sumamente agradecido con el clan Warren (que ya cuenta con alrededor de cien miembros), el cual ayudó a Kim a librarme de la oscuridad, y con mis padres y familia canadiense, los Young, Sparrow, Bruneski y otros. Te amo, tía Ruby; sé que últimamente la has pasado mal. No tengo palabras tampoco para expresar mi profundo amor por Kim, mis hijos y nuestras dos increíbles nueras, Courtney y Michelle, quienes pronto darán a luz a nuestros primeros nietos (¡hurra!).

La estimulación creativa incluye a viejos amigos ya desaparecidos, como Jacques Ellul, George Macdonald, Tozer, Lewis, Gibrán, los Inkling y Søren Kierkegaard. Pero también les estoy agradecido a escritores y oradores como Ravi Zacharias, Malcolm Smith, Anne LaMott, Wayne Jacobsen, Marilynne Robinson, Donald Miller y Maya Angelou, por citar a unos cuantos. La inspiración musical es ecléctica, una revoltura de U2, Dylan, Moby, Paul Colman, Mark Knopfler, James Taylor,

Bebo Norman, Matt Wertz (eres algo especial), Nichole Nordeman, Amos Lee, Kirk Franklin, David Wilcox, Sarah McLachlan, Jackson Browne, las Indigo Girls, las Dixie Chicks, Larry Norman y todo lo de Bruce Cockburn.

Gracias, Anna Rice, por amar esta historia y penetrarla con tu talento musical. Tú nos (me) diste un regalo increíble.

La mayoría tenemos nuestros propios pesares, sueños destrozados y corazones rotos, cada cual sus singulares pérdidas, su propia "cabaña". Ruego a Dios que encuentres ahí la misma gracia que yo, y que la permanente presencia de Papá, Jesús y Sarayu llene tu vacío interior de alegría indecible y plenitud de gloria.

**Te invitamos a continuar tu experiencia de LA CABAÑA
en nuestra página en Internet (en inglés):**

theshackbook.com

- *Comparte cómo te hizo sentir La cabaña y lee lo que otros dicen.*

- *Comparte tus reflexiones y habla del libro con otros lectores en el Foro de La cabaña.*

- *Comunícate con el autor.*

- *Lee el blog de Willie.*

- *Compra ejemplares adicionales de La cabaña.*

- *Entérate de las últimas noticias de El Proyecto Missy.*

Para información a fin de que el autor hable ante tu organización
o grupo, ponte en contacto con Wes Yoder en
(615) 370-4700 ext. 230 (E.U.) • Wes@AmbassadorSpeakers.com

La historia detrás de La cabaña

Wm. Paul Young

A principios de 2005, vivíamos en una casa rentada en Wildcat Mountain Road, Eagle Creek, Oregon. El año 2004 nos había dejado casi desamparados, habiendo perdido la casa donde habíamos vivido durante diecinueve años, nuestros vehículos y gran parte de nuestras cosas. Aquella había sido una temporada horriblemente penosa. De hecho, si tú hubieras dado un paso atrás y aislado mi vida, separándola de la de mi familia y amigos, habrías visto que mi historia era una serie de choques de trenes. De una infancia plagada de abuso sexual, abandono y terrores nocturnos, a una adolescencia de adictivas conductas y secretos, una vida adulta agobiada de mentiras, perfeccionismo compulsivo y enorme vergüenza, tendida a lo largo de una fina línea entre el suicidio y la fuga, todo ello bajo una máscara de suficiencia, espiritualidad y salud. En 1994, el tren se descarriló por completo, con devastadores resultados. De no haber sido por la gracia de Dios, el coraje de mi esposa, Kim, y el amor de unos cuantos amigos, yo no habría sobrevivido. A través de todo eso, Dios tuvo que desmantelar y reconstruir mi vida entera desde cero.

Así que a principios de 2005 oí a Dios murmurar en mi corazón: "Paul, este año cumples cincuenta años. Es el año en el que comenzaremos tu Jubileo, una época de restauración, de reconciliación, en que las cosas recuperan aquello para lo que fueron hechas". Para ese momento de mi vida, lo único que sabía hacer era poner un pie frente a otro, uno por uno, a sabiendas de que cada paso era posible sólo por la Gracia.

En ese entonces yo manejaba veinticinco minutos hasta Gresham y luego me subía al MAX (Metro) otros cuarenta minutos, tanto de ida como de regreso, al centro de Portland, donde trabajaba para una compañía de conferencias en Internet. Nuestras finanzas eran tan rudimentarias que pronto nos mudaríamos de nuevo, a una casa rentada en Gresham en agosto, en parte para ahorrar el dinero que se gastaba en gasolina manejando desde Eagle Creek. Decidí que la parte de MAX de mi transporte me concedería el tiempo necesario para empezar a trabajar en un proyecto con el que Kim me había fastidiado durante unos diez años. Como ella lo decía: "Piensas de manera inusual, y sería maravilloso que los chicos tuvieran algo de eso por escrito". De veras: yo no estaba espiritual ni emocionalmente listo, ni preparado de ninguna otra manera, para esa tarea antes de 2005.

No me propuse escribir un libro, y la idea de publicar ni siquiera se me ocurrió durante la primera versión de la historia. Además de textos de negocios, las únicas cosas que había escrito alguna vez eran poemas, canciones, algunos boletines familiares anuales y material didáctico que usaba al hablar ante grupos. Cuando hacía creación literaria, era para amigos y familiares, y casi siempre la daba como regalo en ocasiones especiales. ¿Pero un libro? Difícilmente. Mi meta era escribir algo, ir a Office Depot o Kinko's Photoshop para conseguirle una bonita portada, ponerle una especie de espiral y regalárselo a los chicos en Navidad.

No había ningún plan. De hecho, cuando por primera vez pensé en hacer esto, todo lo que pude reunir fue una especie de diccionario de vagas opiniones. Ya sabes, A de astronomía, y arte, y Aristóteles, y anarquía, y adulterio, y absolutos, y antinomianismo: cualquier cosa sobre la que tuviera una opinión que empezara con A. Ríete. En realidad, es muy divertido mirar atrás. Pero yo era muy serio en cuanto a tratar de hacer algo sistemático y organizado, algo de lo que mis hijos se enorgullecieran.

Como escribía para mis hijos, no tenía que seguir ninguna regla normal de escritura. En realidad, ni siquiera sabía, ni me importaba, cuáles pudieran ser las reglas normales. Nunca había pensado en eso.

La idea del diccionario no duró mucho. Demasiado aburrido. Supuse que una buena historia sería fabulosa, pero no la tenía. Así que empecé con lo que tenía: conversaciones entre Dios y yo, algo que incluyera a la familia y los amigos. Durante alrededor de tres meses reuní esas conversaciones, y algo maravilloso empezó a ocurrir. Toda la cosa sistemática se vino abajo. En cambio, lo que yo tenía estaba vivo, e incluso me despertaba a media noche para escribir fragmentos de diálogos. Estas conversaciones eran muy reales para mí, ocultas en las experiencias y procesos de mi vida, en su mayoría de los últimos quince años.

En mayo de 2005 tenía llenos varios cuadernos de hojas amarillas, y un montón de pedazos de papel: orillas de periódicos, partes de servilletas (*serviettes* para tu culto servidor), reversos de envases de productos, etcétera. Me preocupaba un poco que un vendaval se lo llevara todo, así que un sábado empecé a capturar mis notas en la computadora; fue la primera vez que decidí que una historia sería el vehículo perfecto para esas conversaciones. Aún no tenía una, pero pensé que era una gran idea. Así que empecé a crear personajes en situaciones que enmarcaban el diálogo y le permitían surgir. ¿Quién tenía esas conversaciones y por qué?

Quería que mis hijos disfrutaran la historia, y que por ese medio comprendieran mejor a su papá y al Dios que él ama tanto. Incluso tuve la brillante idea de que Willie (yo) escribiera la historia por Mack, y así era como decía mi primerísima página de título: "*La cabaña*, escrita por Mackenzie Allen Phillips, con Wm. Paul Young". Pensé que era ingenioso, y que los chicos se divertirían.

Esto quiere decir que Mack, desde luego, no es una persona real. Mis hijos reconocerían que Mack soy yo en gran medida, que Nan tiene mucho de Kim, que Missy y Kate y los demás personajes se parecen en muchos casos a miembros de nuestra familia y amigos. No era nada difícil… hasta que empezó a circular la primera versión de una especie de libro de hojas sueltas (porque la gente se lo pasaba a sus amigos), y me enteré de que un par de personas pensaban seriamente en comprar boletos de avión e ir a Oregon para conocer a Mack y hablar con él. Eso habría sido un poco penoso. Así que quité a Mack como autor, pero conservé la idea del "escritor fantasma" como elemento de la historia, lo cual sigue causando algunos problemas pero nada parecido a lo que de otra manera habría podido ocurrir.

¿Esta historia es cierta? No: es ficción. La inventé. Habiendo dicho esto, añadiré que el sufrimiento emocional con toda su intensidad, y el proceso que desgarra el corazón y alma de Mack son muy reales. Yo tengo mi cabaña, el lugar por el que tenía que pasar para hallar la sanación. Tuve mi *Gran Tristeza*. Todo esto es real. Y las conversaciones son muy reales y verdaderas. Aunque Mack experimenta algunas particularidades que yo no he experimentado (la muerte de mi sobrina un día después de que cumplió cinco años fue un horrible accidente, no un asesinato), existen profundidades del dolor y la vergüenza y la desesperanza que yo he experimentado y Mack no. Y sé que hay personas que han sufrido exactamente lo que Mack sufre en esta historia.

Así que, ¿esta historia es cierta? El dolor, la pérdida, la aflicción, el proceso, las conversaciones, las preguntas, la cólera, la añoranza, los secretos, las mentiras, el perdón: todo es real, todo es verdad. La historia en particular es ficción; pero ahí está el caso de Dios, que emerge en forma tan real, inesperada y al mismo tiempo no inesperada, sino sorprendente, y ciertamente él es verdad.

Terminé la primera versión a mediados de agosto de 2005, justo en la época en que nos mudamos a Gresham. Quería que una editorial me ayudara a depurarla, así que se la envié a varios amigos. Las respuestas fueron asombrosas. Por algún motivo, esta pequeña historia lograba colarse por las defensas de las personas y llegar a su corazón. De pronto, personas a las que yo creía conocer abrían su vida y tenían conversaciones conmigo que yo no habría creído posibles. En consecuencia, empecé a pensar que podía imprimir algunos ejemplares adicionales y dárselos a mis amigos. Desafortunadamente, aunque yo tenía entonces tres trabajos, no teníamos dinero extra para imprimir, y la Navidad llegó sin que yo pudiera hacer siquiera copias para mis hijos.

Si quieres dividir esta historia en tres partes, acabamos de terminar la primera. La segunda parte comenzó un par de días después de la Navidad de 2005, cuando sentí el impulso de mandar por correo electrónico el manuscrito a un hombre a quien yo había conocido y con quien había pasado un magnífico día en 2003. Wayne Jacobsen y yo habíamos mantenido desde entonces una ocasional relación por correo electrónico, y él era el único autor que yo conocía que escribiera en un género similar al de mi historia. Su más reciente libro, *So You Don't Want to Go to Church Anymore* (Así que ya no quieres ir a la iglesia…) se había publicado meses antes y me había gustado mucho. Le escribí para decírselo, y añadí mi manuscrito, con esta advertencia: "Por cierto, aquí está algo en lo que he estado trabajando…" No esperaba que Wayne tuviera tiempo ni ganas de leerlo, y no me pareció mal. Se trataba más que nada de obedecer lo que sentí que el Espíritu me pedía hacer, así que no me sorprendió ni incomodó en lo más mínimo que él me contestara diciéndome que la gente le mandaba toneladas de manuscritos y que no tenía tiempo para leerlos. Leería al menos unas veinticinco páginas, pero no podía asegurar que leyera el resto a menos que la historia lo atrapara.

Yo no esperaba volver a saber de él, así que me sorprendió mucho recibir una llamada telefónica la tarde del lunes siguiente. Él no sólo me informó que "había estado impaciente de imprimir página tras página", sino que, además, no recordaba haber leído nada en años ante lo que su inmediata reacción fuera: "Tengo que mandar esto a cinco o seis personas que conozco". Le dije que podía enviarlo a quien quisiera. Ya lo había hecho, y dos de las copias habían sido para productores de cine. Me sorprendió. Me dejó relativamente entusiasmado, pero impactado.

Un par de meses después, yo estaba sentado en casa de Wayne con Brad Cummings y Bobby Downes hablando de convertir este libro en una película, que esperábamos que tocara a todo un mundo de corazones ansiosos que quizá no conocían al Dios que nosotros conocemos. Sabíamos que eso significaba publicar primero el libro, para crear interés en la película. Durante dos días trabajamos en la historia y produjimos un guión. Wayne puso su experiencia y conocimientos como autor, y Brad y Bobby poseen habilidades en la redacción para cine, mercadotecnia y producción de medios.

Algo especial ocurrió en esa mesa mientras reíamos y llorábamos juntos, orábamos y discutíamos. Para deleite y sorpresa de todos, descubrieron que yo no tenía la menor idea de cómo actuar como un autor normal. Me consideraba, en el mejor de los casos, un autor accidental; y puesto que había escrito la historia como un regalo, no tenía la menor sensación de ser su dueño. Quería que la historia quedara lo mejor posible, y estuviera abierta a todas las sugerencias. La subdivisión de la historia reveló áreas que debían ser trabajadas, y yo regresé a Oregon con una lista de tareas de nueva redacción. Pero más que eso, volví a casa sabiendo que a mi corazón habían entrado tres hermanos. Bobby estaba muy ocupado, pero siempre disponible para consultas, consejos y ayuda de diseño gráfico. Brad y Wayne se convertirían en dos valiosos amigos que me ayudaron a hacer de esta historia algo notable y especial.

Durante los dieciséis meses siguientes, escribimos y reescribimos juntos varios capítulos de La cabaña, eliminando alrededor de cuarenta por ciento de los diálogos, aumentando la trama argumental y rehaciendo las conversaciones para dejar fuera teología cuestionable o posibles malos entendidos. El proceso de colaboración, la fusión de tres corazones y voces, resultó una experiencia increíble para cada uno de nosotros. La apertura entre nosotros, la pasión por un libro mejor y la negativa a proteger nuestras ideas propias permitió una libertad de creatividad que de otro modo no habría sido posible.

Nuestro trabajo emergía de nuestra creciente amistad, y nuestra amistad del trabajar juntos.

Al aparecer cada tarea, resultaba claro quién naturalmente la realizaría, ya fuera por experiencia específica o ubicación dentro del proyecto. No sólo comenzamos a confiar en la sabiduría de la colaboración, sino también a buscar las perspectivas de los demás y a abrazar nuestras diferentes fortalezas. Descubrimos que no todas las posibilidades tenían que establecerse fijamente para que el proceso se desenvolviera. Podíamos atacar la mayoría de las decisiones conforme aparecían. Esto no habría sido posible si cualquiera de nosotros hubiera ansiado, así fuera sólo ligeramente, poder o fama.

Más allá de la fuerza de la amistad colaboradora estaba la comprensión de que éramos únicamente miembros de la orquesta, y que ninguno de nosotros era el director. En cada parte de este proceso, el Espíritu y la persona de Jesús han estado presentes. Todos concordamos en de quién trata realmente este libro y las relaciones circundantes, y la verdad es que simplemente no somos lo bastante inteligentes para hacer esto de otro modo que con una indefensa dependencia. Así que lo que emergió es no sólo una historia que se ha convertido en un regalo para el mundo, sino también un proceso que refleja ese regalo emergiendo del amor de amigos que forman parte de la misma familia. Y otros se están uniendo a esto, personas no interesadas por la plataforma, o el rendimiento, o el dinero, o la fama, sino que sólo quieren formar parte de y sumarse a algo que Dios parece estar bendiciendo.

Entre nosotros tres no existe ningún contrato, ninguna carta de intención, ningún documento legalmente obligatorio. Sólo tenemos la vida del mismo Jesús que vive en nuestros corazones, nuestra comprensión de que aunque esto no tiene nada que ver con ninguno de nosotros en particular, tendremos sonrisas al cabo del día y sabremos que nos hemos cubierto las espaldas entre nosotros. No somos ingenuos; cada uno de nosotros ha sido traicionado alguna vez por quienes dicen ser nuestros hermanos. Pero habiendo dicho y hecho todo, es Dios quien se ocupa de cada uno de nosotros y nos cubre las espaldas, y él en todas las cosas tiene un propósito que nosotros sólo ocasionalmente vislumbramos.

Al principio intentamos encontrar un editor, pero cada uno de ellos tenía razones para que *La cabaña* no fuera el libro que deseaba, o pedían cambios sustantivos que nosotros pensábamos que disminuían la historia. Durante un tiempo, Brad y Wayne se habían sentido frustrados por lo que consideraban un gran vacío en la industria editorial. Hay algunas editoriales que apelan a varios mercados religiosos, a menudo con respuestas convencionales y retórica vacía, y otras que apelan a públicos seculares evitando libros que hablan positivamente de cuestiones de fe. Parece haber un gran medio faltante que se dirija al ansia espiritual de las personas con integridad e inteligencia, inclusive si el mensaje corre el riesgo de ofender a quienes ostentan el poder religioso. Quizá algo nuevo podría contribuir a llenar parte de ese vacío. Así, en mayo de 2007 nació Windblow Media, y *La cabaña* se publicó como su primer título original. Esto pone fin a la segunda parte de la historia, que continuaremos para ver lo que todo esto significa para nosotros, colectiva e individualmente.

Ahora nos encontramos en la tercera parte, en la que cada uno de ustedes desempeña un papel importante. Al leer esta historia, rogamos a Dios que toque tu corazón y abra lugares en los que es probable que estés estancado, y te ayude a ver la forma en que te ama en cada vez más ricos y profundos tonos y colores y sonidos. Creemos que este libro es un regalo para ti. Las palabras en una página, no pueden hacer nada; pero mientras lo lees, no te sorprendas si en tu interior ocurre algo que no esperabas. Así es Jesús.

El fruto de esto ha iniciado una especie de fenómenos editoriales. Personas que nos conocían pidieron los primeros ejemplares, y en menos de una semana pedían una docena más, y a veces una caja, para compartir con sus amigos. Esos amigos pedían a su vez ejemplares para sus amigos, y el ciclo continuó. En los primeros cuatro meses en circulación, sin que el libro apareciera en ninguna librería y sin ninguna campaña nacional de medios, se vendieron más de 12 mil ejemplares a partir de una página en Internet. Asombrosamente, este libro cayó en manos de personas especiales que nos han ayudado a conseguir una distribución más amplia. Tres de las editoriales que originalmente rechazaron el manuscrito llamaron para saber si podían ayudarnos haciéndose cargo del libro. Nos negamos.

Editoriales extranjeras empezaron a hablarnos de traducir y publicar esta historia en el mundo entero, en español, francés, alemán, coreano, chino y lenguas africanas. Comenzamos a recibir llamadas de librerías y distribuidores que querían tener *La cabaña*. En septiembre de 2007, conseguimos una distribución más amplia y hemos visto continuar el mismo patrón: personas que piden un ejemplar o dos, y que después solicitan muchos más para regalar.

Nuestro sueño es vender suficientes ejemplares de este libro para abrir la puerta a un largometraje que el mundo quiera ver, y que presente una precisa comprensión del carácter y naturaleza de Dios a un mundo que en lo más profundo de su corazón anhela a ese Dios. Claro que nada de esto significa nada para nosotros si él no está ahí.

Todos los días nos enteramos de casos de cómo este libro ha tocado vidas en formas profundas, y abierto puertas para conversaciones que antes parecían incómodas o imposibles. La labor de sanación que esto ha generado sólo puede ser obra de Alguien superior a todos nosotros, para alabanza de su gloria.

La tercera parte es más tuya que nuestra, y no tenemos idea de adónde nos llevará. Nos da mucho gusto verla desenvolverse mientras proseguimos los trayectos de nuestras vidas.

De izquierda a derecha: Nan Phillips (Radha Mitchell), Mack Phillips (Sam Worthington), Missy Phillips (Amelie Eve), Josh Phillips (Gage Munroe) y Kate Phillips (Megan Charpentier) en *La cabaña*. Fotografía de la película ©2016 Summit Entertainment, LLC. Derechos reservados. Crédito: Jake Giles Netter.

Mack Phillips (Sam Worthington, a la izquierda), Missy Phillips (Amelie Eve, en el centro) y Kate Phillips (Megan Charpentier, a la derecha) en *La cabaña*. Fotografía de la película ©2016 Summit Entertainment, LLC. Derechos reservados. Crédito: Jake Giles Netter.

Mack Phillips (Sam Worthington) y Missy Phillips (Amelie Eve) en *La cabaña*. Fotografía de la película ©2016 Summit Entertainment, LLC. Derechos reservados. Crédito: Jake Giles Netter.

Amelie Eve interpreta a Missy Phillips en *La cabaña*. Fotografía de la película ©2016 Summit Entertainment, LLC. Derechos reservados. Crédito: Jake Giles Netter.

Sam Worthington como Mack Phillips en *La cabaña*. Fotografía de la película ©2016 Summit Entertainment, LLC. Derechos reservados. Crédito: Jake Giles Netter.

Tim McGraw interpreta a Willie en *La cabaña*. Fotografía de la película ©2016 Summit Entertainment, LLC. Derechos reservados. Crédito: Jake Giles Netter.

Radha Mitchell como Nan Phillips en *La cabaña*. Fotografía de la película ©2016 Summit Entertainment, LLC. Derechos reservados. Crédito: Jake Giles Netter.

Papá (Octavia Spencer) y el niño Mack Phillips (Carson Reaume) en *La cabaña*. Fotografía de la película ©2016 Summit Entertainment, LLC. Derechos reservados. Crédito: Jake Giles Netter.

Mack Phillips (Sam Worthington, a la izquierda) y Jesús (Avraham Aviv Alush, a la derecha) en *La cabaña*. Fotografía de la película ©2016 Summit Entertainment, LLC. Derechos reservados. Crédito: Jake Giles Netter.

Octavia Spencer interpreta a Papá en *La cabaña*. Fotografía de la película ©2016 Summit Entertainment, LLC. Derechos reservados. Crédito: Jake Giles Netter.

Sumire interpreta a Sarayu en *La cabaña*. Fotografía de la película ©2016 Summit Entertainment, LLC. Derechos reservados. Crédito: Jake Giles Netter.

Mack Phillips (Sam Worthington) y Papá (Octavia Spencer) en *La cabaña*. Fotografía de la película ©2016 Summit Entertainment, LLC. Derechos reservados. Crédito: Jake Giles Netter.

Avraham Aviv Alush como Jesús en *La cabaña*. Fotografía de la película ©2016 Summit Entertainment, LLC. Derechos reservados. Crédito: Jake Giles Netter.

Papá (Octavia Spencer) y Mack Phillips (Sam Worthington) en *La cabaña*. Fotografía de la película ©2016 Summit Entertainment, LLC. Derechos reservados. Crédito: Jake Giles Netter.

Josh Phillips (Gage Monroe, a la izquierda), Sofía (Alice Braga, al centro) y Kate Phillips (Megan Charpentier, a la derecha) en *La cabaña*. Fotografía de la película ©2016 Summit Entertainment, LLC. Derechos reservados. Crédito: Jake Giles Netter.

Nan Phillips (Radha Mitchell) y Mack Phillips (Sam Worthington) en *La cabaña*. Fotografía de la película ©2016 Summit Entertainment, LLC. Derechos reservados. Crédito: Jake Giles Netter.